사회혁신 비즈니스

사회혁신 비즈니스
사회적경제 생태계를 이해하고 활용하는 법

초판 1쇄 인쇄 | 2013년 3월 7일
초판 1쇄 발행 | 2013년 3월 15일

지은이 전병길·김은택
책임편집 손성실
편집 조성우
디자인 신병근
용지 월드페이퍼
제작 미르인쇄
펴낸곳 생각비행
등록일 2010년 4월 16일 | 등록번호 제313-2010-92호
주소 서울시 마포구 성산동 278-33 201호
전화 02) 3141-0485
팩스 02) 3141-0486
이메일 ideas0419@hanmail.net
블로그 www.ideas0419.net
페이스북 www.facebook.com/ideas419

Social Innovation Business

사회혁신 비즈니스

사회적경제 생태계를 이해하고 활용하는 법

전병길·김은택 지음

생각비행

'멋진 혁신세계'를 꿈꾸며

한국리더십학교가 출범한 지 벌써 13년째가 되었다. 창립 당시 품었던 비전은 청년리더들이 성장하여 한국 사회의 변화와 업그레이드를 가져오는 것이었다. 리더십학교 1기와 6기로 선후배 사이인 두 저자의 글을 보면서 이제 그 꿈이 실현되기 시작했다는 느낌이 든다.

자본주의의 폐단과 그 치유방법은 우리 시대의 핵심이슈가 되어왔고 그동안 수많은 논문과 저서가 쏟아져나와 다소 혼란스럽기까지 했다. 어느덧 우리가 쓰는 용어도 '사회책임' '사회공헌'에서 '사회혁신'으로 래디컬하게 진화하고 있다. 사회혁신을 한마디로 표현한다면, 소유의 사회에서 나눔의 사회(공유가치의 사회)로 변화하는 것을 의미한다고 할 수 있겠다. 사회혁신을 목적으로 활동하는 주체로는 사회적기업과, 사회적 책임의식을 가진 기업, 윤리적인 소비자, 그리고 비정부기구(NGO)/비영리기구(NPO)가 있다고 본다. 이들이 각자 추구하고 있는 사회변화의 방향과 방법에는 서로 차이가 있지만, 진정성을 가지고 조화와 협력을 이룰 때 비로소 사회혁신의 실질적인 효과가 나타날 것으로 기대한다. 이러한 의미에서 이 책은 우리가 소망하는 사회혁신의 방향과 방법에 관하여 종합적이고 균형 잡힌 길잡이의 역할을 하고자 애쓰고 있다.

특히 인상적인 부분은 이 책이 각 장을 시작할 때마다 용어의 어원과 의미에 관하여 남달리 깊은 추구를 하고 있다는 점이다. 그만큼 진실을 찾아 체계적인 고민을 했음을 방증한다고도 할 수 있다.

사회혁신은 진정성이 요구되는 분야이면서 동시에 이념의 주장만이 아닌 고도의 기술과 협동, 실행능력이 있어야 하는 분야다. 사회혁신에 관심을 둔 독자들이 이 책에 나와 있는 이론과 풍부한 사례 속에서 아이디어를 찾고 서로 소통하는 가운데 협력한다면, 한국 사회의 변화가 좀 더 빨리 앞당겨질 수 있다고 생각한다.

만일 《멋진 신세계》의 역설적인 예언을 쓴 올더스 헉슬리가 이 시대에 존재하여 진정성 있는 사회혁신을 위해 협력하는 모습을 본다면, 그는 미래를 향한 새로운 희망을 품고서 속편을 썼을지도 모르겠다. 《멋진 혁신세계》라고 말이다.

이 책은 우리의 미래에 관한 구체적인 희망의 방법을 제시해주고 있다.

김세중

(경영학 박사, 오하우스코리아 대표)

'혁신',
모두를 위한 일보 전진

한 사회와 국가에 새로운 변화를 가져온 계기가 한 개인의 우연한 발견에서 비롯했다고 생각하기 십상이다. 수많은 일화가 주로 이러한 돌발적인 사건에 주목하고 있기 때문이다. 그러나 사실 자연과학이든 문화예술이든 해당 영역에서 건강한 불만족과 지속적인 집념을 가지고 역사를 돌아보고 미래를 예측하며 새 길을 개척하던 이들의 공동의 기여가 있었기에 오늘날 우리가 존재한다고 보아야 옳다.

단순한 기술적 진보가 아닌 사회 전반에 관한 혁신을 이야기하는 이 책은, 그러한 측면에서 한 사람의 독창적인 생각을 담은 저작이 아니라 공동의 역량이 집약된 결과물이다. 끈질긴 집념과 사회에 기여하겠다는 두 저자의 의지가 곳곳에서 드러난다. 다양한 사례와 비유, 그리고 역사적 고찰이 그것이다.

더구나 이들의 이야기는 최고경영자 출신의 원로들이 던지는 한가한 훈수가 아니라 본인들의 가까운 미래와 직결된 이슈를 씨름하며 얻어낸 귀한 열매들이다. 자신의 입신양명을 위해서라면 여러 다른 재주를 부려서라도 크고 작은 성과를 낼 수 있는 인재들이지만, 개인의 일상에서 국가 경영에 이르기까지 끊임없이 공공의 유익을 위한 고민을 녹여낸 흔적에 주목하고 싶다.

혁신이란 한 개인이 구사하는 자기계발의 정점도, 영리기업의 미래 성장 동력을 위한 자구책도 아닌, 사회 구성원 모두의 일보 전진을 위한 공익적 접근이라는 사실을 일깨워준 저자들에게 고마움을 전한다. 선배 세대의 게으름은 후배 세대의 성실함으로 극복된다는 점을 이 책이 또 한 번 증명해준다.

황병구
(공익경영 컨설턴트, 한빛누리재단 상임이사)

사회혁신은 이미 와 있다,
단지 널리 퍼져 있지 않을 뿐이다

"램프를 만든 것은 어둠이었고, 나침반을 만들어낸 것은 안개였고, 탐험을 하게 만든 것은 배고픔이었다. 일의 진정한 가치를 깨닫기 위해서는 의기소침한 나날들이 필요하다."

— 빅토르 위고(Victor Hugo)

사람들은 필요에 의해 무엇인가를 만들고, 그것은 때로 삶의 근본적인 변화를 이끌어낸다. 우리는 그것을 '혁신(革新)'이라 부른다. 이 책을 쓴 두 사람은 2006년 초여름, 서울 안암동에 있는 작은 카페에서 기독교 사회지도자 양성기관인 '한국리더십학교'의 선후배 사이로 처음 만났다. 다양한 모임을 함께하며 이야기하던 '사회문제의 혁신적 해결 방안'은 늘 우리의 가슴을 뜨겁게 만드는 활화산과 같았다. 그러한 열정으로 우리는 사회혁신을 이야기하는 다양한 책을 읽고, 삶의 현장에서 사회적기업, 마이크로크레디트, 기업사회공헌 관련 업무 등을 담당하면서, 한국 사회혁신 비즈니스의 오늘과 내일에 대한 진지한 고민을 담아 이렇게 책을 출간하게 되었다.

이 책은 다음과 같은 문제의식을 가지고 있다.

첫째, 점점 심각해지고 있는 자본주의의 양극화를 바라보는 안타까

움이다. 오늘날 세계는 여전히 하루를 1달러 미만의 생계비로 살아가는 수억 명의 사람으로 가득하다. 선진국과 후진국 간의 불공정한 무역은 변함이 없다. 빈부격차는 더욱 커지고 빈곤의 문제가 개인의 노력으로 극복하기 힘든 구조적인 문제가 되어 사회를 향한 불신은 커져가고 희망을 잃게 만든다. 이는 나와 동떨어진 문제가 아니라 바로 내 친구의 문제이고, 나와 관계를 맺고 있는 사람들의 문제이기도 하다. 이 문제를 해결하지 못한다면 가정이 무너지고 나아가서는 나라와 지구촌의 지속가능성을 장담할 수 없게 된다.

둘째, 자본주의의 모순을 극복하기 위한 다양한 대안적인 시도를 널리 알리는 일이다. 양극화의 구조적인 모순을 극복하려는 노력 덕분에 40여 년 전부터 새로운 흐름이 나타나기 시작했다. 사회적 취약계층의 자립과 자활을 돕는 '사회적기업(Social Enterprise)'이 육성되었고, 기업이 사회적으로 제 역할을 다해야 한다는 '기업의 사회적 책임(Corporate Social Responsibility)' 개념이 일반화되기 시작했다. 이제는 단순한 사회적 관심과 책임 수준을 넘어 근본적인 변혁을 이야기하는 '사회적경제(Social Ecomoy)'와 '사회혁신(Social Innovation)'의 움직임마저 일고 있다. 모두가 같은 꿈을 꾸면 그것은 현실이 된다고 믿기에, 우리는 새로운 사회를 향한 각계각층의 노력을 널리 공유해야 한다고 느꼈다.

셋째, 사회적경제 생태계 구축의 필요성이다. 우리가 살아가는 환경은 그야말로 다양한 생태계로 조성되어 있다. 사람의 손이 닿지 않는 아마존 밀림 한가운데의 자연 생태계부터 사람이 인위적으로 만든 치열한 비즈니스의 현장에 이르기까지 수많은 존재가 어울려 살아간다. 자본주의에 대한 반성으로 새롭게 대두한 사회적경제 생태계는 약육강식의 세계에서 벗어나 구성원의 자발적인 협력을 통해 새로운 가치를 창출하는 사회를 만들고자 하는 움직임의 지향점이다. 다시 말해 사회적경제를 이루는 각 영역이 유기적으로 연결되어 이전과는 다른 사회적·경제적 가치를 만들고 함께 나누고자 하는 것이다. 이를 위해 상생과 협력의 가치를 만들어내는 선한 자본에 동참할 채널을 확대할 필요가 있다. 사회적경제의 주체가 확대되고 빠르게 움직이며 조화로운 생태계를 이룬다면, 30년 뒤 새로운 사회의 혁신을 일으킬 미래를 꿈꿔볼 만하다. 그렇기에 우리에겐 그 희망의 구체적인 실제 사례들이 계속 필요하다.

현재 많은 기업과 기업가가 지속가능한 성장을 위해 끊임없이 혁신하고 있으며, 사회문제와 비즈니스의 기회를 융합하기 위해 전략적 접근을 시도하고 있다. 우리는 이 책에서 사회적 참여를 통해 비즈니스 기회를 창출하는 활동을 '사회혁신 비즈니스'로 정의하고 있다. 다시 말해 사회혁신 비즈니스는 '기업과 사회문제가 만나는 교차점에서 긍정적인 변화와 혁신을 일으키는 사업'을 의미한다. 이는 기업의 단순한 사회공헌이 아닌 '기업의 사회혁신'이며, 일자리 창출형 중심의 사회적기업을 넘어선 '사회적기업을 통한 사회혁신'을 의미한다. '사회혁신 비즈니스'는 지금 지구촌 경제와 기업 생태계에 새로운 화두로 자리매김하고 있으며 양질의 발전을 거듭하고 있다.

　이 책의 도입부인 1장에서는 조선 후기 '실학'과 '정약용'을 통해 '한국적 사회혁신'의 기원을 조명한다. 지금까지 한국에 소개된 사회혁신은 대부분 미국, 유럽의 사례로 사회혁신의 기원은 그네들의 역사에 잠재해 있었다. 미국의 벤저민 프랭클린(1706~1790), 영국의 조사이어 웨지우드(1730~1795) 등이 그 대표적인 예다. 그러나 우리 역사를 들여다보면 앞서간 분들이 그 시대 속에서 변혁을 꿈꾸며 다양한 시도를 했음을 알 수 있다. 우리 땅에서 일어난 혁신의 움직임을 그동안 등한시한 건 아닌지 반성의 의미를 담아, 조선 후기 실학이 추구한 사회혁신의 모습을 이 시대에 되살려보고자 했다.

　2장에서는 18세기 산업혁명 이후 자본주의 역사의 흐름과 위기에 빠진 자본주의, 그리고 이를 극복하려는 다양한 노력을 소개한다. 사회적기업, 기업의 사회적책임, 공정무역, 마이크로크레디트 등이 그 대표적인 예다. 그리고 자본주의의 위기를 극복하기 위한 또 다른 접근으로 사회혁신을 이야기한다. 그동안 사회혁신은 '사회문제를 해결하기 위해 시민 그룹이나 사회적기업이 혁신적 기술이나 비즈니스 모델을 적용하는 것' 정도로 인식되어 왔다. 하지만 이 책은 '고장 난 자본주의를 치유하는 하나의 처방전'으로 좀 더 넓고 의미 있는 사회혁신을 이야기한다.

　3장과 4장은 '사회적기업'과 '기업사회혁신'을 통해 사회혁신 비즈니스를 실현하는 실천적인 담론을 담고 있다. 사회적기업은 주로 사회적 가치를 이루기 위해 사회문제를 해결하는 데에 비즈니스의 목적과 목표를 두고 이를 위해 만들어진 제품과 서비스에서 이점을 찾는 경향이 강하다. 반면 기업사회혁신은 사회와 소비자가 원하는 것과 필요로 하는 것을 파악한 후 비즈니스를 통해 이를 어떻게 충족시킬까를 결정한다. 접근 방법은 다르더라도 사회적기업과 기업사회혁신은 사회의 변화를 끌어내는 사회적경제 생태계의 큰 축이며, 지금 이 시간에도 긍정적인 변화를 모색하고 있다. 따라서 우리나라를 비롯해 지구촌에서 일고 있는 사회혁신 비즈니스의 현상과 전략을 심도 있게 분석하여 도움을 주고자 했다.

5장에서는 구체적인 '사회혁신 브랜드 구축 방안'을 제시한다. '브랜드'의 중요성은 날로 커지고 있지만, '사회혁신 비즈니스'와 '브랜드 전략'의 연계에 무관심하거나 적극적이지 않은 기업이 많은 실정이다. 그동안 다양한 컨설팅과 강연을 하면서 우리 사회에 기업의 브랜드 전략 구축 방법론이 필요하다고 느껴 'S/O/U/L/M/A/T/E'를 사회혁신 브랜딩 전략으로 내놓는다. 우리나라의 기업들이 이를 활용해 사업을 추진해나간다면, 기업과 사회 그리고 소비자 모두가 상생하는 긍정적인 사회혁신 비즈니스 생태계의 밑거름이 될 수 있을 것이다.

이 책을 출간하기까지 많은 분이 관심과 격려를 보내주셨다. 먼저 우리가 만나서 함께했고 앞으로도 함께할 한국리더십학교의 이장로 교장 선생님(고려대 경영학과 교수)과 동문 여러분께 감사드린다. 이분들은 아낌없는 격려와 조언으로 우리에게 동기를 부여했으며, 언제나 힘이 되어준 원군이었다.

　우리와 관계를 형성하고 있는 학교, 교회, 회사 등의 지인들께도 감사의 말씀을 전하고 싶다. 그 고마움을 일일이 나열하기 어려울 정도다. 당신들의 격려가 있었기에 오늘 이 책이 세상에 나올 수 있었음을 고백한다. 또한 원고를 꼼꼼히 살피고 멋진 디자인을 더해, 한 권의 책을 완성하는 과정을 함께해주신 도서출판 생각비행 관계자 여러분께도 감사의 말씀을 전하고 싶다.

　마지막으로 우리 삶의 든든한 후원자이자 격려자인 사랑하는 가족들에게 감사와 고마움의 마음을 전하고 싶다.

2013년 3월
따스한 봄 햇살을 맞으며
전병길·김은택

1 실학(實學), 조선 사회의 혁신을 꿈꾸다

옛사람이 꿈꾼 사회혁신

2 자본주의와 사회혁신

1 변화하는 자본주의

2 사회혁신이란 무엇인가?

4 기업사회혁신, 경영의 새로운 흐름

1 시대의 요청에 부응하기

2 기업사회참여의 질적 변화

3 기업사회혁신전략

5 사회혁신 브랜드 창조하기

1 소비자가 기업을 바꾼다

6 디자인으로 바라본 세상

디자인이 세상을 바꾼다

1

'실학(實學)', 조선 사회의 혁신을 꿈꾸다

도탄에 빠진 조선 백성의 현실

중국 공자(孔子)로부터 시작된 유학(儒學)은 맹자(孟子)와 주자(朱子)를 거치며 중국의 지배 사상으로 굳건히 자리를 잡았다. 유학은 고려시대 말기 한반도에 다다른다. 고려의 뒤를 이은 조선은 유학을 신봉하며 국가를 운영해나갔다. 16세기 중반 이후 임진왜란과 병자호란을 겪으면서 조선의 기존 사회시스템이 흔들리기 시작했다. 백성은 가난하고 나라는 허약했다. 하지만 유학의 이념에 충실함으로 이를 바로잡고 나라와 백성을 섬겨야 할 사대부들은 권력다툼에만 몰두하고 있었다. 사회 전반에 부정부패가 일상화되어 있었고, 일명 삼정(三政)의 문란으로 백성의 시름은 깊어만 갔다. 나라의 정사 가운데 가장 중요한 세 가지를 뜻하는 삼정은 다음과 같다.

• **전정(田政)** 토지에 부과되는 조세를 수취하는 행정제도 → 힘없는 백성만 과도한 세금을 내야 했음.

• **군정(軍政)** 군사행정의 기본인 군적(軍籍)과 군사재정의 근원인 군포(軍布)를 포괄

하는 제도 → 어린아이와 죽은 사람에게까지 군포가 부과될 정도로 부패함.

- **환정(還政)** 빈민의 구제를 위해 춘궁기에 곡물을 빌려주는 제도 → 오히려 고리
  대금을 통한 착취수단으로 전락함.

삼정의 문란으로 사회적 갈등과 경제적 착취, 신분적 억압이 고조되자 농민들의 반발이 거세졌다. 각 지역에서 이에 항거하는 농민항쟁이 일어나기도 했다. 이 시기 정치적인 변화를 살펴보면, 파벌 사이에 견제와 균형을 유지하던 붕당정치가 노론 중심의 1당 독재로 변질되었으며, 정치권에서 소외되는 이른바 몰락 양반들이 발생하면서 신분제의 동요마저 일어나기 시작했다.

경제적인 변화를 살펴보면, 우선 생산력 증대에 따라 '경영형 부농'이 출현했다. 경작지를 늘려서 넓은 토지를 경작하는 광작(廣作)이 성행하여 토지를 잃은 농민들이 몰락하는 신분제 동요 현상이 생기기도 했다. 한편 농업, 수공업, 광업 등의 생산력이 증대되어 물건을 사고파는 상품화폐경제가 발전하고 시장이 확대되기도 했다. 대외적으로는 청나라를 통해 새로운 서양 문물이 조선 사회에 소개되면서 서구 사회에 대해 관심이 커졌다. 이즈음 사회 전반에서 현실의 문제를 해결하지 못하는 유학에 대한 반성과 개혁의 목소리가 다양하게 터져 나왔다. 모든 학문이 사람들의 실생활에 도움을 줄 수 있는 현실적이고 실질적인 문제를 대상으로 해야 하고, 구체적인 성과를 거둘 수 있어야 한다는 사회적 분위기가 형성되기 시작했다.

실학, 새로운 사회를 향한 비전

18세기는 세계적으로 새로운 전환을 모색하는 흐름이 나타난 시기다. 서구 사회에서는 이때 정치·경제적인 근대화가 본격적으로 시작되었다. 합리주의에 기초한 계몽사상이 등장했으며 미국에서는 '독립전쟁(1775)'이, 프랑스에서는 '프랑스대혁명(1789)'이, 그리고 영국에서는 '노예해방운동(18세기 말)'이 일어나기도 했다. 유럽뿐 아니라 동아시아에서도 새로운 변화를 추구하는 흐름이 형성되고 있었다.

바로 이 시기 조선에서는 모순된 사회의 변화를 모색하는 '실학(實學)'이 등장한다. 실학은 17~18세기 조선이 직면한 사회 모순과 그 해결책을 구상하는 과정에서 나온 사회개혁론이었다. 당시의 지배 이념이었던 성리학은 철학적으로 발전을 이뤘는지는 몰라도 현실 문제를 해결하는 역할을 하지 못했다. 이에 성리학의 한계성을 인식하고 현실 생활과 직결되는 문제를 탐구하려는 '실학'이 나타나게 된 것이다. 조선 사회에서 실천적 지식을 고민하며 시작된 실학은 크게 다음과 같은 세 흐름으로 나뉘어 나타난다.

- **경세치용(經世致用)학파** 제도 개혁과 농민 문제에 관심을 보임.

  대표 인사—성호 이익, 순암 안정복, 다산 정약용

- **이용후생(利用厚生)학파** 도시 상공업의 발전과 관련된 기술개혁을 주창함.

  대표 인사—담헌 홍대용, 연암 박지원, 초정 박제가

- **실사구시(實事求是)학파** 청나라 고증학의 영향을 받아 학문의 근대화를 추구.

  대표 인사—추사 김정희

실사구시학파가 주로 학문의 근대화와 국학 발전에 초점을 맞추고 있는 반면 경제치용학파와 이용후생학파는 백성의 삶에 직접적으로 영향을 끼치는 제도개혁, 농업개혁, 기술발전과 같은 사회혁신적인 면에 치중했다.

사회개혁을 꿈꾼 다산 정약용

실학의 대표 주자는 바로 다산 정약용(茶山 丁若鏞, 1762~1836)이다. 그는 한마디로 '개혁과 개방을 통해 부국강병(富國强兵)을 주장한 인물'로 요약할 수 있다. 정약용은 조선 사회의 지도층인 양반이면서도 시대의 문제점을 정확히 파악하고 고루한 현실을 개혁하려는 실천의지가 강했다. 정약용은 전통적인 유학을 공부한 남인 양반 출신으로, 젊은 시절 개혁군주인 정조(正祖, 1752~1800)에 의해 발탁되었고, 이익의 저서를 읽은 후 실학에 뜻을 두었다. 그는 현실의 문제를 외면하지 않고 실용에 목적을 두고 학문을 연구했다. 정약용은 개방적이고 포용적인 학문 자세를 견지하여 청나라에서 전래된 고증학(考證學)*이나 서양에서 전래된 '서학(西學)'** 같은 새로운 사조에 관심을 기울였다. 그리하여 당시로써는 파격적이라 할 정치기구의 전면적 개혁과 지방행정의 쇄신, 농민의 토지균점과 노동에 따른 수확의 공평한 분배, 노비제 폐기 등을 주장했다.

* 중국 명나라 말기에 일어나 청나라 때에 발전한 학문 또는 학풍. 옛 문헌에서 확실한 증거를 찾아 경서(經書)를 설명하려고 했다. 이런 학풍이 일어난 배경에는 명나라 말기부터 중국으로 전해진 서양 문물의 영향이 있다.
** 서양의 학문을 총칭해서 이르는 말. 조선시대에 천도교를 동학(東學)이라 부르는 말에 상대하여 천주교를 특징해 이르던 말이기도 하다.

현실 문제를 해결하려는 정약용의 개혁의지는 사회 현실에 관한 전반적인 문제 인식과 혁신적인 해결 방안을 다룬 '경세학(經世學)'[*]에서도 나타난다. 그는 현실의 문제 인식을 바탕으로 제도의 개혁 원리를 제시한 《경세유표(經世遺表)》, 지방 관리의 폭정을 비판하고 지켜야 할 지침을 제시한 《목민심서(牧民心書)》, 생명 존중 사상에 근거한 형법서인 《흠흠신서(欽欽新書)》등을 저술했다.

정약용은 사회개혁에 관한 많은 이론을 지속적으로 현실에 적용하려 했다. 농사짓는 사람이 땅을 소유해야 한다는 경자유전(耕者有田)에 기초한 토지제도와 분배와 성장을 함께 고려하는 균산병활(均産竝活)을 원칙으로 하는 조세제도의 개혁론을 전개했다. 나아가 다산은 제도를 개혁하는 데 그치지 않고 적극적으로 생산을 늘리는 방법까지 모색했

---

[*] 정치적 실천을 핵심으로 하는 학문.

다. 《기예론(技藝論)》이라는 저서에서 정약용은 기술을 개발하고 널리 도입해야 한다고 주장하며 더 넓은 세계의 기예를 배우는 일을 게을리 하지 말아야 한다고 강조했다. 농업의 '기예'나 직조의 '기예'를 정교하게 함으로써 편리함을 도모하고 소득을 올릴 수 있고, 병기의 '기예'를 정교하게 함으로써 용맹을 돕고 그 위태로움을 보호할 수 있다고 했다. 그 밖에도 의술과 장인의 '기예'가 정교해지면, 나라가 부유해지고 군대가 강해지고 백성이 넉넉하여 오래 살 수 있다고 했다. 이와 같이 다산에게 기예란 혁신을 위한 수단이었다.

널리 알려졌다시피 다산 실학의 결정체는 수원 화성 축조에 사용하기 위해 그가 직접 고안한 '거중기(擧重機)'라 할 수 있다. 정조는 왕권을 강화할 목적으로 새로운 정치 공간이 될 수원 화성 건설의 대역사를 다산에게 맡겼다. 10년 정도 걸릴 것으로 예상하던 공사가 34개월만에 마무리되었다. 이처럼 이른 시일에 수원 화성을 완공할 수 있었던 배경으로 거중기와 같은 최첨단 기자재의 유용성이 크게 작용했다. 정약용은 예수회 선교사인 요하네스 테렌츠(Joannes Terrenz, 1576~1630)[**]가 지은 《기기도설(奇器圖說)》과 명나라의 왕징(王徵)이 저술한 《제기도설(諸器圖說)》을 참고하여 진일보한 거중기를 개발했다.

정약용이 개발한 거중기는 복합 도르래의 기능을 적용하여 절반의 힘만으로도 무거운 물체를 수월하게 다룰 수 있어 화성을 건설하는 동안 인력을 아끼고 작업 과정상 사고율을 대폭 줄이는 한편 작업 능률을

[**] 스위스 출신 선교사였던 테렌츠는 중국에 오기 전 독일에서 의학자, 철학자, 수학자로 이름을 떨쳤다. 다방면에 해박한 지식과 아울러 언어에도 재능이 있어 프랑스어, 영어, 포르투갈어, 히브리어, 그리스어, 카르다어, 라틴어에도 능통했다고 한다. 명나라로 귀화해 등옥함(鄧玉函)이라는 이름을 얻은 테렌츠는 《기기도설》이라는 책을 지어 서양 물리학의 기본 개념과 도르래의 원리를 이용한 각종 장치를 수록했다.

4~5배나 높일 수 있었다. 이처럼 정약용의 삶에는 지식을 실천하며 혁신을 이뤄내는 사회혁신가의 정신이 배어 있었다.

정약용이 이룩한 상당수의 업적은, 정조 임금이 사망한 후 당시 지배 세력이었던 노론 벽파에 의해 18년 동안 유배된 전라도 강진에서 비롯했다. 유배 생활에서 농촌의 실상과 지배층의 횡포를 몸소 체험한 그는 사회적 모순에 관해 이전보다 더 구체적이고 정확한 인식을 갖추게 되었고, 이로 말미암아 사회개혁적이면서도 현실적인 학문을 완성하고자 노력했다. 강진 유배는 다산 개인으로서는 변방의 서러움을 감내해

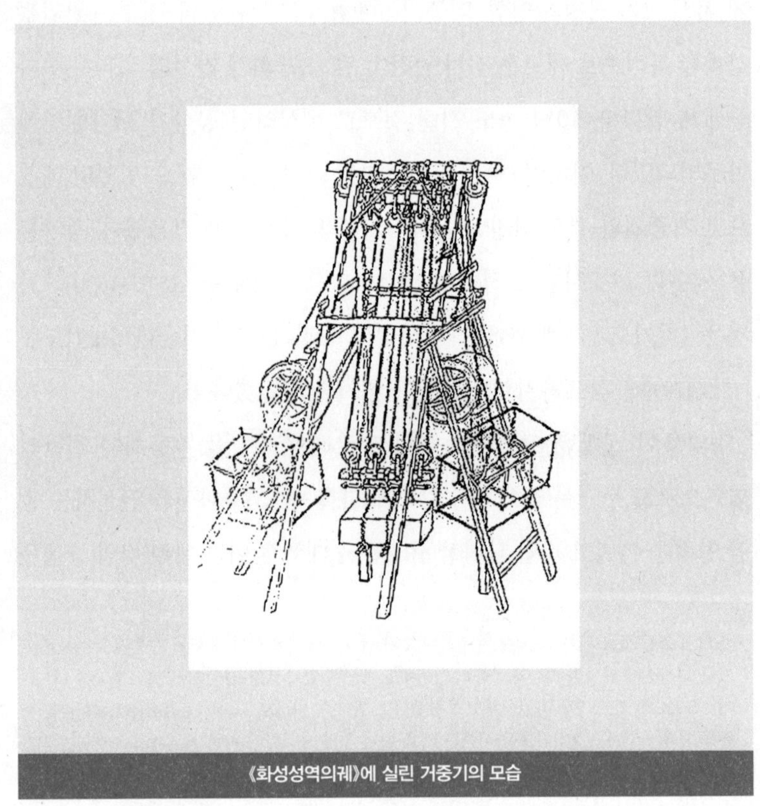

《화성성역의궤》에 실린 거중기의 모습

야 하는 고통의 시간이었겠지만, 21세기 무한경쟁 시대에 새로운 길을
모색해야 하는 우리로서는 개혁과 창조적 가치의 비전을 배울 수 있는
축복의 시간이었다.

현대화된 '실학'은 오늘날 여전히 필요하다

다산 경세학의 근본은 사람을 향한 사랑이었다. 즉 백성은 모든 것의
본(民本)이 되며 백성에 대한 사랑(愛民)을 바탕으로 나라를 다스려야
한다고 보았다. 요즘 흔히 회자하는 말로 바꾸자면 '섬김의 리더십'을
발휘했던 셈이다. 하지만 '민본(民本)'과 '애민(愛民)'을 바탕으로 시작
된 실학은 변혁이념으로서 그 역할을 감당하거나 사회 변혁을 도출해
내는 데에는 한계가 있었다. 당시 실학자들은 자신들의 현실 개혁안을
정부에 제시하여 이를 관철할 통로와 능력을 갖추지 못했다. 또한 실학
자들의 견해를 공론화하거나 확대·재생산하여 현실에 적용하기에는
환경적인 면에서 부족함이 많았다. 더구나 19세기 중엽 이후로 실학사
상의 사회개혁적 의지는 상당히 약화되었다. 한마디로 실학은 사회 변
혁의 태풍을 꿈꾸었으나 찻잔 속의 태풍으로 끝나고 말았던 셈이다.

일반적으로 혁신과 변화는 사회적인 분위기가 조성될 때 실현된다.
아이디어가 새롭고 가치가 있는지 여부를 결정하고 현실화하는 장이
곧 사회다. 미국 클레어몬트 대학교에서 창의력 전문가로 활동 중인 미
하이 칙센트미하이(Mihaly Csikszentmihalyi) 교수는 "어떤 아이디어가
새롭고 가치가 있는지 알아보려면 일정 기간 사회적인 평가를 거쳐야
한다. 그렇지 않으면 그것이 새로운지 그리고 가치가 있는지 알 수 없
다"고 이야기했다.

실제로 어떤 아이디어가 다른 사람들에게 적용되어 평가되지 않는다면 그것은 사회적인 변화로 연결되지 못한다. 이렇게 볼 때 실학은 현실적인 대혁신을 이루어내지는 못했지만, 조선 후기 지식인들로 하여금 당시 동아시아를 지배하던 성리학 중심의 보편주의를 극복하고 조선 나름의 고유한 가치를 발견하는 데에는 이바지했다. 실학의 시작은 성리학이 해결해주지 못하는 현실의 문제들을 실용적인 관점에서 새로운 지식과 가치를 창출함으로써 해결하고자 하는 시도였다. 이러한 '실사구시(實事求是)'의 관점은 200여 년 전 실학자들로 국한될 생각이 아니다. 21세기를 살고 있는 지금 우리에게도 여전히 유효하다.

우리 주변을 한번 둘러보자. 한국 사회의 양극화 현상이 심해질수록 교육의 양극화 현상 또한 더욱 심해질 것이다. 공교육이 붕괴하고 있는 상황에서 누가 교육 양극화 해소를 위해 노력할 수 있을까? 한국 사회에 들어와 있는 외국인 노동자와 결혼 이민자의 수는 이미 150만 명을 훌쩍 넘었다. 그들은 한국 사회에서 한국 사람으로 정착하기를 바라지만, 아직 우리는 이들을 위한 따뜻한 관심과 배려를 보이지 못하고 있다. 누가 이들의 친구가 되어줄 수 있을까? 한국의 젊은이들은 요즘 '88만원 세대' '이태백' '청년실업'이란 말로 자신들이 처한 상황을 한탄하며 받아들이고 있다. 누가 이 시대의 젊은이들에게 도전과 용기를 주며 일할 기회를 제공해줄 수 있을까? 현재 탈북자들의 수는 2만 5000

• '긍정의 심리학(Positive Psychology)' 분야의 선구적 학자라는 평가와 더불어 심리학과 경영학에서 가장 널리 인용되는 심리학자 중 한 사람이다. 창조성과 행복의 관계에 관해 지속적으로 연구한 그는 창조적인 사람의 3가지 요건으로 전문지식과 창의적 사고, 몰입을 제시한다. 1999년 국내에 《몰입의 즐거움》이 처음으로 출간된 이후, 독자들의 열렬한 호응에 힘입어 《몰입(Flow)》《몰입의 경영(Good Business)》《몰입의 기술(Beyond Boredom and Anxiety)》《창의성의 즐거움(Creativity)》《칙센트미하이의 어른이 된다는 것은(Becoming Adult)》 등이 잇따라 소개되었다.

명을 넘어섰고, 머지않아 5만 명을 넘어 10만 명을 바라볼 것이다. 하지만 시간이 흐를수록 탈북자 문제와 장차 도래할 통일을 향한 사회적 관심은 무뎌지고 있다. 누가 탈북자들의 남한 내 자립에 도움을 주고 장차 도래할 통일한국을 준비할 수 있을까?

한국을 넘어 세계의 현실을 보자. 세계 인구의 10억 이상이 기초 생활조차 어려운 극심한 빈곤에 시달리고 있다. 누가 이들의 배고픔을 달래주고 꺼져가는 삶의 의미를 다시 타오르게 할 수 있을까? 오늘날 지구촌은 심각한 환경 위기에 처했다. 지구온난화의 영향으로 태풍, 지진, 해일 같은 자연재해가 해가 갈수록 늘고 있다. 이러한 기후변화에 누가 적극적이고 창조적으로 대응할 수 있을까?

200여 년 전 실학자들이 자신들의 생각을 현실화할 통로가 부족했던 반면 지금은 지식정보화 사회의 도래와 시민의식의 성장, 그리고 소셜미디어라는 사회적 기반이 형성되어 '실사구시(實事求是)'의 정신이 발휘되기에 더없이 좋은 여건이 갖춰졌다. 과거 실학자들의 노력이 찻잔 속의 태풍으로 그쳤지만, 이제는 현실의 변혁을 만들 수 있는 메가톤급 태풍 그리고 단기간의 유행으로 그치는 트렌드를 넘어 새로운 사회혁신을 창조하는 '메가트렌드'의 폭풍을 몰고 올 수 있는 여력이 형성되어가고 있다.

이 책은 새로운 사회혁신의 움직임과 일선에서 수행되고 있는 사회혁신 비즈니스에 관한 구체적인 내용을 담고 있다. 이 논의를 바탕으로 200여 년 전 조선의 지식인 사이에 펼쳐졌던 실학에 관한 고민이 사회적경제 생태계를 꿈꾸는 21세기 한국에서 다시금 '새로운 실학'으로 꽃피기 바란다.

2
자본주의와 사회혁신

변화하는 자본주의

자본주의의 '씨앗'

1945년 해방 이후 우리나라 역사학자들 앞에는 일제 식민사관 극복이라는 시대적 사명이 놓여 있었다. 이로 말미암아 1960년대에 '자본주의 맹아론'이 등장했다. 여기서 맹아(萌芽)는 문자 그대로 '하나의 씨앗'을 뜻한다. 한 알의 '씨앗'이 땅에 뿌려져 열매를 맺듯 '자본주의 맹아'는 곧 새롭게 피어날 새로운 자본주의의 가능성이다. 실학이 등장한 조선 후기 사회는 정치적으로는 암울했지만 경제적 변화의 조짐이 일던 시대였다. 농민들은 생산력을 높이고자 농기구를 사용하는 영농 방법을 활용했으며 상품 작물을 재배해 소득을 늘리려 했다. 상인 중에 적극적으로 상업 활동을 벌여 대자본을 축적한 사람이 출현하기도 했다. 수공업 생산 또한 활발해져 전반적인 생산량이 늘었다. 이러한 과정에서 자본이 축적되어 상공업 활동이 활기를 띠었다. 우리가 잘 아는 평안도 의주 '만상(灣商)'을 이끈 무역상인 임상옥(1779~1855), 사업으로 모은 재산으로 굶주린 백성을 구제한 제주의 여성 기업인 김만덕

(1739~1812) 등이 이 시대에 활약한 사람이다.

한국에서 '자본주의 맹아론'이 거론되던 시기는 서양에서 한창 '자본주의'가 발전하던 시점이었다. 자본주의는 '이윤 추구를 목적으로 하는 자본이 지배하는 경제체제'를 말한다. 경제(Economy)라는 단어의 어원은 그리스어 'oikonomia'로 'oiko'와 'nomos'의 합성어다. 'oiko'는 가정(household)을 의미하고, 'nomos'는 관리를 뜻하는 'management'라는 의미가 있다. 그러니 '경제'라는 어원은 가정이나 공동체를 관리한다는 의미에서 나왔음을 알 수 있다. 한편 '경제(經濟)'라는 한자어는 '경세제민(經世濟民)'에서 나왔다. 이는 '세상을 다스리고 구제한다'는 뜻으로 나라를 꾸려나간다는 의미다. '경제'라는 단어만 놓고 보면 동양이 서양보다 더 큰 사고의 반경을 가진 듯하다.

인류는 오래전부터 작은 공동체를 형성하여 경제생활을 해왔으며 새로운 사상과 제도, 기술의 출현에 따라 경제는 아메바처럼 변형에 변형을 거듭해왔다. 변형의 과정에서 다양한 경제활동 참여자들이 토지, 노동력, 식량, 자원 등 경제적 가치의 원천을 놓고 끊임없이 갈등과 충돌을 반복해왔다. 보이는 것에서 보이지 않는 것으로, 물질적인 것에서 문화적인 것으로, 공급자에서 수요자 중심으로, 개인적인 것에서 사회적인 것으로, 노동집약적인 것에서 지식집약적인 것으로, 단기적인 것에서 장기적인 것으로 가치의 원천은 확장되어 왔다. 또한 역사의 흐름 속에서 다양한 경제 주체가 새로운 가치의 원천을 발견하고자 지속적으로 창의와 혁신을 이뤄냈다.

자본주의가 등장하기 이전, 사람들의 삶은 상당히 단조로웠다. 대부분 농사를 짓고 살면서 조상이 전수한 기술을 다시 아들과 그 후손에게 그대로 물려주었다. 사회는 전통과 관습의 지배를 받았으며 변화를 일으킬 동인(動因)은 아주 미약했다. 대부분의 사람이 자급자족 생활을 했고 물건의 교환도 거의 이루어지지 않았다. 시장의 기능은 아주 미약했다. 그러다 15세기 말 유럽 사회에서 자연적·사회적 제약들이 타파되기 시작했다. 관습과 제도에 얽매여 있던 사람들이 속박에서 해방되기 시작하면서 삶의 방식에도 변화가 생기기 시작했다. 상업이 발달하고 '이익'을 최우선 순위로 여기는 자본가들이 등장했다. 이로써 이전 역사에서 경험하지 못한 신천지(新天地)를 여는 새로운 발전의 동력이 조금씩 쌓이기 시작했다.

인류의 삶을 뒤흔든 산업혁명

1585년 세계 최강의 스페인 무적함대를 물리치며 바다를 점령한 영국은 아프리카와 아시아 각국에 식민지를 건설해나갔다. 1700년대 이후 영국은 유럽의 최강자였으나 중국의 정치제도, 경제제도, 농업기술, 제철기술, 사상, 예술 등을 다방면에서 차용하거나 모방했다. 세계 곳곳에 있는 식민지에서 수많은 원재료와 금과 은 등을 약탈해왔지만, 중국의 경제와 문화를 넘어서지는 못했다. 그러던 중 영국은 산업혁명이라는 결정적인 계기로 중국을 넘어서게 된다.

산업혁명은 증기기관의 발명과 함께 왔다. 증기기관차가 발명된 이후로 산업혁명의 근간이 되는 석탄, 철강, 면화 산업이 방사상으로 뻗어나갔다. 최초의 증기기관은 광산의 배수(排水)를 목적으로 발명되었는데, 이 광산에서 나온 석탄이 다시 증기기관의 연료가 되었다. 증기선에 실려 영국으로 온 면화는 증기방직기를 거쳐 천으로 바뀌었고, 증기기관차에 실려 시장으로 나갔다. 물론 이러한 증기기관이 발명되기

영국과 세계의 산업혁명을 촉진한 제임스 와트의 증기기관

까지 수천 가지의 발명이 축적되었다. 그렇게 증기기관이 등장한 이후로는 더욱 혁신적인 발명품이 무한정 쏟아져나왔다.

증기기관은 역사적 영향력이라는 면에서 여느 발명품과는 달랐다. 기술 혁신이 경제 개혁으로 이어지는 핵심적인 역할을 수행했기 때문이다. 기계의 도입으로 사회적 생산방식에 변화가 일어났다. 기존의 수공업적인 생산방식에서 공장제 기계공업이 시작되어 자본가적 제조업자, 상인, 임금 노동자와 같은 오늘날의 산업 계층구조가 형성되었다. 새로운 시장이 형성되자 오로지 이윤을 위해 생산하는 공급자(기업)가 나타났다. 또한 기업에서 일하면서 오로지 임금에 의해서만 생존이 가능한, 그리고 그 임금으로 시장에서 기업의 생산품을 구입해야 하는 노동자가 양산되었다. 이렇게 생산자와 수요자가 명확히 구분되면서 근대 자본주의 시장이 형성되었다.

산업혁명을 거치며 자본주의는 눈부신 생산력의 증대를 경험했다.

18세기 중반 영국을 중심으로 일어난 산업혁명은 면공업에서 방직기술이 발달함에 따라 급속한 기계화로 이어졌다. 면공업은 19세기 전반에 5퍼센트 이상 성장하면서 산업혁명의 동력이 되었다. 또한 산업화로 말미암아 철의 수요가 증가하고 철강업이 발전하기 시작하면서 농업사회에서 공업사회로 사회구조가 변모하기 시작했다. 오늘날 인류가 안고 있는 환경, 자원, 에너지, 인구, 경제 불균형 등의 사회문제는 산업혁명이 야기한 근본적인 병폐라 할 수 있다.

새로운 소외계층의 출현

산업혁명은 오늘날의 자본주의가 꽃을 피우기 위한 씨앗과 같았다. 산업이 발달하면서 사람들에게 많은 혜택이 돌아갔으나 그에 대한 반응은 제각각이었다. 많은 경제적 부를 누리게 된 유럽의 중상류층은 경제 발전이 유익하고 영원히 지속될 것이라는 믿음을 가졌다. 생산기술의 발달과 높아진 경제 수준 덕분에 새로운 제품들을 구매할 수 있게 되고 교통수단의 발달로 여행이 편리해지면서 새로운 문명을 향한 이들의 기대감은 더욱 커졌다. 하지만 다른 한편에서는 숙련된 장인들이 월급을 받는 노동자로 전락하고, 도시는 매연으로 가득한 장소로 변해버렸다. 산업화의 진행으로 사회 전체의 부는 향상되었지만, 노동자들의 삶은 더 힘들어졌다. 하루에 12시간 일하는 것은 다반사였고 심할 때는 15시간 이상씩 일해야 했다. 그들이 받는 임금으로는 최저 생계를 유지하기도 어려웠다.

　결국 소수의 부유한 자본가와 대다수의 가난한 노동자는 대립하기 시작했고, 노동자들은 노동운동을 시작했다. 초창기 자본가와 노동운동가들은 한 치의 물러섬도 없었다. 영국 정부가 자본가들의 의견을 받아들여 '단결금지법'을 만들어 노동자들의 단결을 저지하자 노동자들은 '러다이트 운동'*이라는 기계파괴 행위로 맞섰다. 영국 정부는 기계를 파괴하는 노동자를 사형에 처하게 하는 법까지 만들어 통제하려 했다. 산업혁명이라는 인류가 경험하지 못했던 경제발전의 이면에는 이처럼 새로 생겨난 계층 간의 대립과 갈등, 반목이 있었다. 산업혁명 이후 극도로 양극화된 계층구조를 보며 노동자의 관점에서 대안을 찾으려는 사람들이 생겨났다. 노동자에게 더 좋은 환경을 제공하는 것이 생산성을 향상하는 지름길이라는 생각을 실천에 옮겼던, 당시 기준으로는 이상한(?) 자본가였던 로버트 오웬(Robert Owen, 1771~1858)과 생산자 단체를 결성한 프랑스의 샤를 푸리에(Fourier, François Marie Charles, 1772~1837)가 있었다. 공산주의 사상을 창시한 카를 마르크스(Karl Heinrich Marx, 1818~1883)도 이 시대에 과학적 공산주의를 이야기하며 적극 활동했다.

* 18세기 말에서 19세기 초에 걸쳐 영국의 공장지대에서 일어난 노동자에 의한 기계파괴운동을 말한다. 기계에 의한 생산혁명으로 방직업과 양모공업 분야에서 종래의 제조직공들은 실직하거나 낮은 임금을 받아야 했다. 나폴레옹 전쟁과 악천후에 의한 식량 부족 같은 사회적 상황이 노동자의 생활을 더욱 곤란하게 했다. 이 시기에 일어난 러다이트 운동은 현대식 대형 기계만 파괴하면 종래의 노동 조건을 회복할 수 있을 것이라는 자본주의에 관한 무지에서 기안(起案)된 것이었다. 노동계급이 빈곤해지는 원인은 기계의 도입이 아니라 자본가에 의한 노동착취, 즉 자본주의가 지닌 제도적 모순이었는데, 당시의 노동자 계급은 이를 알지 못했다. 러다이트 운동은 파괴금지법의 시행과 군대의 출동에 의해 탄압을 받았다. 또 자본주의적 생산양식의 확립과 더불어 기계파괴운동이 무력하다는 노동자의 자각으로 1812년의 폭동을 기점으로 급속히 쇠퇴했다. 이로써 노동자 계급은 1824년에 획득한 단결권을 기초로 한 근대적 노동조합운동에 문제의 해결을 위임하게 된다.

자본주의 업그레이드에 대한 고민

산업혁명은 생산적인 측면에서 경제발전을 이끈 원동력이었다. 그런데 이에 못지않게 제도적 측면에서 경제발전의 중요한 역할을 담당한 축이 시장경제다. 1776년 영국 경제학자 애덤 스미스(Adam Smith)는 《국부론》이라는 저서에서 처음으로 시장경제이론을 집대성한다. 그의 시장경제이론은 '개인의 이익을 자유롭게 추구하는 여건을 마련해주면 국부(國富)와 사회의 복지가 증대된다'는 내용이 핵심이다. 즉 모두가 자신의 이익을 위해 경쟁하다 보면 산업기술과 경영기법이 발전하여 생산성이 향상되고 자연스럽게 국가경제가 발전하여 생활수준이 높아진다고 보는 것이다. 스미스의 이론을 오늘날의 경제 개념으로 정리하면 '기업의 이익 추구→국가 부강→사회복지 확대'로 이어진다.

애덤 스미스 이후 자본주의와 시장경제는 유럽과 미국 사회의 사상적 주류가 되었다. 그리고 사회주의 출현, 세계대공황, 케인스 경제학, 신자유주의°와 같은 부침을 거듭하며 업그레이드되어 왔다. 《이코노미스트》《파이낸셜타임스》《타임》을 두루 거친 저널리스트 아나톨 칼

| 서구자본주의 발전 단계 |

발전 단계	기간	기본 사상	주요 성과	문제점
1.0 고전적 자유주의	18세기 후반 ~ 1920년대 말	애덤 스미스 '국부론'(1776)	산업혁명 세계화	도시 빈곤문제 대공황
2.0 복지국가	1930년대 ~ 1970년대 말	존 케인스 '일반이론'(1936)	불황극복 복지국가 건설	근로의욕 감퇴 국가 경쟁력 약화
3.0 신자유주의	1980년 ~ 2008년	밀턴 프리드먼 '자본주의와 자유'(1962)	정보통신기술 혁명 금융시장 세계화	세계 금융위기 (2008년)

발전 단계	기간	기본사상	주요성과	문제점
4.0 공유가치창출, 혁신, 성장, 실용주의	2009년 이후	마이클 포터 '공유가치창출' 아나톨 칼레츠키 '자본주의 4.0' (2001)	자본주의 보강: 경제실용주의 정치보수주의 금융감독 강화	미국과 중국의 대립과 갈등

《월간조선》(2011. 9) 참고, 수정

레츠키(Anatole Kaletsky)는 《자본주의 4.0》이라는 저서에서 정부와 시장이 어떻게 관계를 정립하는가라는 단순한 잣대로 자본주의 발전사를 다음과 같이 4단계로 구분한다.

자본주의 1.0은 미국·프랑스의 정치혁명과 영국의 산업혁명으로 시작되어 대공황과 함께 막을 내린 시장을 강조한 전통적인 자유방임 자본주의다. 대공황 이후인 자본주의 2.0은 루스벨트 대통령의 '뉴딜', 존슨 대통령의 '위대한 사회', 영국과 유럽의 '복지국가' 개념을 포괄하는 정부 주도의 수정자본주의다. 흔히 정부의 역할이 강조되는 케인스 경제라 불린다. 자본주의 3.0은 1960년대 말과 1970년대에 전 세계적인 인플레이션 위기가 발생한 후 마거릿 대처와 로널드 레이건의 자유시장 혁명으로 탄생한 신자유주의다. 정부 실패로 스태그플레이션[**]이 발생하면서 다시 시장주의로 회귀하게 된다. 하지만 부시 정부가 바뀐 세계경제 환경을 고려하지 않고 시장 근본주의를 기계적으로 적용해

---

[*] 국가 권력의 시장 개입을 비판하고 시장의 기능과 민간의 자유로운 활동을 중시하는 이론. 1970년대부터 케인스 이론을 도입한 수정자본주의의 실패를 지적하고 경제적 자유방임주의를 주장하면서 본격적으로 대두되었다.

[**] 침체를 의미하는 '스태그네이션(stagnation)'과 물가상승을 의미하는 '인플레이션(inflation)'을 합성한 용어로, 경제 활동이 침체되고 있음에도 지속적으로 물가가 상승하는 상태가 유지되는 저성장·고물가 상태를 의미한다.

금융위기를 키웠다고 주장한다. 이렇듯 경제 환경의 변화와 시장 실패, 정부 실패가 반복되면서 자본주의는 진화한다.

칼레츠키는 자본주의 4.0으로의 진화는, 유능하고 적극적인 정부가 있어야만 시장경제가 존재할 수 있다는 사실을 인정하고 시장과 정부는 모두 불안하며 오류를 저지르기 쉽다는 점을 이해하는 데에서 시작한다고 이야기한다. 자본주의 4.0은 '적응형 혼합경제'다. 칼레츠키가 예상한 '자본주의 4.0 정책 리스트'에는 좌파와 우파가 자기 전유물이라고 부르는 항목이 한데 뒤섞여 있다. 정부의 규모는 줄어들지만 시장에 대한 책임과 역할은 커지고, 은행에 대한 규제는 강화된다. 의료 서비스는 정부와 시장 양쪽 모두에서 확대되고, 고등교육은 시장지향적으로 개편된다. 칼레츠키는 이런 정치와 경제 간의 균형은 국가별로 상황에 맞게 조정하여 적용하면 된다고 말한다.

시장과 기업의 업그레이드

칼레츠키가 경제 시스템의 관점에서 시장을 보았다면, '마케팅의 아버지'로 불리는 필립 코틀러(Philip Kotler)는 시장을 변화의 흐름과 마케팅의 관점에서 구분했다. 필립 코틀러는 현재 시장을 '3.0 시장'으로 보고 기업의 생존전략을 설명한다.

1.0 시장이란 '이성'을 키워드로 품질과 같은 제품력으로 승부를 걸던 시장으로, 낮은 가격에 쓸모 있는 제품을 만들어 판다는 개념을 중시하는 제품 중심의 시장이다. 2.0 시장이란 '감성'을 키워드로 서비스와 고객만족으로 승부하던 시장이다. 정보화와 함께 소비자가 좋아하고 원할 만한 물건을 파는 소비자 지향 시장이다. 지금까지도 수많은

기업이 채택하고 있는 마케팅 방식이기도 하다. 3.0 시장은 이익 실현과 고객만족을 넘어 기업이 '사회적 문제'를 해결하는 활동을 하고 소비자들도 발달한 정보기술을 바탕으로 적극적으로 참여하는 시장이다. 3.0 시장에서 사회에 긍정적인 영향을 미치고자 하는 기업의 활동은 그 자체가 곧 마케팅이 된다. '무엇을 만드는가?'가 아니라 '어떤 세상을 만들고 싶은가?'가 기업을 상징하는 브랜드 정체성을 결정하고 있다. 코틀러 교수는 3.0 시장은 승자 독식의 패러다임이 아니라 함께 창조하고 함께 만드는 공동체적인 특성을 띤다고 보고, 압도적인 기술로 다른 기업을 따돌리면서 사람들의 '영혼'까지 사로잡을 수 있는 제품과 서비스를 제공하고, 발상 전환에 능한 기업만이 이 시장에서 살아남을 수 있다고 말한다.

미국의 사회적 가치평가 전문가 제이슨 사울(Jason Saul)은 기업의 사회적 책임(CSR, Corporate Social Responsibility)의 업그레이드를 통해 자

| 1.0 시장 / 2.0 시장 / 3.0 시장 비교 |

	1.0 시장(제품 중심)	2.0 시장(소비자 지향)	3.0 시장(가치 주도)
목표	제품 판매	고객 만족 및 보유	더 나은 세상 만들기
동인	산업혁명	정보화	뉴웨이브 기술
시장을 보는 방식	물리적 필요를 지닌 대중 구매자들	이성과 감성을 지닌 영리한 소비자	이성과 감성, 영혼을 지닌 완전한 인간
핵심 콘셉트	제품 개발	차별화	가치
기업 지침	제품 명세	기업 및 제품의 포지셔닝	기업의 미션 / 비전 / 가치
가치 명제	기능	기능과 감성	감성과 영성
소비자 상호작용	일대다 거래	일대일 관계	다대다 협력

필립 코틀러, 《마켓 3.0》, 타임비즈(2010)

본주의의 변화를 설명한다. 제이슨 사울은 《CSR 3.0》이라는 저서에서 시에스알(CSR) 1.0(전통적인 자선), 시에스알(CSR) 2.0(전략적 자선이나 지속가능경영)을 지나, 바야흐로 시에스알(CSR) 3.0(기업사회혁신)의 시대가 도래했다고 이야기한다. 제이슨 사울은 아직도 많은 기업의 경영진이 사회적 전략이나 활동과 같은 일이 돈 버는 일과 거리가 멀다고 생각하는 경우가 많으며 한마디로 '그저 옳은 일만을 하는 것'으로 단정짓는 경향이 있다고 말한다. 하지만 기업사회혁신(CSI, Corporate Social Innovation)은 좋은 아이디어 그 이상이다. 기업사회혁신은 비즈니스를 하는 방식이다. 기업은 사회문제를 해결하는 데 있어서 그리고 그것을 수익과 연결하는 데 있어서 더 큰 역할을 할 수 있다.

시에스알(CSR) 2.0 시대에는 남에 대한 배려를 의무이자 필수로 생각한다. 정부와 사회는 대기업에 중소협력사와 기업 생태계를 도와주라고 몰아붙이고, 기업은 의무감을 느껴 다양한 동반성장 정책을 수립하여 실행한다. 그러나 이 과정에서 진정성을 느끼기 어렵다. 동반성장의 필요성을 인식하지 못하면서 어쩔 수 없이 따라야 하는 상황이 반복되다 보니 구색 맞추기식 대응방식이 주를 이루게 된다. 결국 사회의 불신이 커지고 결국 똑같은 압력이 다시 반복되는 상황이 전개된다.

제이슨 사울은 새롭게 도래한 시에스알(CSR) 3.0 시대에 나눔과 배려, 도와주기와 협력이란 대기업의 의무이거나 아름다운 미풍양속이 아니라, 기업 생태계 전체의 경쟁력을 높여 지속가능한 동반성장이 이루어지도록 하는 전략적 과정이라는 점을 강조한다. 상생협력은 협력사의 품질, 생산성, 유연성, 납기 및 기술력 향상에 큰 도움을 준다. 그 결과 상생협력을 수행하는 대기업의 만족도를 높일 뿐 아니라, 대기업과 중소협력사의 관계를 돈독히 하여 경쟁사가 쉽게 모방할 수 없는 사회적 자본(social capital)을 축적함으로써 장기적으로 강한 기업 생태계를 형성할 수 있다. 실제로 많은 대기업이 이러한 사실에 주목하여 전략적인 인식을 바탕으로 새로운 패러다임을 형성해나가고 있다.

한국 자본주의 발전의 대전환

서구에서 자본주의 발전 과정이 2세기에 걸쳐 이루어진 반면 한국의 자본주의는 1945년 해방을 계기로 시작되었다. 한국 자본주의는 자유민주주의를 지향하고 시장경제를 표방했으나 분단, 전쟁, 사회적 여건 미성숙 등으로 초창기에 많은 어려움을 겪었다. 1961년 5월 군사 쿠데타로 집권한 박정희 정권은 빈곤문제 해결을 위해 경제성장에 역점을 두면서 수출산업을 적극 육성했다. 이를 위해 대외 원조와 미약한 내수에 의존하던 경제정책은 수출주도형으로 전환되었고, 강한 정치 리더십을 바탕으로 경제사회발전 5개년계획을 이끌었다. 이러한 경제정책은 산업 발전이라는 측면에서 1980년대 중반까지 매우 성공적으로 이루어졌다. 한국은 세계경제 역사에서 쉽게 찾아보기 힘든 연평균 수출신장률 40퍼센트, 그리고 연평균 경제성장률 9퍼센트라는 성과를 이루어냈다. 사람들은 이를 '한강의 기적'이라고 불렀으며 한국경제와 한국기업에 대한 국제적 신인도 역시 크게 향상되었다.

하지만 1987~1988년에 이르러 한국 사회는 커다란 전환점에 이르게 된다. 세계를 놀라게 한 경제발전은 국민의 민주화 욕구를 높이는 결과를 낳았으며, 이로 말미암아 '권위주의 정권'이 민주화 과정을 거치며 무너지면서 한국경제는 극심한 노사분규의 진통을 겪는다. 그 결과 실질임금이 상승해 국제경쟁력이 크게 약화되었지만, 1997년 말 외환위기를 금융과 대기업 부문의 대대적인 구조조정으로 극복한 한국 자본주의는 자유민주주의와 시장경제의 기반을 마련한다.

오늘날 한국 사회가 당면하고 있는 각종 문제와 이를 해결하는 대안은 세계화와 지식정보화로부터 왔다. 그 역사 흐름 속 대전환의 시작은 1988년 서울 올림픽이었다.

손에 손잡고 벽을 넘어서

우리 사는 세상 더욱 살기 좋도록

손에 손잡고 벽을 넘어서

서로 서로 사랑하는 한마음 되자

손잡고

Hand in hand we stand all across the land

We can make this world a better place in which to live

Hand in hand we can start to understand

Breaking down the walls that come between us for all time

Arirang

1988년 9월 17일. 서울 잠실주경기장에서 열린 서울 올림픽은 한국계 그룹 코리아나와 관중이 〈손에 손잡고(Hand in Hand)〉를 다함께 부르며 그 서막을 열었다. 서울 올림픽이 열린 1988년의 세계는 냉전의 끝 무렵이었다. 하지만 당시 미국과 서유럽이 주축을 이룬 자유 진영과 구소련과 동유럽이 주축이 된 공산 진영은 첨예한 대립을 벌이고 있었다. 1980년 소련 모스크바 올림픽은 아프카니스탄을 침공한 소련에 대

미국에서 20세기의 역사적 사건을 되새기며 발행한 독일 베를린 장벽 붕괴 기념우표

응하여 미국을 비롯한 서방세계가 불참했고, 1984년 미국 로스앤젤레스 올림픽은 이에 대한 보복으로 소련을 비롯한 대다수의 공산권 국가가 불참했다. 서울 올림픽 이전의 두 대회는 반쪽자리 올림픽이었으나 서울 올림픽은 달랐다. 1988년 대한민국의 수도 서울에서 냉전의 기류가 녹고 화해의 분위기가 전 세계적으로 확산되고 있었다. 그 성공적인 올림픽의 서두에 올림픽 주제곡 〈손에 손잡고〉가 울려 퍼졌다.

그리고 정확히 1년 뒤 〈손에 손잡고〉의 영문 가사인 'Breaking down the walls'처럼 동서 냉전의 상징인 독일 베를린장벽이 무너지고 동유럽 공산정권이 도미노처럼 무너졌다. 이로써 이념의 벽이 걷히고 민주주의의 가치가 공산권 국가 곳곳으로 스며들었다. 〈손에 손잡고〉의 노랫말이 현실이 되는 듯했다.

세계화와 지식정보화의 물결

동유럽 공산권의 붕괴 그리고 1980년대부터 시작된 중국의 개혁·개방은 '세계화'의 물꼬를 텄다. 한국의 석학 이어령 교수는 1997년 영국 다이애나 황태자비 사망 사건을 다음과 같이 묘사함으로써 세계화의 물결을 탁월하게 설명했다.

> 죽은 다이애나는 '영국인'이었고
>
> 사고가 발생한 곳은 '프랑스 파리'의 지하차도였다.
>
> 타고 있던 차는 메르세데스 벤츠 '독일차'였다.
>
> 다이애나의 애인, 도드 파예드는 '이집트인'이었고
>
> 운전기사는 '벨기에인'이었고
>
> 뒤쫓던 파파라치는 '이탈리아인'이었다.
>
> 병원에 실려 갔을 때
>
> 집도한 의사는 '미국인'이었고
>
> 그가 사용한 마취약은 '남미산' 키니네(Kinnie)였다.
>
> 다이애나 왕세자비의 죽음이 전 세계에 알려졌을 때
>
> 사람들이 보던 PC 모니터는 '한국제'였고
>
> 그 PC의 운영체제 윈도는 '미국제'였다.
>
> 다이애나 왕세자비가 묘지에 묻혔을 때
>
> 헌정된 화환은 '네덜란드산'이었다.

영국 황태자비의 사망은 하나의 사건이지만, 그것과 연관된 현실은 한마디로 '글로벌'한 상황이다. 바로 이것이 세계화의 모습이다. 《뉴욕

타임스》의 칼럼니스트인 토머스 프리드먼은 《렉서스와 올리브나무》라는 저서에서 오늘날의 시대를 규정짓는 거대담론으로 세계화를 지목한다.

세계화는 결코 일시적인 현상이나 그저 흘러가고 말 유행이 아니다. 세계화는 냉전체제를 대치한 새로운 국제 시스템이자 매우 융통성 있으면서도 상호 연결된 체제로, 국경을 초월하여 이루어지는 자본, 기술, 정보의 통합 현상을 말한다. 세계화에 의해 지구는 단일한 시장으로 바뀌어가고, 지구 전체가 하나의 마을처럼 변해가고 있다. 따라서 세계화 체제를 이해하지 못하면 아침에 듣는 뉴스도 제대로 알아듣지 못하고, 자신의 투자가 제대로 된 것인지조차 판단하기 힘든 시대가 되었다.

우리가 흔히 이야기하는 '지구촌'은 바로 이런 의미다. 기업들은 변화된 경제 환경 속에서 지속가능한 사업을 위해 거대 기업 간의 인수합병을 시도했고, 신규 시장 확보를 위해 세계적인 영토 확장에 열중했다. 서로 연결된 지구촌 경제가 무르익으면서 구글이나 페이스북처럼 정보통신기술(IT)에 기반을 둔 새로운 기업들이 등장했다. 소셜 미디어 혁명을 일으킨 아이티(IT) 기업들을 통해 기존에 생각할 수 없었던 새로운 방식으로 새로운 가치가 형성되고 있다. 한국에서도 소셜 미디어에 의해 새로운 가치들이 만들어지고 있다.

"다들 커피 즐기시죠? 공정무역 커피, '아름다운 커피'를 강추합니다!"

지난 2012년 5월 2일에 조국 서울대 교수가 자신의 트위터 계정에 짤막한 글을 하나 남겼다. 이 글이 올라오자 트위터에 뜨거운 반응이 일었다. 트위터 사용자들이 각자 알고 있는 다른 공정무역 커피를 추천하기 시작한 것이다. 내용도 공정무역을 넘어 사회적경제 영역으로 확장되었고, 지역도 수도권뿐 아니라 영남, 호남, 충청, 강원 등 전국으로 확대되었다. 이주노동자와 장애인을 돕는 카페가 소개되기도 했다. 손님이 커피 한 잔을 마실 때마다 제3세계 어린이에게 한 끼 식사가 기부되게끔 하는 카페가 추천되거나 탈북 청년들이 운영하는 커피전문점 소식도 들려왔다. 30만 명이 넘는 팔로어를 거느린 조국 교수 덕에 트위터는 착한 카페, 착한 경제 이야기로 뒤덮였다.

이 광경을 목격한 시민운동가 조양호는 이러한 정보를 바탕으로 전국의 착한 카페를 지도로 만들자는 아이디어를 냈다. 일상의 트위터 메시지는 스쳐 지나가는 정보이지만, 지도로 가공하면 소비자에게 지속적으로 도움이 되는 정보로 변모한다. 이를 위해 트위터 이용자들이 정보의 생산 및 유통자가 되어 전국에 분포한 착한 카페 목록을 작성하고 기초적인 지도 작업을 하여 공개했다. 명단은 누구나 접속해 추가하거나 고칠 수 있게 했다. 그 결과 며칠 만에 전국 58개의 착한 카페 목록이 만들어졌다. 모두 일면식도 없는 트위터 이용자들이 추천한 곳이다. 예술가를 돕는 곳, 방황하는 청소년을 돕는 곳, 마을공동체의 중심 역할을 하는 곳 등 다양한 종류의 카페가 지도에 표시되었다. 이 모든 일이 소셜 미디어를 기반으로 하는 집단지성의 힘으로 이뤄진 결과였다.

세계화의 이면에 잠재한 문제와
창조적인 해결방안

조국 교수의 트윗이 계기가 되어 이뤄진 '전국 착한 카페 지도 만들기' 작업은 이전에는 없던 의견 나눔이자 새로운 협업 방법이다. 이러한 일은 전국 곳곳으로 촘촘히 연결된 정보망이 없으면 불가능하다. 정보기술의 발달로 이제 한국에서 일어나는 일은 비단 한국에 있는 사람들에게만 국한되지 않는다. 재외 교포나 한글을 아는 외국인이라면 누구든 통신망을 통해 소셜 미디어에 접속하여 소식을 듣고 자신의 생각을 전하거나 다양한 작업에 참여할 수 있게 되었다. 이것만 보면 세계화와 지식정보화는 달콤한 열매처럼 보인다. 하지만 세계화의 이면에는 깊은 어둠도 있다. 다음의 자료처럼 세계화가 진행되면서 제3세계의 빈곤, 질병, 환경문제는 더욱 심각해졌다.

- 하루 2달러 미만의 생계비로 살아가는 인구 28억 명(세계은행)

- 안전한 식수를 이용할 수 없는 어린이 4억 명(유니세프)

- 의료 혜택을 받지 못하는 어린이 2억 7000만 명(유니세프)

- 영양실조에 걸린 인구 8억 4000만 명(케어CARE 통계)

- 나무, 가축 배설물, 석탄 등 바이오매스 연료를 사용하는 인구 30억 명
  (세계보건기구)

- 사하라 이남 지역에서 매년 말라리아로 사망하는 인구 100만 명(세계은행)

자본주의 양극화의 골은 더욱 깊어져 전 세계적으로 빈곤이 대물림되고 있다. 앞서 조국 교수가 이야기한 '공정무역 커피'는 저임금의 고

통 가운데 살아가고 있는 가난한 커피 농부들이 생산한 커피를 공정하게 제값을 주고 마시자는 취지에서 시작된 운동이다. 여기에는 빈곤의 문제가 개인의 노력으로 극복하기 힘든 구조적인 문제가 되어 가난한 나라 사람들의 희망을 잃게 하고 있다는 인식이 깔려 있다.

선진국과 후진국 간의 불공정한 무역은 여전히 변함이 없다. 하지만 이러한 문제가 우리와 전혀 상관없는 곳에서 벌어지는 일이 아니라 트위터나 페이스북에서 만나는 친구들 혹은 친구의 친구들이 겪고 있는 일상이라는 사실을 깨닫는 이들이 이제는 점차 늘고 있다. 기후변화와 환경파괴도 그저 넋 놓고 있을 문제가 아니라는 인식이 확산되고 있다. 이는 단순한 사회문제를 넘어 전 지구, 그리고 더 나아가 우리의 미래에 위기를 불러올 엄청난 재앙의 씨앗이기 때문이다.

자본주의는 어려움에 부닥칠 때마다 창조적인 문제 해결 방안을 받아들이며 위기를 극복하고 발전해왔다. 오늘날 자본주의가 직면한 위기는 '자유로운 시장을 중심'으로 하는 신고전주의 사상의 거부이기도 하다. 신고전주의 틀 안에서 지금껏 기업은 사회적 비용 지출과 각종 정부의 규제를 회피했으며 사회문제 해결을 전적으로 정부와 비정부 기구(NGO) 등의 책임으로 전가해왔다. 그러나 창조적인 대안은 기존의 역할 모델을 재정의하는 데에서 시작된다.

전 세계적인 정치·경제 리더의 모임인 다보스 세계경제포럼에서는 2000년 이후 거대 자본의 무자비한 이윤 추구가 빈부 격차를 심화시켜 자본주의의 위기를 초래했다는 공감 아래 '자본주의 자체'의 위기를 진단하며 대안을 모색하고 있다. 고장이 난 자본주의를 교정하는 대안으로 '기업의 사회적 책임(CSR)'이 강조되고 있다. 2008년 다보스 세계경제포럼에서는 '기업이 핵심적인 비즈니스 활동, 사회적 투자와 사회공헌 프로그램 그리고 공공정책에 대한 참여를 통하여 사회에 기여'하는 '기업시민정신(Corporate Citizenship)'이 논의되기도 했다.

특히 마이크로소프트(MS) 창립자인 빌게이츠는 포럼의 기조연설에서 각국 정부 및 비영리단체들과 협력해 가난한 사람들을 돕는 '창조적 자본주의(Creative Capitalism)'를 해야 한다고 강조했다. 그는 자본주의가 부유한 사람뿐 아니라 가난한 사람을 위해서도 기여할 수 있는 방안을 찾아야 하고, 하루 1달러 미만의 생계비로 살아가는 전 세계 10억 빈민을 도울 길을 함께 모색하자면서 '창조적 자본주의'의 중요성을 역설했다. 그가 말한 창조적 자본주의는 기업이 단순히 사회적 책임을 지는 데서 한 발 더 나아가 자본주의의 혜택을 받지 못하고 있는 빈민층을 대상으로 적극적으로 행동하는 기업활동, 즉 구호물품과 봉사자만을 투입하던 기존의 방식에서 벗어나 사회공헌을 비즈니스화하고 각국 정부와 초일류 기업 간의 연대를 통한 활동을 의미한다.

다보스 세계경제포럼뿐 아니라 지구촌 현장 곳곳에서 사회적 모순을 해결하려는 새로운 흐름이 형성되고 있다. 그 대표적인 예는 다음과 같다.

- **사회적기업**(Social Enterprise) 비영리조직과 영리기업의 중간 형태로, 사회적 목적을 추구하면서 영업 활동을 수행하는 기업

- **기업의 사회적 책임**(CSR, Corporate Social Responsibility) 기업이 지속적으로 존속하기 위한 이윤 추구 활동 이외에 법령과 윤리를 준수하고, 기업의 이해관계자 요구에 적절히 대응함으로써 사회에 긍정적 영향을 미치는 책임 있는 활동

- **사회책임투자**(SRI, Socially Responsibility Investment) 투자의 요소로 사회와 환경을 고려하여 기업의 재무적 성과뿐 아니라 인권, 환경, 노동, 지역사회 공헌도 등 다양

한 사회적 성과를 잣대로 기업에 투자하는 금융 활동

- **공정무역(Fair Trade)** 가난한 제3세계 생산자가 만든 환경친화적 상품을 직거래를 통해 공정한 가격으로 구입하여 가난 극복에 도움을 주고자 하는 목적으로 행하는 무역

- **마이크로크레디트(Microcredit)** 빈곤계층의 소규모 사업을 지원하기 위한 무담보 소액대출

- **적정기술(Appopriate Technology)** 큰 자본이 필요하지 않고 간단한 기술을 이용하는 것으로, 해당 지역에서 지속적인 생산과 소비가 가능하게끔 적용된 기술

이러한 노력들은 다보스 세계경제포럼에서 자본주의의 위기를 논의하기 훨씬 전부터 '시장의 실패'와 '사회적 모순'을 자각한 사회혁신가들에 의해 시작되었다. 사회문제를 해결하기 위해서는 새로운 제품을 개발하고, 새로운 생산방법을 도입하고, 새로운 시장을 개척하고, 새로운 원료나 부품을 공급하고, 새로운 조직을 만들고, 생산성을 향상해야 하기에 도전정신이 필요하다. 이를 위해 기업가는 끊임없이 기술을 혁신하고 경영을 혁신해나간다. 새로운 도전을 위해서는 반드시 혁신의 과정이 필요하다.

사회혁신이란 무엇인가?

'혁신'의 다양한 모습

혁신(革新)은 우리 주변에서 쉽게 접할 수 있는 단어다. 누군가 여러분에게 '혁신하면 무엇이 떠오릅니까?' 하고 질문한다면 어떤 답을 하겠는가?

- 스마트폰과 같은 기술적 진보
- 휴민정유 창제와 같은 새로운 발명
- 인터넷 음원 파일과 같은 새로운 비즈니스 모델 구축
- 저비용 컴퓨터를 양산하는 새로운 생산공정
- 패션 안경과 같은 새롭고도 창조적인 디자인
- 혁신도시 같은 지역 균형발전 전략

다양한 답이 가능하겠지만, 통상 자본주의 사회에서 혁신은 새로운 일을 하는 것 또는 색다른 방법으로 일하는 것을 의미한다. 새로운 상

품이나 새로운 사업을 발굴하여 매출액을 증대시키거나 현재의 상품이나 기존 사업 모델의 가치를 높여서 매출액을 높이거나 프로세스를 개선하여 비용을 절감하는 것이 곧 혁신이다. 다시 말하자면 혁신은 시장에서 새로운 고객가치를 창조하고 전달하는 프로세스다.

새로운 노하우 혹은 새로운 지식이 혁신을 이끌었다면 이를 '기술 푸시(Technology Push)'라 하고 마케팅 분야에서 새로운 아이디어를 개발했다면 이를 '마케팅 푸시(Marketing Push)'라고 한다. 마케팅 이론 중 '상품 생애주기이론'이 있다. 모든 생명체가 탄생해서 소멸하듯이 상품도 생명체처럼 '도입기 → 성장기 → 성숙기 → 쇠퇴기'가 있다고 보고 상품이 매력을 잃으면 기업 역시 미래를 보장할 수 없다는 이론이다. 기업이 수명을 연장하기 위해서는 새로운 제품과 사업 모델을 선보일 수밖에 없고, 지속가능하기 위해서는 끊임없는 혁신을 이루어야 한다.

그런데 새로운 제품의 발명이 꼭 혁신과 성공으로 이어지지는 않는다. 많은 사람이 획기적인 신상품을 개발하고도 시장을 개척하는 데 실패한다. 커더스 칼슨은 《혁신이란 무엇인가》에서 흑백텔레비전이라는 신상품 개발과 시장개발 실패의 사례를 소개한다. 필로 판스워스(Philo Farnsworth)는 1927년에 처음으로 텔레비전을 발명했지만, 데이비드 사르노프(David Sarnoff)가 텔레비전 방송을 개척하고 나서야 흑백텔레비전이 판매되기 시작했다. 사르노프는 텔레비전, 카메라, 방송국, 프로그램, 광고를 통합하는 성공적인 비즈니스 모델을 개발했다. 판스워스가 기계장치를 만든 발명가라면 사르노프는 다양한 요소를 통합하여 새로운 산업을 일구어낸 혁신가였다. 발명가나 개발자가 꼭 혁신가는 아니다. 변화의 동인을 찾고 제반 요소를 통합하여 새로운 흐름을 만들어내는 사람들이 곧 혁신가다. 데이비드 사르노프처럼 말이다.

이전에 없던 새로운 가치를 만들어내는 혁신은 스리엠(3M)이 만든 메모지인 '포스트잇'과 같은 작은 제품부터 월마트가 시도한 유통 및 판매의 혁신처럼 혁명적인 것일 수도 있다. 에스아르아이(SRI) 벤처스의 부사장 노먼 위나스키(Norman Winarsky)는 혁신을 점진적 혁신, 상당한 혁신, 대단한 혁신, 획기적 혁신으로 나누었다.

- **점진적 혁신** 특별한 사양을 갖춘 훌륭한 수준의 제품 및 서비스

  ㉠ 손잡이가 미끄럽지 않은 칫솔, 손잡이가 달린 메모판, 간단하게 수신자를 지정할 수 있는 휴대폰

- **상당한 혁신** 디자인, 기술, 공정, 비즈니스 모델에 있어서 눈에 띄는 개선

  ㉠ 모토로라 레이저, 일회용 보청기, 고급 유기농 아이스크림

- **대단한 혁신** 디자인, 기술, 공정 혹은 비즈니스 모델의 합성에 있어서 중요한 개선

  ㉠ 아이팟과 연계한 아이튠즈, 효과적인 암치료제, 사우스웨스트 항공

- **획기적 혁신** 디자인, 기술, 공정 혹은 비즈니스 모델의 합성에 있어서 획기적 개선

  ㉠ 질레트 안전면도기, 월마트, 구글, 도요타 생산시스템, 엠에스 윈도

위나스키가 이야기한 혁신은 대부분 제품과 서비스를 구매하는 고객에게 초점을 맞추고 있다. 기업의 가장 큰 목표 중 하나는 고객의 수요를 파악한 다음 저렴한 비용으로 매력적인 혜택을 신속하게 제공함으로써 지속적으로 더 나은 가치를 창조하는 것이다. 그러므로 기업은 늘 스스로 냉철한 질문을 던지고 고민한다.

- 우리의 고객은 누구인가?

- 고객에게 제공하는 가치는 무엇이고, 어떤 방식으로 그것을 측정하는가?

- 새로운 고객가치를 신속하고 효율적이며 체계적으로 창조하기 위하여 사용하는 최고의 혁신 방법론은 무엇인가?

하지만 기업이 추구해야 할 가치에는 고객가치만 있는 게 아니다. 주주가치, 직원가치, 사회적 가치 등이 있다. 이 중에서 기업이 추구하는 사회적 가치란 사회 구성원의 일원으로 그 책임을 다하는 것이다. 다른 각도에서 보면 기업은 비즈니스를 통해 사회적 가치를 만들어내는 가치 생산 활동을 하고 있는 셈이다.

'통일벼'와 혁신

혁신은 기업만이 추구하는 가치가 아니다. 정부기관, 공공단체, 비정부기구(NGO) 등에서도 혁신은 일어나고 있다. 국가기관도 법 제정, 정책적 자극, 제도적 지원을 통해 혁신을 이끌어나간다. 1960년대까지만 해도 우리나라에는 '보릿고개'란 말이 있었다. 인구는 많았으나 농경지가 부족한 탓에 가을에 수확한 쌀은 이듬해 설이 지나면 바닥이 났다. 보리를 거둬들이려면 여름이 올 때까지 기다려야 하는 탓에 이른 봄 식량이 떨어진 사람들은 주린 배를 부여잡고 산과 들로 나가 나물이나 식물 뿌리를 채취하여 연명해야 했다.

식량난을 해결한 결정적 계기는 '기적의 볍씨'인 통일벼 개발이었다. '통일벼'는 국가적인 숙원사업인 '식량의 자급자족' 달성을 위하여 1972년 농촌진흥청에서 개발되었다. 다수확 품종인 통일벼의 개발로 우리나라는 보릿고개에서 드디어 해방되었다. 이후 다양한 신품종 개발로 이어져 1977년 한국의 쌀 생산량은 1헥타르당 4.94톤(일본 4.78톤)

으로 세계 최고 기록을 세움과 동시에 쌀의 자급자족이 이루어졌다.

• **한국의 쌀 생산량** 350만 톤(1965년) →600만 톤(1977년)

　통일벼 개발 경험은 다른 농작물의 품종개발과 재배기술 발전에 토대가 되었으며 다수확 벼 육종 기술은 농기계나 비닐 같은 관련 산업의 발전으로 이어졌다. 특히 벼의 비닐못자리 기술은 오늘날 신선한 과일과 채소를 사시사철 즐길 수 있게 한 '백색혁명'의 시발점이 되었다. 옛말에 가난은 나라님도 구제하지 못한다고 했지만 통일벼는 국민의 배고픔을 해결해주는 혁신을 일으켰다.

'이산가족찾기'와 혁신

삶의 여건이 변하고 기술개발이 진척되면 우연치 않게 혁신이 이뤄지기도 한다. 1983년 6월 한국방송(KBS)은 텔레비전을 통해 전쟁 중에 흩어진 가족을 찾는 〈누가 이 사람을 모르시나요〉라는 프로그램을 방영했다. 방송이 시작되자마자 이산가족이 몰려들어 이후 모든 정규방송을 취소한 채, 세계 방송 역사상 유례가 없는 '이산가족찾기' 릴레이 생방송을 진행했다. 이 방송은 78퍼센트라는 경이적인 시청률을 기록하며 138일 동안 총 453시간 45분간 방송되어 단일 주제 생방송으로 최장시간이라는 기록을 남겼고, 총 10만 952건의 신청을 접수하여 1만 180여 이산가족의 상봉을 이뤄냈다.

　사실 이산가족 찾기는 1970년대 초반부터 신문이나 라디오 등의 매체를 통해 간간이 진행되고 있었다. 하지만 1983년에 이뤄진 생방송처럼 대중적인 폭발력을 보이지는 못했다. 신문은 활자 매체라는 한계가 있었고, 라디오는 얼굴을 확인할 수 없었다. 무엇보다 실시간으로 정보가 제공되지 않는 탓에 적극적인 관심을 기울이지 않는 이상 가족 확인이 어려웠고, 어디에선가 정보를 접한다 해도 확인이 되기까지 상당한 시간이 걸렸다. 하지만 1983년 이산가족찾기 프로그램은 경제성장으로 나아진 살림살이에 방송통신기술의 발전이 맞물려 그동안 국민의 가슴속에 맺혀 있던 한을 풀어주는 더없는 기회가 되었다.

1983년 당시 우리나라의 1인당 국민소득은 2000달러 수준이었다. 비록 넉넉하지는 않았으나 기본적인 의식주 문제가 해결되어 한 세대 전 민족의 비극적 전쟁으로 뿔뿔이 흩어진 가족과의 상봉을 기대할 수 있는 여유가 생겼다. 또한 1983년 당시 국내 텔레비전 보급률이 82.5 퍼센트에 달해 국민적인 관심이 모일 수 있는 토대도 마련되었다. 스마트폰이나 인터넷이 없던 당시로써는 지역 방송 네트워크를 연결해 화면으로 가족의 모습을 확인하고 팩스로 문서를 보내어 정보를 확인하는 것이 최첨단의 방법이었다. 방송통신기술의 발전은 휴전 이후 30여 년간 해결하지 못한 '이산가족'이라는 사회문제를 어느 정도 타개하는 실마리를 제공했다. 사회적 여건 변화와 맞물린 기술의 혁신이 고질적인 사회문제를 해결하는 혁신을 이끈 셈이다.

사회혁신의 정의

사회혁신을 정의하기 이전에 사회혁신의 사례를 조금 더 살펴보자.

• **마이크로크레디트** 기존 은행을 이용하기 힘든 가난한 사람들을 위한 금융제도

- **생활협동조합** 농촌의 생산자와 도시의 소비자를 직접 연결하는 대안 거래 모델

- **클레멘트 코스** 소외계층의 자존감 회복을 위한 정규 대학 수준의 인문학 교육 프로그램

- 《**빅이슈**(Big Issue)》 노숙인의 자활을 돕는 잡지

- **위키피디아**(Wikipedia) 집단지성의 힘으로 만든 온라인 백과사전

소개한 사례를 살펴보면 사회혁신이 공공의 가치를 지향함을 알 수 있다. 과거 우리나라의 역사에서도 이런 사회혁신의 사례를 무궁무진하게 발견할 수 있다. 세종대왕이 집현전 학사들과 함께 만든 훈민정음은 글을 몰라 어려움을 겪는 백성을 위한 것이었다. 또한 세종대왕은 장영실로 하여금 세계 최초의 우량계인 측우기와 수표(水標)를 발명하게 하여 하천의 범람을 미리 알 수 있게 했으며, 자동으로 시간을 알려주는 물시계인 자격루를 만들어 백성의 편리한 삶을 도모했다. 이러한 모습이 바로 사회혁신이다.

인터넷에서 사회혁신에 관해 검색해보면 '사회문제를 해결하기 위해 시민 그룹이나 사회적기업이 혁신적 기술이나 비즈니스 모델을 적용하는 것' 정도로 명시되어 있음을 알 수 있다. 이 외에도 사회혁신은 무척 다양하게 정의할 수 있다. 다음은 사회혁신 연구자와 사상가들이 언급한 사회혁신의 다양한 정의를 희망제작소가 조사하여 정리한 것이다.

- 사회문제에 대한 새로운 해결책, 즉 기존의 해결책보다 더 효과적이고, 효율적이고, 지속가능한 해결책이며, 해결책에서 창출된 가치는 주로 사적인 개개인보다는 사회 전체에 축적된다. (스탠퍼드 소셜이노베이션 리뷰, 2008)

- 사회혁신은 사회적 목표를 충족시키는 새로운 아이디어를 가리킨다. 억압되어

충족되지 못한 필요를 충족시킬 새 아이디어를 디자인해내고, 개발해내고, 발전시키는 프로세스이다. (광의적 정의, 영 파운데이션)

- 사회혁신은 현존하는 사회적, 문화적, 경제적, 환경적 도전들을 해결함으로써 인간과 지구에 혜택을 가져다줄 수 있는 새로운 아이디어를 말한다. 진정한 사회혁신은 시스템 변화이다. 이상과 같은 도전들을 불러일으켰던 인식, 행동 및 구조를 완전히 바꿔버리는 것을 의미한다. 더 간단히 말하자면, 사회혁신은 공공에게 도움이 되는 아이디어이다. (사회혁신을위한센터, 토론토)

- 사회혁신은 다양한 사회적 요구에 대한 시민사회의 역할을 확장하고 강화시키는 관점의 전략, 개념, 아이디어, 조직적 패턴들을 통칭한다. 이 정의의 핵심적 원칙은 사회적 웰빙이 결과가 아니라 목표라는 것이다. (경제협력개발기구OECD 지역경제고용개발LEED 사회혁신 워크숍, 2010)

- 사회혁신은 공공의 이득을 위해 강력한 사회적 영향력을 갖는 연대에 기반한 서

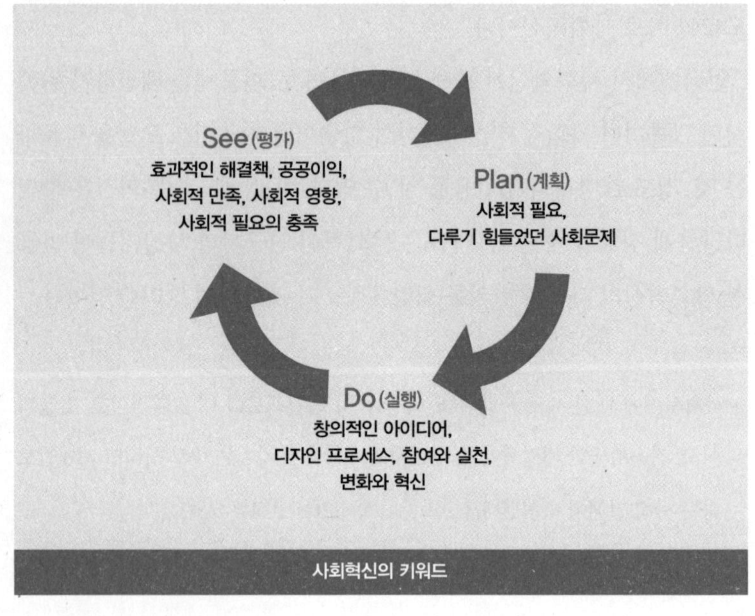

이러한 정의들은 사회혁신과 관련된 키워드를 강조하고 있다. 사회혁신의 키워드는 경영관리에서 이야기하는 계획(Plan)-실행(Do)-결과평가(See) 세 가지로 분류해볼 수 있다.

세 가지 요소별로 모아진 키워드를 살펴보면 사회혁신에 관한 일반적인 정의를 다음과 같이 표현할 수 있을 것이다.

- "사회혁신은 사회가 직면한 문제들을 창의적인 아이디어와 혁신적인 프로세스를 통해 효과적으로 해결하고 긍정적인 사회적 변화를 이끌어내는 것이다."

지금까지 이야기한 혁신(革新)은 혁명(革命)과는 다른 개념이다. 혁신과 혁명 둘 다 새로운 것을 상상하고 변화를 꿈꾸다는 공통점이 있지만 표현되는 방법은 다르다. 혁명은 민주주의 혁명, 프롤레타리아 혁명과 같이 국가의 운명 또는 정치적인 현실의 개혁을 뜻하는 반면 혁신은 기업 혁신, 서비스 혁신, 제도 혁신과 같이 사물이나 생각 또는 진행 상황의 변화를 뜻한다. 혁신은 소수의 비주류에 의해 시작되지만, 나중에는 사회의 중심으로 파고 들어가는 속성이 있다. 한때 아낙네들의 의사소통 도구 정도로 활용되던 '한글'이 세계에서 가장 과학적인 문자로 칭송을 받으며 우리 민족문화를 대표하는 브랜드가 된 것처럼 말이다.

사회혁신 가치네트워크

우리 주변에는 복잡한 사회문제가 많다.

- 저출산 고령화 문제

- 도시와 농촌의 소득 및 정보 격차

- 새로운 질병과 범죄

- 환경과 기후변화

- 지구촌의 빈곤문제

이외에도 수없이 많은 문제가 생겨나고 있고 그 해결책을 모색하고 있다. 그동안 우리는 이와 같은 사회문제 해결을 위한 혁신을 정부나 국제기구 또는 시민사회의 몫으로 생각한 경향이 강하다. 하지만 재정과 기술의 측면에서 정부의 역할에는 한계가 있다. 세금을 무한정 걷을 수는 없거니와 정부의 규모를 무턱대고 키울 수도 없는 노릇이다. 정부의 규모를 키우면 경제성장이 둔화되어 정부의 가용 재원이 오히려 줄어들 수 있으며 경우에 따라서는 사회문제를 악화시킬 가능성도 있다.

그 대표적인 사례가 1970년대 말부터 1980년대 초까지 영국의 마가릿 대처와 미국의 로널드 레이건으로 대표되는 신자유주의였다. 당시 서구 사회에는 '요람에서 무덤까지' 정부가 삶의 모든 것을 해결해준다는 낙관적인 믿음이 있었다. 그런데 이 지나친 낙관은 파국으로 치닫는 국가경제를 막지 못했다. 또한 정부가 모든 것을 해결해주리라고 믿었던 사회주의 국가들은 1980년대 후반에 이르러 도미노처럼 몰락하고 말았다.

세계화 시대 지구촌 구석구석에 산재한 사회문제를 개별 국가 정부가 알아서 해결해야 한다는 논리는 이제 설득력을 상실했다. 나라 사이의 경계는 약화되었고 정부의 역할과 권한은 대폭 축소되었다. 반면 기업의 사회적 역할은 점점 커지고 있으며 기업가적 마인드가 사회혁신에 도입되고 있다. 또한 기업, 정부, 시민단체 같은 다양한 주체가 참여하는 하나의 커다란 사회혁신 네트워크가 형성되고 있다. 네트워크는 개체 상호 간의 연결을 의미하며 이로써 개체 간에 돈, 지식, 정보 및 상품이 유통된다.

협력의 일종인 분업은 연결을 통해 이루어지므로 개인과 조직의 힘은 네트워크의 크기와 결속력에 영향을 미친다. 그러므로 네트워크의 힘이란 결국 조직 내부 네트워크 간의 협력체제와 조직과 외부 네트워크 간의 연결의 크기와 협력체제의 우수성을 의미한다. 규모가 커질수록 개체와 가치가 커지는데 이것을 네트워크 효과라고 한다. 그 대표적인 사례가 바로 전화와 인터넷이다. 혁신적인 네트워크는 개방, 공유, 통합을 특징으로 한다. 이에 따라 네트워크 구성원은 네트워크와의 접속과 단절이 자유롭다. 이를 가능케 하는 것이 플랫폼이다. 사회혁신에 있어서 플랫폼이란 사회혁신을 이룰 각 구성원이 공유하는 가치과 비전 그리고 실천전략이다.

사회혁신 가치네트워크(Social innovation value network)란 사회혁신의 주체가 기업, 사회단체, 공공기관, 개인 등이 보유하고 있는 시간, 지식, 기술, 정보, 명성, 재능, 관심, 열정과 같은 무형자산과 인력, 자본, 기계, 상품과 같은 유형자산을 하나 이상의 다른 주체가 보유하고 있는 무형자산 및 유형자산과 결합하여 더 높은 사회적 가치를 창출할 수 있게 하는 협력체제를 의미한다. 이러한 협력체제는 나름의 사업 모델을 통해 가치로 창출되기 때문에 사회혁신 가치네트워크에는 사회적 부가가치 창출망, 생산 네트워크 및 판매 네트워크 등이 광범위하게 포함된다. 이것은 곧 상생적 분업 네트워크를 의미한다. 가치네트워크를 통하여 돈, 지식, 정보 및 상품이 창출 및 유통되고 구성원의 힘이 모아진다.

구성요소	구성요소별 기능
사회혁신 가치네트워크 설계자	· 사회혁신의 주체들이 보유한 각종 인적, 물적자원의 활용과 사회적 가치와 경제적 가치를 높여주는 네트워크 시스템의 설계자 · 설계의 형태는 공익적 사업 모델 · 사업 모델의 형태에 따라 주로 기업과 NGO, 전문가 조직에서 설계
사회혁신 가치네트워크 구축자	· 공익적 사업 모델을 기반으로 시스템 구축에 참여하는 사회혁신 주체들 · 기업, 정부, 공공기관, 비정부기구, 투자자, 학자 등
사회혁신 가치네트워크 이해관계자	· 가치네트워크 구축을 통해 사회적 가치와 경제적 가치를 창출하거나 이를 활용하는 주체들 · 기업, 정부 소비자, 투자자, 노동자, 언론, 학계, 비정부기구 등

이러한 사회혁신 가치네트워크의 창출은 설계, 구축, 이해관계자의 공유 3단계로 이루어지며, 그 경쟁력은 사회혁신 과정에서 구현되는 생산성, 효율성, 개방성, 네트워크 효과의 크기, 구성원 간의 상생능력에 좌우된다.

사회혁신 비즈니스

경제학에서는 국가경제의 주체가 크게 가계, 기업, 정부로 나뉜다. 그중에서 공급을 담당하는 주체는 기업이고, 소비하는 주체는 가계와 정부다. 공급이란 상품을 생산해서 소비주체에 전달하는 행위다. 생산과 공급을 통해 새로운 가치를 만들어내는 주체는 대부분 기업이다. 피터 드러커는 '기업은 고객을 창출하는 것'으로 정의하며 '고객에게 상품을 공급하는 것을 본연의 임무로 하고 그 과정에서 가치를 창출한다'고 했다. 즉 세상의 모든 기업은 가치를 창출한다. 삼성, 코카콜라, 맥도널드,

나이키, 애플과 같은 세계적인 대기업부터 아름다운가게와 같은 사회적기업 그리고 영세소매점이나 길거리 노점상 아저씨에 이르기까지 말이다. 또한 기업은 세상을 실질적으로 지배하는 조직이다. 우리나라에서 5000만 명의 인구를 먹여 살리는 직장으로 분류하자면 대략 정부는 90만 개, 군대는 60만 개, 학교는 100만 개의 일자리를 제공하고 있다. 반면 기업은 자영업자를 제외하더라도 1400만 개의 일자리를 제공해준다.

기업의 영향력이 커지자 비영리 분야도 기업가적 면모를 살리고 경쟁력을 갖추기 위해 구조개편에 들어갔다. 기업 역시 사회의 구성원으로서 그 책임을 다해야 한다는 시대적 요청을 받게 되었다. 이제 영리, 비영리 분야 할 것 없이 비즈니스를 통해 사회적인 문제들을 해결함으로써 '사회적 가치'를 창출하는 노력을 기울이게 되었다. 여기서 '사회

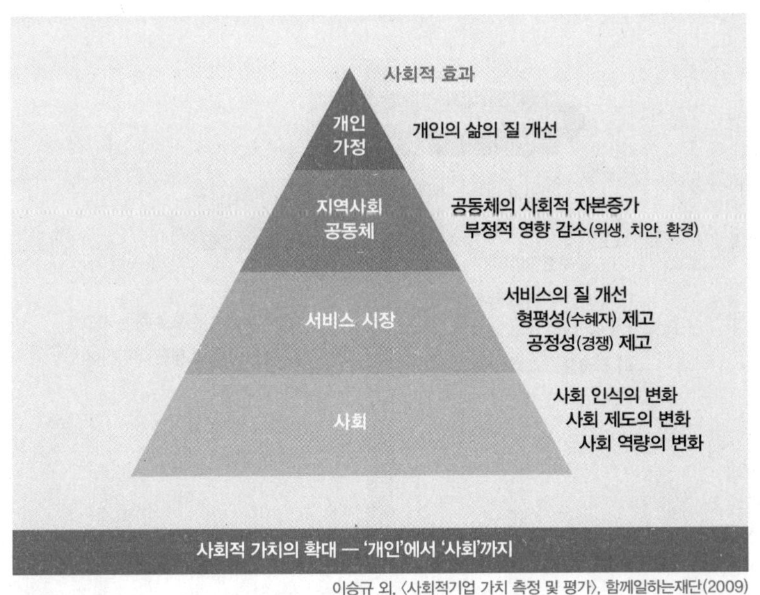

이승규 외, 〈사회적기업 가치 측정 및 평가〉, 함께일하는재단(2009)

적 가치'란 기업활동으로 발생하는 사회적 영향력을 말한다. 재활용을 사업으로 하는 환경기업이 환경문제를 해결하는 일로 사회적 비용을 절감하거나 취약계층에게 일자리를 제공함으로써 사회적 서비스 대상자들의 자존감이 향상되는 등 개인의 삶의 질을 개선하는 일부터 사회 인식과 제도를 바꾸는 모든 과정이 바로 사회적 가치의 창출이다.

영리기업이 사회문제 해결에 관심을 기울이고, 비영리 분야에서 사회문제 해결을 위해 기업의 장점들을 받아들이고, 영리와 비영리 분야의 협력으로 사회문제를 해결함으로써 '사회적 가치'를 창출하는 일을 '사회혁신 비즈니스'라고 한다. 달리 말해 사회혁신 비즈니스란 '기업과 사회문제가 만나는 교차점에서 긍정적인 변화와 혁신을 일으키는 비즈니스'를 의미한다. 기업의 단순한 사회공헌이 아닌 '기업의 사회혁

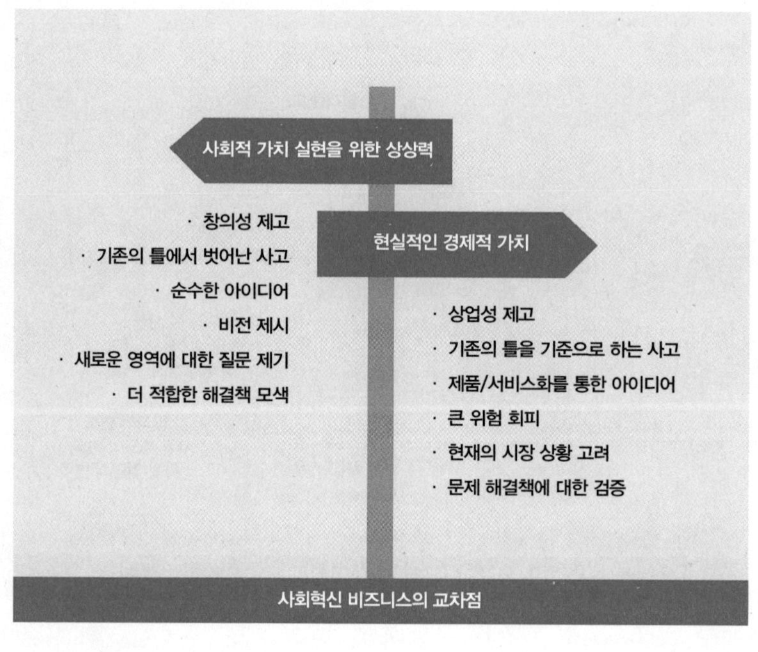

신'이며, 일자리 창출형 사회적기업을 넘어서는 '사회적기업을 통한 사회혁신'을 의미한다. 사회혁신 비즈니스는 사업을 통해 사회를 변화시키며, 새로운 사회적 비전을 제시하고 새로운 사회적 가치를 창출하는 일이다.

'사회혁신 비즈니스'의 두 가지 접근법

사람에게는 좌뇌와 우뇌가 있다. 그 때문에 어떤 뇌를 잘 사용하는가에 따라 좌뇌형 인간과 우뇌형 인간으로 구별이 가능하다. 좌뇌형 인간은 언어구사나 계산 등의 논리적인 기능이 발달되어 있어 분석적, 체계적인 방법으로 문제를 해결하고 합리적으로 사고한다. 반면 우뇌형 인간은 음악을 듣거나 그림을 보거나 어떤 이미지를 떠올리는 기능이 발달되어 있어 감정적, 예술적, 창조적으로 새로운 사실을 발견한다. 간단하게 말하면 우뇌형은 독창성이고 감성적이며 '안에서 밖으로(inside out)' 사고한다. 반면 좌뇌형은 이성적인 전략에 근거하여 '밖에서 안으로(Outside in)' 사고한다.

  이러한 경향은 사람만이 아니라 사회혁신을 추구하는 기업에도 동일

| 사회혁신 비즈니스 콘셉트 |

·구분	내용	
중심사고	안에서 밖으로 Inside Out	밖에서 안으로 Outside In
대상	기업 중심, 사회문제	고객 중심·산업생태계
핵심 콘셉트	고용, 상품의 생산	마케팅, 전략경영
사례	사회적기업	기업 사회혁신

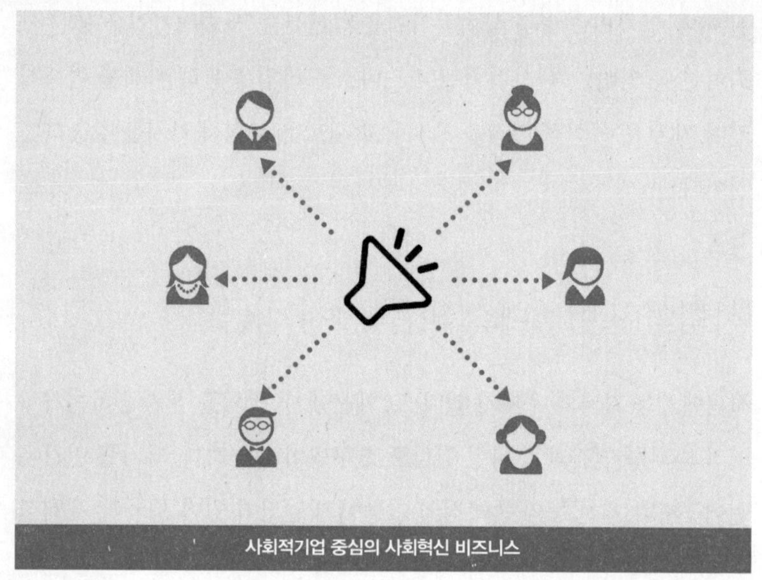

하게 나타난다. 사회혁신 비즈니스에서 인사이드 아웃(inside out)은 기업과 사회의 관계에서 사회적 목적을 가진 기업의 비즈니스가 사회에 영향을 미치는 현상을 말한다. 사회혁신 비즈니스의 인사이드 아웃 접근은 기획과정에서 가장 주안점을 두고 있는 사항이 사회적인 가치의 실현이다. 사회적 가치 창출에 비즈니스의 목적과 목표를 두기 때문에 사회문제 해결을 목적으로 만들어진 제품과 서비스에서 이점을 찾는다. 여기서 소비자 또는 잠재고객은 이러한 이점을 원하는 사람이다. 따라서 사업의 이점과 가치를 먼저 확인한 후 제품과 서비스에 관심을 보이는 소비자를 찾아 이를 이용하도록 만든다. 이러한 방식은 한마디로 사회적 가치 지향을 추구하는 사회적기업에 우선으로 적용할 수 있다.

사회혁신 비즈니스에서 아웃사이드 인(outside in)은 사회와 기업의 관계에서 사회가 기업에 큰 영향을 미치는 현상을 말한다. 사회혁신 비즈니스의 아웃사이드 인 접근은 지속가능경영과 산업생태계, 사회 구성원의 관점을 철저히 분석하는 데에서 시작된다. 이러한 정보를 바탕으로 하여 사회적인 가치로부터 비즈니스로 옮겨간다. 즉 사회와 소비자가 원하는 것과 필요로 하는 것을 먼저 파악한 후 비즈니스를 통해 그것을 어떻게 충족시킬까를 결정하여 혁신의 가치를 사회와 소비자로부터 이끌어낸다. 이러한 방식은 가치 확산을 추구하는 기업사회혁신에 우선으로 적용할 수 있다.

이와 같이 기업과 사회문제가 만나는 교차점에서 긍정적인 변화와 혁신을 일으키는 사회혁신 비즈니스에 두 가지 접근 방법이 있다는 사실을 알 수 있다. 그렇다면 이제부터 사회혁신 비즈니스 속에서 사회적 기업과 기업사회혁신이 구체적으로 어떻게 가치를 실현하고 있는지 살펴보기로 하자.

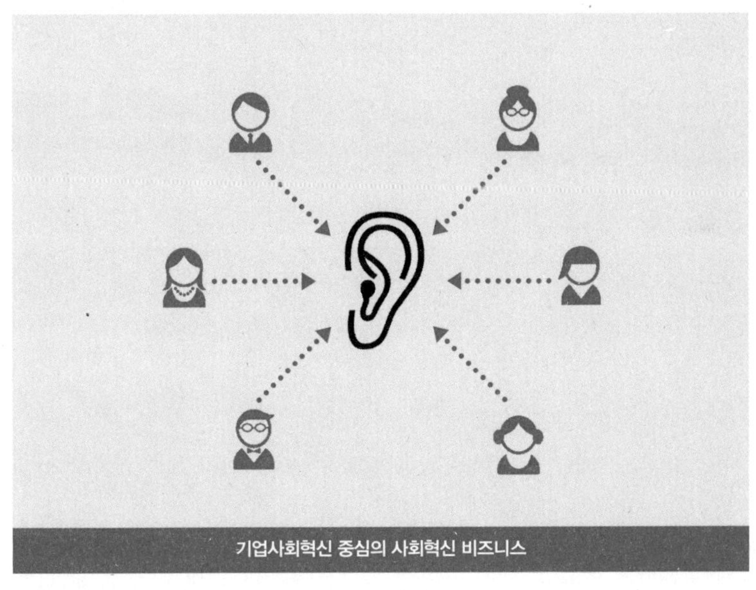

기업사회혁신 중심의 사회혁신 비즈니스

3

세상을 바꾸는
사회적기업

사회적기업이란 무엇인가?

'자선'이 아닌 '기회'로 가난을 극복하기

예나 지금이나 '설렁탕'은 한국 사람들이 좋아하는 대중음식이다. 1929년 12월 《별건곤》이라는 잡지에 실린 〈괄세 못할 경성(京城) 설넝탕〉이라는 기사를 봐도 이런 사실을 잘 알 수 있다.

"설넝탕집에 들어가는 사람은 절대로 해방적(解放的)이다. 그대로 척 들어서서 '밥 한 그릇 줘' 하고는 목로 걸상에 걸터 앉으면 일분이 다 못되어 기름기가 등등 뜬 뚝배기 하나와 깍두기 접시가 앞에 놓여진다. 파·양념과 고춧가루를 듭신 많이 쳐서 소금으로 간을 맞추어가지고 훌훌 국물을 마셔가며 먹는 맛이란 도무지 무엇이라고 형언할 수가 없으며 무엇에다 비할 수가 없다."

설렁탕의 기원에 관해서는 여러 가지 풍문이 있지만, 조선시대 세조 때 선농단에서 유래되었다는 설이 가장 유력하다. 조선시대에 풍년을 기원하는 선농제(先農祭)를 올린 뒤 모인 백성에게 국밥을 나누어주었는데, 선농단에서 끓인 국밥을 '선농탕'이라 했고 이것이 오늘날의 설렁탕이 되었다는 얘기다. 국민 음식 설렁탕의 탄생 배경에 기상(氣象)과 백성의 삶을 생각하는 나라님의 고민이 담겨 있었던 것이다.

역대 임금들이 가난하고 힘든 백성의 생활을 개선하고자 나름대로 노력을 기울였겠지만, 대자연 앞에서는 그들 역시 연약한 존재일 뿐이었다. 이런 현실을 빗대어 '가난은 나라님도 구제 못한다'는 말이 생겨났다. 실제로 아무리 덕이 있고 지혜로운 왕일지라도 서민의 삶을 윤택하게 바꾸기란 힘들었다. 농업사회에서 사람들은 풍년과 흉년에 따라 희비가 엇갈렸다. 적정량의 비가 내리고 적당한 일조량이 유지되어 풍년이 들면 임금을 성군(聖君)으로 칭송했지만, 가뭄과 홍수가 발생해 흉년이 들면 임금의 부덕함으로 비난의 화살이 쏠렸다. 흉년이 계속되고 관리들의 폭정까지 더해지면 민란이 일어나기도 했다. 그러니 가난은 나라님도 구제 못한다는 말은 당시 시대 상황 속에서는 그저 빈말이 아니었다.

하지만 역사를 살펴보면 세계 곳곳에서 가난한 이들에게 단순히 '자비의 손길'을 베풀기보다는 일할 '기회'를 제공함으로써 빈곤에 찌든 삶의 굴레에서 벗어나도록 도운 사람들을 발견할 수 있다. 비교적 최근의 일로 널리 알려진 사례를 꼽는다면 미국의 '굿윌(GoodWill)'이 대표적이다.

1902년 미국 보스턴에서 기독교 목사로 활동하던 애드가 헬름즈(Edgar Helms)는 실업자, 부랑아, 장애인, 가난한 이민자 같은 소외된 이들을 위해 고용 및 취업지원 사업을 시작한다. 헬름즈는 지역공동체에 필요한 사회적 서비스를 교회를 기반으로 실행하고자 많은 노력을 기울였다. 특히 교육이나 보건과 같이 정부가 직접적으로 관여하기 어려

굿윌(www.goodwill.org)

운 분야를 찾아 지역공동체를 섬기는 데 주력했다. 경제 위기를 겪으며 실업자가 양산되고 많은 중산층 시민이 빈곤층으로 전락하는 모습을 본 헬름즈는 단순한 '구호' 중심의 자선 프로그램으로는 사람들을 가난에서 벗어나게 할 수 없다는 생각을 하게 된다. 이에 자선 차원의 사업을 중단하고, 기증받은 물품의 수선이나 세탁 같은 일을 가난한 사람들로 하여금 직접 하게 하고 이를 판매토록 하는 프로그램을 진행한다. 지역공동체로부터 물품을 수집해서 이를 매장에서 판매하고 거기서 거둔 수익금으로 소외계층의 직업훈련과 취업을 지원하는 프로그램은 당시로써는 가히 혁신적이었다.

1915년 뉴욕의 목회자인 헨리 셔플러(Henry Schauffler)와 에드워드

샌더슨(Edward Sanderson)은 이 프로그램을 '굿윌'이라 부르며 장애인과 소외계층에 일자리를 제공하면서 수익을 창출하는 두 번째 사업에 들어갔다. 굿윌의 사업은 지역에 따라 다소 차이는 있으나 정신지체, 지체장애, 약물남용, 무주택자, 실업수당에 의존하고 있는 사람, 기타 직업을 갖기 어려운 사회·경제적 소외계층에 직업재활 서비스를 제공할 뿐 아니라 노동시장에서 필요한 지식과 경험을 쌓을 수 있도록 교육을 시행하고 있다. 그리고 이러한 사업방식을 한국에서 벤치마킹하여 2003년 '아름다운가게'라는 이름의 사회적 가치를 실현하는 기업이 생겨났다. 사람들은 이러한 기업을 '사회적기업'이라고 부르기 시작했다.

한국에서 '사회적기업'이 시작된 배경

2008년 미디어를 통해 사회적기업을 홍보하는 노래가 흘러나오기 시작했다. 2007년 '사회적기업 육성법'이 시행된 이후 중앙정부부처, 지방자치단체, 민간기업 등에서 사회적기업 육성 및 지원에 관한 시책을 쏟아내면서 너도나도 '사회적기업'을 노래하기 시작했다.

아름다운 사회적기업

작사·작곡 전정훈 | 노래 신혜성

사랑을 듬뿍 찾아가세요 희망도 듬뿍 찾아가세요

이곳 희망 넘치는 아름다운 여긴 사회적기업

행복 주는 일자리 세상에는 사랑과 희망을

사람과 사랑으로 뭉친 사회적기업

꿈이 있는 분 일해요 꿈을 잃은 분도 다시 일해요

좋은 일도 하고 이익 만들어

주먹 불끈 용기 내어 일어나보자

정말 열정 있고 용기 있는 우리 함께 모여 일해요

사랑을 듬뿍 찾아가세요 희망도 듬뿍 찾아가세요

사랑을 나누고 희망을 나누는 아름다운 사회적기업

사랑을 듬뿍 찾아가세요 희망도 듬뿍 찾아가세요

이곳 희망 넘치는 아름다운 여긴 사회적기업

그런데 사회적기업이란 용어를 처음 접한 사람들의 반응은 차가웠다. 사회적기업이라는 의미를 잘 알지 못하는 데서 오는 오해도 적지 않았다.

- '사회주의 기업'이냐?
- 기업의 사회적 책임(CSR)과 혼동된다.
- 기업이 돈만 벌면 되지 무슨….
- '사회적기업' 한다고 사회문제가 해결되나?

한국에서 사회적기업이 시작된 배경에는 사회 양극화와 실업률 증가라는 깊은 경제적 그늘이 있었다. 경제용어 중에 '고용 없는 성장(Jobless Growth)'이라는 말이 있다. 일반적으로 경제가 발전하면 일자리가 늘어나는 게 상식처럼 보인다. 지식정보화가 급격히 진행되고 세계화 추세에 따라 해외로 생산시설을 이전하는 등 외형적인 경제 규모는 커지지만, 이상하게도 오히려 일자리는 줄어들게 된다. 서구 선진 사회가 일

사회적기업 브랜드 아이덴티티(BI)

찍이 경험한 고용 없는 성장을 우리나라도 지난 2000년대에 들어서면서 경험하게 되었다.

이런 시대적 변화에 따라 정부가 간병, 노인 요양, 장애우 복지와 같은 사회적 서비스 부분에서 일자리를 창출하는 정책을 추진했다. 고용 없는 성장이 계속되는 현실에서 사회적 서비스의 잠재력과 고용 창출의 여력을 보았기 때문이다. 하지만 아쉽게도 사회적 일자리 서비스는 지속가능성이라는 면에서 취약성을 드러냈다. 이에 정부는 고민 끝에 경제적으로 지속가능한 모델을 찾았고 그것이 바로 '사회적기업'이다.

'사회적기업'을 향한 오해

사회적기업에 관해 사람들은 나름대로 생각하고 있지만, '사회적기업'이 무엇이냐는 물음에 논리적으로 이거다 하고 정의하기는 조금 애매한 면이 없지 않다. 사실 사회적기업에 연관되어 있거나 종사하고 있는 사람들조차 명확한 정의 대신 '단순히 좋은 일을 하는 기업' 정도로만 생각하기도 한다. 하지만 사람들이 사회적기업에 관해 생각하는 다양한 상 혹은 정의를 살펴보면, '정부 실패'와 '시장 실패'로 말미암아 발생하는 각종 사회적 문제의 해결이라는 공통분모가 있으며, 이를 위해 '혁신'과 '창의성' 그리고 '지속가능성'을 추구한다는 사실을 알 수 있다.

사회적기업의 핵심은 '사회적'이라는 표현에 있다. 우리가 익숙하게 사용하는 '사회'란 단어는 19세기 후반 일본이 서구 문명을 수용하는 과정에서 영어 단어 'society'를 번역한 데에서 나왔다. 그 어원인 라틴어 'socius'는 '친구' '동반자'라는 뜻이 있다. 이런 연유로 오늘날 우리는 일반적으로 '사회적'이라는 용어를 다음의 두 가지 뜻으로 주로 사용한다. 첫째, '여럿이' 또는 '함께'라는 의미다. 페이스북이나 트위터 같은 마이크로 미디어를 일컬어 '소셜 네트워크 서비스(SNS, Social Network Service)'라고 한다. 여기서 '소셜'은 사람들과 함께 하는 혹은 집단적인 것을 의미한다. 소셜 펀딩이나 소셜 커머스 같은 용어에 쓰이는 '소셜' 역시 같은 뜻이다. 둘째, '공적인(Public)'이라는 뜻으로도 사용된다. 사회적기업(Social enterprise), 소셜 벤처(Social venture), 사회적 서비스(Social Service) 등이 대표적인 용례다. 여기서 '사회적'이라는 의미는 '공적(公的)', 다시 말해 '개인의 이익이 아닌 사회의 이익을 위한 어떤 것'이라는 뜻이 내포되어 있다.

이 때문에 종종 '사회적(Social)'이라는 용어는 혼동을 일으키기도 한다. 원래 '소셜 마케팅(Social Marketing)'이란 경영용어는 비영리단체가 공공성이 강한 사회적 이슈를 두고 전개하는 마케팅을 뜻하는데, 소셜 미디어가 활성화되면서 소셜 미디어를 활용한 마케팅을 일컬어 '소셜 마케팅(Social Marketing)'이라고 부르기도 한다. 또한 소셜 커머스(social commerce)와 사회적기업(social enterprise)에서 'social'은 다른 의미를 지니고 있음에도 일반 대중이 이를 비슷하게 오해하는 경우도 있다.

사회적기업의 두 형태 그리고 '사회적기업가'

사회적기업을 이야기 할 때 자주 인용되는 말이 있다.

"우리는 빵을 팔기 위해 고용하는 게 아니라 고용하기 위해 빵을 판다."

— 릭 오브리, 사회적기업 루비콘 설립자

일반적인 상식으로는 돈을 벌고자 회사를 설립하고 노동자를 고용하지만, 사회적기업은 그 반대로 고용하기 위해서 빵을 판다는 얘긴데, 바로 이것이 사회적기업이 지닌 핵심가치 중 하나다. 빵을 파는 것은 '일자리'를 의미하며, 고용의 대상은 노동인력 시장에서 경쟁하기 어려운 사회취약계층을 뜻한다. '고용하기 위해 빵을 판다'는 불후의 명언을 남긴 릭 오브리(Rick Aubry)가 설립한 '루비콘(Rubicon Programs Inc.)'이라는 회사는 조경사업과 제빵사업을 하며 장애인과 불우 청소년 등의 사회취약계층에 일자리를 제공하고 있다. 한국 사회적기업의 초창기 모델은 이러한 루비콘형(취약계층 일자리 창출형)이 많았다. 2007년 사회적기업 육성 지원법이 시행된 이후 언론에 오르내린 사회적기업은 대부분 탈북자, 결혼 이민자 등을 고용한 루비콘형 기업이었다.

"사회적기업가는 (가난한 사람에게) 물고기를 주거나 혹은 물고기 낚는 법을 가르치는 것이 아니다. 그들은 수산업의 혁명(혁신)을 일으키기 위해 쉬지 않는 사람들이다."

— 빌 드레이튼, 아쇼카 설립자

빌 드레이튼

‘아쇼카(Ashoka)’*의 설립자인 ‘빌 드레이튼(Bill Drayton)’은 취약계층을 위한 일자리 창출 정도로 사회적기업을 바라보던 인식에 ‘혁신’의 개념을 불어넣으며 새롭게 정의했다. 아쇼카에서 이야기하는 사회적기업은 ‘어려운 사람들을 사후적으로 도와주기보다는 여러 가지 사회 문제를 일으키는 구조를 근본적으로 개혁하고 혁신하는 기업’이다. 물고기를 주거나 물고기 낚는 법을 가르치는 기업이 ‘루비콘형’ 사회적기업이라면, 물고기와 관련된 주변 환경 자체를 바꾸는 기업을 ‘아쇼카형(혁신형)’ 사회적기업이라고 말할 수 있다.

아쇼카는 사회혁신을 일으키는 사회적기업을 만들고 이끌어가는 사

* ‘사회적기업가’라는 개념을 만들고 사회적기업을 처음 설립한 빌 드레이튼이 사회적기업가를 양성할 목적으로 설립한 재단. 아쇼카는 전 세계 100만 명이 넘는 사회적기업가의 본보기가 되고 있다. 세계 곳곳에서 아동 노동 착취 금지, 에이즈 퇴치, 도시 빈곤층 자녀의 대학 진학 등을 지원하는 프로그램을 진행하고 있으며, 수천 명에 이르는 사회적기업가를 발굴, 교육, 컨설팅해왔다.

람들을 '사회적기업가'라고 칭했다. 다시 말하면 사회적기업가는 사회
문제를 해결할 아이디어를 내고, 다양한 인적 자원의 참여를 유도하고,
새로운 가치를 만들 인재를 키우고, 소통할 수 있는 커뮤니케이션 채널
을 만들어내는 '사회혁신가(Social Innovator)'다. 다보스 세계경제포럼
창립자인 클라우스 슈왑이 설립한 '사회적기업가를 위한 슈왑 재단'은
사회적기업가를 다음과 같이 정의한다.

- 혁신, 책략, 기회 요소를 혼합하여 사회적 문제에 관한 해결책을 적용하고 확립
  한다.
- 건강, 교육, 환경, 기업가정신 개발, 마이크로크레디트, 지역개발 같은 분야에서
  일한다.
- 새로운 상품, 서비스, 사회문제에 관한 새로운 해결책을 찾아내어 혁신한다.
- 사업 원칙과 효율성을 포함한다.
- 사회적 가치 창출에 집중한다.
- 아이디어를 지속적이고 기업가적으로 채택하고 다듬으며 혁신한다.

　　가난한 사람들에게 돈을 빌려주는 금융 프로그램을 만들고, 장애인
들의 경제문제를 해결할 목적으로 기업을 설립하고, 사회적기업과의
공정무역으로 들여온 제품을 판매하는 쇼핑몰을 만드는 것이 바로 '사
회적기업가'의 대표적인 모습이라 할 수 있다.

사회적 가치사슬

사회적기업가의 다양한 활동은 '사회적 가치 창출(Social Value Creation)'

로 집중된다. 사회적 가치 창출이란 사회를 위한 부가가치를 생성해낸다는 의미다. 이때 '사회적 가치'의 영역은 각종 사회문제가 일어나는 사회 영역이며 다음과 같이 다양하게 분류할 수 있다.

- **문제 영역** 공동체 개발, 인적자원 계발, 고용, 보육, 보건, 환경, 보육, 사회보호, 교통, 금융, 에너지 등

예를 들어 교육 영역에서 사회적 가치 창출은 어떻게 적용될까? 저소득층 학생에게 고등교육과 대학 졸업의 기회를 제공하면 취업을 확대할 수 있고, 불량 청소년 구제로 이어져 사회 범죄 감소 효과를 볼 수 있다. 보건 영역은 또 어떤가? 질병 예방 조치만 강화해도 기대 수명을 연장하거나 삶의 질을 개선할 수 있으며, 생활환경의 위생 개선은 모두에게 쾌적함을 제공한다. 그렇다면 공동체 개발 영역에서 사회적 가치 창출은 어떻게 적용될까? 도시재생 사업으로 도심의 슬럼가를 새로운 마을공동체로 변화시켜 주거환경 개선 및 범죄 예방 효과를 거둘 수 있다.

이렇게 사회적 가치는 '생산 – 유통 – 소비'로 이어지는 과정에서 커다란 '사회적 가치사슬(Social Value Chain)'을 만들어낸다. 사회적기업의 사회적 가치는 사회적기업 각각이 갖춘 가장 경쟁력 있는 핵심역량을 중심으로 이루어진다. 보통 가치사슬 구조는 '원재료 공급 → 고용 → 제품 및 서비스 디자인 → 제품 및 서비스 생산 → 타깃 고객에게 상품 제공'으로 이루어지는데, 이때 기업은 각 과정을 거치며 다양한 부가가치를 창출한다. 이로 말미암아 각 기업이 초점을 두고 있는 핵심역량을 중심으로 다양한 사회적 가치가 창출될 수 있다.

'아름다운 커피'처럼 공정무역 상품을 취급하는 경우에는 원재료 공

급 부문에서 사회적 가치가 중점적으로 발생한다. 장애우가 만드는 '위캔쿠키'는 취약계층의 고용을 통한 사회적 가치 창출이 핵심이다. 적정기술을 활용하여 아프리카 농부들에게 필요한 농기계를 보급하는 '킥스타트(Kick Start)'는 제품 및 서비스 디자인에 중점을 두어 사회적 가치를 창출한다. 인도의 저소득층을 대상으로 저렴한 가격에 보청기를 개발하여 판매하는 '오로랩(Aurolab)'은 상품 생산을 중점으로 사회적 가치를 창출한다. 방글라데시의 '그라민은행(Grameen Bank)'은 농촌 여성을 주 대상으로 무담보 대출을 시행하는 금융 서비스로 사회적 가치를 창출한다. 세계 규모의 거대 기업은 원재료 획득부터 고객의 손에 제품이 닿기까지 전 과정이 하나의 가치사슬을 이루는 거대한 구조이지만, 사회적기업은 개별 기업의 핵심역량에서 사회적 가치를 창출하며, 수많은 사회적기업이 하나의 사슬 구조를 형성하여 커다란 '사회적 가치사슬' 구조를 만든다.

사회적기업의 유형

'빵'과 사회적기업의 관계

'빵(bread)'은 밀가루를 주원료로 하여 물을 섞어 발효시킨 뒤 오븐에서 구워낸 음식을 지칭한다. 큼직한 덩어리의 빵을 손으로 찢은 뒤 버터를 발라 먹기도 하며, 바삭하게 구워진 토스트에 잼을 발라 먹는 모습은 이제 우리 삶의 일부분이 되기도 했다. 이렇듯 '빵'이 사람들의 사랑을 많이 받다 보니 단순한 음식을 넘어 언젠가부터 '경제적 가치'를 대표하는 상징어로 기능해왔다. 신약성경 마태복음을 보면 '사람이 빵(한글성경에는 떡)으로만 살수 없다'며 절대자의 말씀을 일상의 먹을거리에 비유하여 그 중요성을 강조하고 있다. 한편 영어 단어 'breadline'은 '최저 수준의 소득'을 뜻한다. 최저 수준 이하로 소득이 떨어지면 빵을 사지 못하고 '빵을 배급받기 위한 줄(brealine)'을 서야 했다.

다양한 '사회적기업'의 유형을 설명하는 데에도 '빵'은 매우 유용하다. 앞서 설명했듯이 루비콘의 설립자 릭 오브리는 빵을 예로 들어 사회적기업을 대중이 이해하기 쉽게 설명한 바 있다. '빵'을 매개로 고용을 창출하고 서비스를 제공하는 루비콘형 사회적기업과 사회를 혁신하는 아쇼카형 사회적기업도 이미 살펴보았다. 여기서 '빵'은 단순한 먹을거리를 넘어 '경제적 가치'와 '사회적 가치 실현을 위한 매개체'의 의미로 사용된다. 이렇게 볼 때, '빵'과 사회적기업의 관계로 설명할 수 있는 사회적기업의 유형은 대략 5가지로 분류할 수 있다.

- 그들이 만들어 파는 '빵'(일자리 창출형)
- 그들에게 제공되는 '빵'(사회서비스 제공형)
- 그들을 위한 '빵'(사회적 목적을 위한 수익활동형)
- '빵'을 먹을 수 없는 사람들을 위한 그 무엇(사회문제 해결형)
- 마을을 살리는 '빵'(지역사회 공헌형)
- 모두가 주인이 되어 만드는 '빵'(협동조합형)

일자리 창출형 사회적기업

경제적 소득이 필요한 사람들이 직접 '빵'을 만들어 팔 수 있도록 일자리를 제공하는 유형이다. 장애우, 결혼 이민자, 고령자, 탈북자(새터민)과 같은 취약계층에겐 고용 그 자체가 큰 사회적 의미가 된다.

강원도 정선에 있는 '하이원베이커리'는 도박에 빠졌던 중독자가 직접 빵을 구우며 도박중독을 치유하여 사람들의 사회 복귀를 돕는다. 강원랜드는 재활 의지가 강한 도박중독자를 뽑아 2011년부터 제과제빵 기술교육을 지원하면서 도박중독 치유 프로그램을 함께 제공했다. 하이원베이커리가 거둔 수익은 도박중독자의 사회복귀 지원, 재활 프로그램, 창업 지원, 소외계층 일자리 제공 등에 사용된다.

이외에도 취약계층을 위한 대표적인 사회적기업으로 새터민 고용을 위해 열매나눔재단과 에스케이(SK)이노베이션이 합작하여 설립한 박스공장 '메자닌아이팩'과 블라인드 공장 '메자닌에코원' 등이 있다.

사회서비스 제공형 사회적기업

정상적인 가격으로 빵을 살 수 없는 사람들에게 저렴한 가격으로 빵을 공급하는 유형이다. 기존의 시장가격으로 상품을 구매하기 힘든 사람들의 필요를 채워주는 사회서비스를 제공하는 사회적기업들이 여기에 속한다. 사회서비스 제공형 사회적기업은 대상에게 정상적인 가격보다 저렴하게 서비스를 제공하기 때문에 이익을 내기가 어렵다. 따라서 지속가능한 사업을 위해 일반인을 대상으로 한 사업을 병행하거나 서비스 혁신으로 원가를 대폭 낮추어 저렴한 가격에 서비스 상품을 제공하기도 한다.

이 유형의 대표적인 기업으로 미국의 '페어스타트(FareStart)'와 한국의 '딜라이트(Delight)'가 있다. 무료급식과 노숙자를 요리사로 교육하는 프로그램을 운영 중인 페어스타트는 일반인을 대상으로 하는 식당을 별도로 운영하여 여기서 거둔 수익을 사회적 목적을 위해 사용한다. 저렴한 가격으로 보청기를 공급하는 딜라이트는 제품 생산의 혁신으로 제작 단가를 최대한 낮추고 보청기에 꼭 필요한 기능만을 넣어 취약계층이 구입하기에 부담이 없는 가격대의 보청기를 만들고 있다.

사회적 목적을 위한 수익활동형 사회적기업

누군가를 돕거나 특정한 목적을 이루기 위해 '빵'을 파는 유형이다. 전통적으로 공익 목적으로 설립된 비영리단체가 경제적 자립을 위해 수익 사업을 하던 방식이 이에 해당한다. 미국의 걸스카우트는 운영자금을 확보하고자 외부 위탁으로 생산한 '쿠키'를 판매하는데, 사업 취지가 좋고 맛도 좋아 미국 전역에서 인기가 높다. 이러한 사업 방법은 사회적기업에도 그대로 활용된다.

미국 뉴욕의 사회적기업인 '하우징 웍스(Housing Works)'는 에이즈 노숙자들을 위한 기금을 마련할 목적으로 헌책방과 중고매장을 운영한다. 하우징 웍스는 기존의 허름한 중고매장을 사람들이 잘 찾지 않는다는 점과 뉴욕의 부유한 지역에는 명품을 기부할 만한 사람이 많다는 점에 착안해서 세련된 인테리를 갖추고 고급 중고품을 진열하여 판매하는 '명품 중고가게'를 열었다. 하우징 웍스는 중고매장 이외에도 북 스토어 카페, 인터넷 쇼핑몰, 출장 음식 서비스 등을 운영해 전체 수입의 30퍼센트를 충당하고 있다.

사회문제 해결형 사회적기업

시리얼로 유명한 식품회사인 켈로그의 설립자 윌 켈로그(Will Kellogg)는 내과병원에서 25년간 일하면서 환자들의 급식을 맡았다. 그러던 와중에 1894년 켈로그는 소화기 계통에 문제가 있는 환자들로부터 '빵을 먹으면 속이 불편하다'는 불평을 들었다. 이에 켈로그는 밀을 삶아서 얇게 편 후 불에 구워 프레이크로 만드는 방법을 우연한 기회에 고안해

내어 환자들의 폭발적 인기를 끈 시리얼 제품을 만들었다. 이런 시리얼의 발명 공식을 사회적기업에 한번 대입해보자. 환자들이 '빵을 제대로 먹을 수 없는 상황'은 곧 '사회문제'이고, '시리얼 개발'은 그 '해결책'인 셈이다.

사회문제 해결형 사회적기업은 기업활동으로 사회문제에 직접 참여하여 해결하는 유형이다. 환경문제 해결에 도전하는 기업인 '트리플래닛(Tree Planet)'은 지속가능한 나무심기를 사업목표로 한다. 이를 위해 스마트폰에서 어린 나무를 키우는 오락적 요소를 사용자에게 제공하되, 게임 중간에 나오는 광고를 활용해 실제 나무를 심는 비용을 충당한다. 가상의 나무를 실제 나무로 바꾼다는 독특한 아이디어는 유엔(UN)과 파트너십을 맺을 만큼 그 가능성을 인정받았고, 세계 소셜 벤처 대회에서 한국인으로서는 최초로 3위에 입상했다. 이외에도 교육, 학교폭력, 미혼모, 고령화, 다문화 등 점점 복잡해지고 어려워지는 사회적 문제를 해결하기 위해 많은 사회적기업이 혁신적이고 창의적인 방법을 모색하고 있다.

지역사회 공헌형 사회적기업

강원도 횡성군 안흥은 3000명이 사는 아담한 마을이다. 그런데 이곳이 '안흥 찐빵'으로 전국적인 유명세를 타고 있다. 안흥 찐빵의 시작은 비교적 단순하다. 한국전쟁이 끝난 뒤 밀가루를 원조받던 상황 가운데 마을에서 나는 팥을 삶아 빵에 넣은 것이 시초였다. 영동고속도로가 개통되기 전 서울-강릉 간 버스의 중간 기착지인 안흥에서 마을 사람들은 버스 승객에게 찐빵을 팔았는데 사람들이 그 맛에 호응하면서 전국적인 찐빵 브랜드가 되었다. 지방의 많은 마을이 안흥 찐방 같은 독특한 상품을 개발해낸다면 지역도 충분히 경쟁력을 확보할 수 있다.

전국의 많은 지방자치단체에서 지역사회에 공헌하는 기업을 육성하고자 노력을 기울이고 있다. 대표적인 지역이 바로 전라북도 완주군이다. 이곳에서 커뮤니티 비즈니스와 같은 공동체 사업과 로컬푸드, 도시민 유치 같은 다양한 사업이 복합적으로 이뤄지고 있다. 특히 농산품을 생산해 인근 지역으로 배달하는 로컬푸드 사업은 다른 지역에 비해 노년층이 소규모 농사를 짓는 농가가 많은 완주군의 특성에 적합한 방식이라고 할 수 있다.

협동조합형 사회적기업

강원도 원주에는 2009년 19개 협동조합과 사회적기업들이 모여 발족한 원주협동사회경제네트워크(원주네트워크)가 있다. 원주에서는 협동조합에 가입하면 먹을거리를 사고, 아플 때 치료받고, 아이들 보육을 맡기고, 꼭 필요한 돈을 빌릴 수 있는 등 기본적인 경제생활을 유지할 수 있을 정도로 공동체가 활성화되어 있다. 이 때문에 원주네트워크에 가입한 회원이 3만 5000명에 이른다. 단순 계산을 하더라도 원주 전체 인구 30만 명의 10퍼센트가 넘는다. 원주의 협동조합 운동은 사회운동가 장일순(張壹淳, 1928~1994)의 생명평화 사상에 의해 시작되었다. 장일순의 사상은 이론에만 그치지 않고 사회운동과 결합되어 있었다. 장일순은 1980년대 이후 '한살림운동'에 헌신하여 이 일을 주도했다. 한살림운동에서 주목할 부분은 '호혜(互惠)의 원리'다. 이는 상호 협력과 공존을 중시하는 대안적인 삶의 방식으로 이어진다. 이렇게 해서 '한살림생활협동조합'이 탄생했고, 이와 같은 다양한 협동조합과 사회적기업이 모여 원주네트워크를 이루고 있다.

　협동조합은 공동으로 소유되고 민주적으로 운영되는 사업체를 통해 공통의 사회적, 문화적 욕구를 실현하고자 자발적으로 협동하는 자율적인 조직이다. 협동조합은 경제적 약자인 다수가 뭉치고 호혜의 힘으로 시장 지배력을 키워 자본주의의 치명적인 독점적 폐해를 극복하려는 시도이기도 하다.

사회적기업의 5가지 속성, 'S/M/A/R/T'

'맥가이버 칼'에서 찾은 혁신의 속성

스위스에서 제조되는 '스위스 아미 나이프(Swiss Army Knife)'라는 칼이 있다. 한국에서는 1980년대 텔레비전에서 방영된 미국 드라마 〈맥가이버〉의 해결사인 주인공이 가지고 다니는 칼로 유명세에 올라 일명 '맥가이버 칼'이라고 부르기도 한다. 사람들은 이 칼에 어떤 어려움과 난관이라도 극복할 수 있다는 '만능'의 이미지를 중첩시켜 인식하고 있다. 스위스 아미 나이프는 칼, 드라이버, 톱은 물론 가위, 플라이어, 오프너 등 31가지 기능을 갖추고도 무게는 185그램밖에 안 된다. 여기에다 실, 바늘, 1회용 반창고 등을 포함하면 45가지 기능을 갖춘 제품도 있다. 소비자의 입장에서 보면 칼 하나에 여러 기능을 넣었다고 볼 수 있으니 가격, 기능, 무게 면에서 혁신적인 제품인 셈이다.

　스위스 아미 나이프는 1891년 스위스의 대장장이였던 카를 엘스너가 스위스군이 군용 칼을 독일로부터 수입하고 있다는 사실을 알고 다른 대장장이들과 대장간조합을 구성하여 고용 확대를 위해 스위스 정부에 청원을 내면서 시작되었다. 군용 칼로 쓰이던 제품이 제2차 세계 대전 이후 일반인들에게 보급되면서 등산, 낚시 등에 필요한 레저용 제품으로 활용되기 시작했다. 스위스 아미 나이프를 만드는 기업인 스위스의 '빅토리아녹스(Victorianox)'는 그 명성에 비해 실제 규모는 아주 작다. 직원은 1000명이 안 되고 스위스 안에서도 400위권에 속하는 기업이다. 하지만 브랜드 인지도 만큼은 세계 일류급이다. 왜 그럴까? 스위스 아미 나이프 안에는 성공하는 기업이 갖춘 5가지의 핵심 속성이 내포되어 있기 때문이다.

❶ **공감**(Sympathy) 만능 해결사

❷ **최소화**(Minimize) 제품 하나에 45가지 기능 탑재, 무게와 부피 최소화

❸ **적절한 해결책**(Appropriate Solution) 식사 준비부터 숙소 마련에 이르기까지 때와 장소와 상황 불문

❹ **관련성**(Relevant) 자국 군대에 칼을 납품함으로써 일자리를 창출하고 소득을 증대하기 원한 스위스 대장장이들

❺ **변형**(Transform) '군용 무기'에서 '레저 필수품'으로 변모

이런 5가지 속성의 이니셜을 조합하면 'S/M/A/R/T'가 된다.

성공한 기업과 조직들을 살펴보면 대부분 '영민함'을 추구하며 'S/M/A/R/T'의 원리에 충실했음을 알 수 있다. 사회적기업이라고 해서 특별히 다를 건 없다. 각 속성에 사회적 가치를 좀 더 짙게 새길 뿐이다. 사회적기업의 'S/M/A/R/T'는 다음과 같이 표현할 수 있다.

• **공감** 소비자를 단순 구매자에서 열성적인 지지자로 변화시키는 공감형 사회적

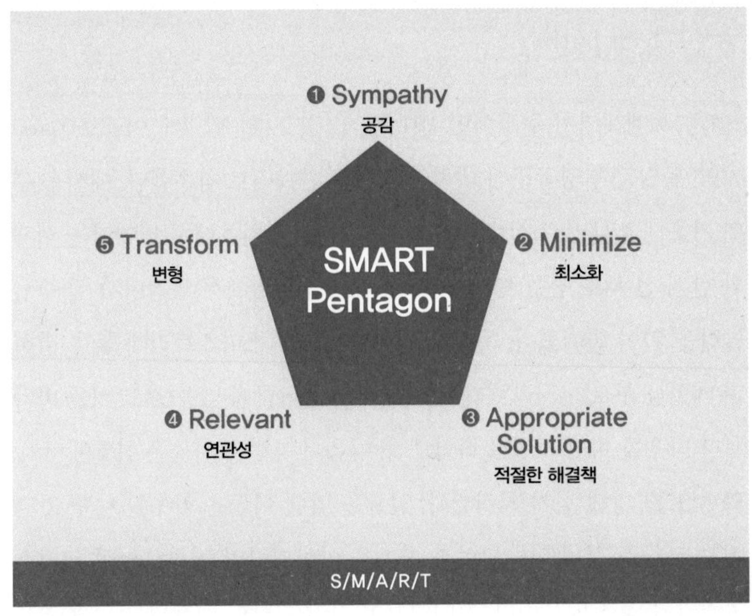

기업

- **최소화** 기존의 기업들이 하지 못했던 혁신으로 원가를 최소화하여 지불 능력이 현저히 떨어지는 사람들에게 상품을 제공하는 비용 최소화 사회적기업

- **적절한 해결책** 적정기술을 사용하여 기존 경제 시스템에서는 구매할 수 없었던 상품을 만들어 보급하거나 적절한 사회문제 해결책을 제시하는 사회적기업

- **관련성** 연관되어 있는 모습 그대로 잘하는 일을 파악하여 그것을 사업화함. 취약 계층을 고용할 때 그들과 가장 관련성이 큰 사업을 운영하는 강점 승부형 사회 적기업

- **변형** 기존에 있던 제품 및 서비스를 변형하거나 재조합함으로써 경제적 수익과 사회적 의미를 창출하는 사회적기업

공감(Sympathy)

제1차 세계대전이 한창이던 1914년 12월 24일 벨기에 이프르(Ypres) 지역. 독일군과 영국군이 대치한 병영은 한마디로 참혹했다. 매서운 추위 가운데 쥐떼가 득실대고 오물로 범벅이 된 참호에서 썩어가는 시체와 함께 선 채로 잠든 병사들. 이런 극한의 상황에서 땅거미가 질 무렵 놀라운 일이 벌어졌다. 독일군 병사들이 크리스마스트리에 불을 밝히며 캐럴을 부르기 시작했다. 건너편에서 영국군이 넋을 잃고 이를 바라보다 박수를 치며 캐럴로 화답했다. 마음이 통한 병사들은 참호에서 나와 서로를 향해 걷기 시작했다. 얼굴을 맞댄 이들은 악수를 나누고 담배와 과자를 건넸으며 고향과 가족을 이야기하며 평화로웠던 크리스마스의 추억을 떠올렸다. 정치인들이 벌인 황당한 전쟁의 참상 씁쓸함

1차 세계대전 중 실제로 있었던 '크리스마스 휴전'을 다룬 영화 〈메리 크리스마스〉(2005)의 한 장면. 영국군과 프랑스군 장교가 적대관계인 독일군 장교와 같이 이야기하고 있는 장면이 인상적이다.

을 잠시나마 웃음으로 넘겨버렸다.

　제레미 리프킨은 《공감의 시대》 첫머리에서 이 꿈 같은 '크리스마스 휴전'을 언급하며 인간 본성에 내재한 '공감'의 질서를 찾는다.

"그들은 서로의 고통에 손을 뻗어 위안을 찾았다. 상대에게서 자신의 모습을 발견한 것이다. 개인적인 나약함에 대한 말로 표현할 수 없는 깊은 공감과 아무런 보상도 바라지 않고 오로지 동료 인간과의 유대감에 대한 갈망에서 서로를 위로할 수 있는 힘이 흘러나왔다."

　이러한 '공감의 힘'은 전쟁터뿐 아니라 사회 곳곳에서 일어난다. 가정, 학교, 종교 모임 그리고 기업의 현장에서도 공감이 이루어진다. 노사관계, 회사 동료, 생산자와 소비자 등을 거시적으로 보면 경제 현상이라는 큰 틀에 속하지만, 사실 그 안에는 공감의 질서가 배어 있다. 사회적기업 역시 이와 같은 사회적 가치를 중시하면서 경제적 가치를 함께 고민해야 한다. 사회적 가치만을 강조하다 보면 수익구조가 약해지고, 수익구조를 너무 강조하다 보면 사회적 가치가 위축되기 때문이다. 이 때문에 많은 사회적기업이 추구하는 사회적 가치를 고객들로 하여금 공감하게 함으로써 일반적인 상품보다 가격이 다소 비싸더라도 기꺼이 구매하게 하거나 후원하도록 유도한다.

페어스타트 — 일하는 기쁨

사회적기업이 자본주의적 경쟁 속에서 '생존' 그 자체에 의의를 두면 고용한 직원의 행복, 서비스를 제공하는 사람들의 일하는 기쁨이나 즐거움을 간과하게 된다. 또한 생존과 성공이라는 경제적 결과를 강조하

페어스타트(www.farestart.org)

다 자립하는 과정을 잘 살피지 못하는 일도 생긴다.

1987년 데이비드 리(David Lee)가 설립한 사회적기업인 '페어스타트 (Farestart)'는 노숙자가 자립하는 과정을 매우 중요하게 여긴다는 점에서 시사하는 바가 크다. 데이비드 리는 기본적으로 좋은 음식을 꼭 필요한 사람에게 만들어주고 싶다는 열망이 있었고, 다른 사람들을 이 미션에 참여시키고 싶어 했다. 이리하여 그와 뜻을 같이하는 사람들이 노숙자와 잠재적 노숙자들에게 좋은 음식을 제공할 뿐 아니라 교육 훈련, 포괄적 생활기술(직업, 생활, 창업) 프로그램을 제공하는 '페어스타트'를 만들었다.

페어스타트는 대중식당을 운영하여 얻은 수익으로 노숙자를 훈련하고 취약계층에 제공할 음식을 마련한다. 여기서 하루에 만드는 음식의 양은 2500인분 정도인데, 이 중에 500인분 정도는 점심시간에 식당을 찾은 손님들에게 판매하고 나머지 2000인분은 지역의 취약계층에 분배된다. 노숙자 훈련은 16주 과정으로 이루어지는데, 손 씻기와 같은 청결습관 기르기부터 시작하여 나중에는 취약계층을 위한 대규모 식사 준비에 투입되거나 손님을 위한 식사 준비를 담당하기도 한다. 페어스타트 식당을 이용하는 고객 대부분이 이곳의 취지를 잘 알고 있으며 그렇기에 더욱 애용하고 있다. 고객의 든든한 공감이야말로 식당을 운영하고 지역사회의 취약계층을 지속적으로 지원할 수 있는 원동력인 셈이다.

공감의 뿌리—아기를 통해 배우는 공감

'공감의 뿌리(ROE, Roots of Empathy)'는 인간 폭력의 근본적인 문제를 해결하고자 도전하는 기업이다. 이 단체는 아이들의 공감하고 교감하는 능력을 키워 다른 사람들의 아픔을 자신의 아픔처럼 느끼도록 돕는다. 이 단체의 재미있는 (혹은 놀라운) 점은 아기를 '교사'로 초빙한다는 데 있다. 수업을 진행하는 선생님은 아기들의 표정과 행동을 학생들이

공감의 뿌리(www.rootsofempathy.org)

이해할(읽을) 수 있도록 돕는다. "지금 아기의 기분이 어떤 것 같니?" "왜 기분이 안 좋은 것 같니?" "아기가 왜 웃고 있을까?" 같은 질문을 학생들에게 던져 학생들이 아기(타인)의 감정 변화를 읽을 수 있도록 훈련하는 것이다.

공감의 뿌리 프로그램에 참가한 아이들은 그렇지 않은 아이들에 비해 공격적인 행동이 현저하게 줄어들었다. 또한 타인을 돕고 이해하는 친사회적 행동을 반 친구들에게 보였다. 이 덕분에 공감의 뿌리 프로그램을 시행한 여러 학교에서 학교폭력이 90퍼센트 이상 감소했으며, 괴롭힘을 당하는 학생의 아픔에 공감하는 학생들이 가해하는 학생에게 자발적으로 맞서기도 했다. 공감의 뿌리 프로그램 덕분에 아기의 부모님들이 학교 수업에 참가하여 지역공동체가 활성화되는 효과가 있을 뿐 아니라, 젊은 부모와 나누는 대화 속에서 아기를 기르는 데 얼마나 큰 사회적 책임이 따르는지를 학생들이 자연스럽게 배울 수 있어, 10대의 임신을 예방하는 효과도 거두고 있다.

카드 프럼 아프리카 — 착한 구매가 이뤄내는 변화

영화 〈호텔 르완다〉는 1994년에 벌어진 르완다의 종족 대학살의 참혹한 현실을 담고 있다. 종족 간의 내전으로 르완다 인구 800만 명 중 10퍼센트에 해당하는 80만 명이 100일 사이에 학살당했고 70만에 가까운 전쟁고아가 발생했다. 전쟁과 질병, 가난으로 고통받고 있는 르완다의 상황 때문에 대부분의 구호단체는 1차적 복지인 의식주 문제에 관심을 두고 있을 때 전혀 다른 접근으로 이 문제를 해결하려 한 사람들이 있었다.

> 만일 형제나 자매가 헐벗고 일용할 양식이 없는데 너희 중에 누구든지 그에게 이르되 평안히 가라, 덥게 하라, 배부르게 하라 하며 그 몸에 쓸 것을 주지 아니하면 무슨 유익이 있으리오. 이와 같이 행함이 없는 믿음은 그 자체가 죽은 것이라.
>
> (야고보서 2:15~17)

크리스 페이지(Chris Page)라는 영국인은 '신(神)은 가난하고 소외된 사람들을 돌보기 원하며 행동을 통해 신앙을 실천한다'는 성경 말씀에 확신을 갖고 '카드 프럼 아프리카(CFA, Cards From Africa)'라는 사회적 기업을 설립한다. 그는 고아인 청소년을 고용하여 먼저 카드를 만드는

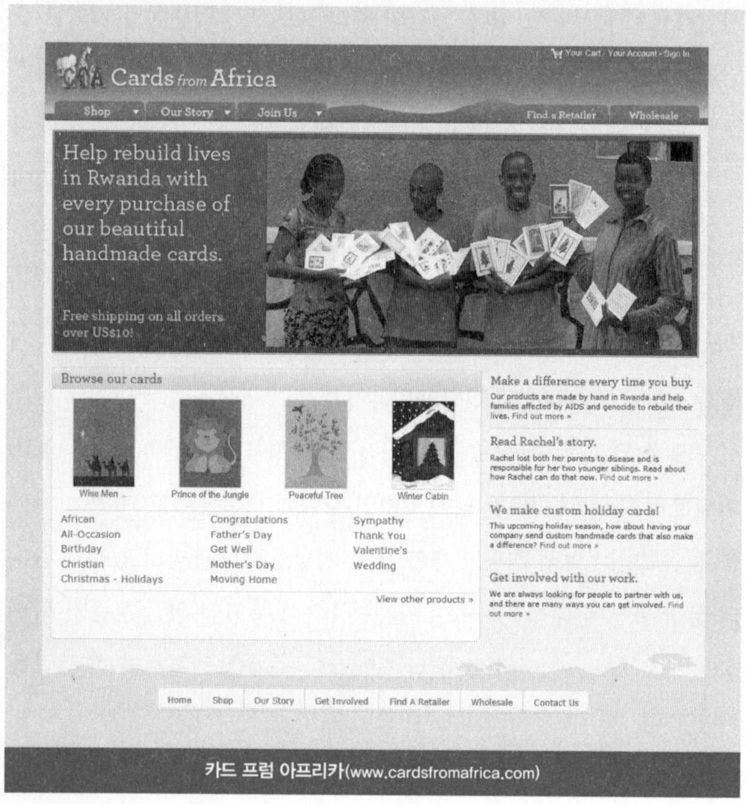

카드 프럼 아프리카(www.cardsfromafrica.com)

직업훈련을 받게 했다. 고아 가장은 보통 동생들을 거느리고 있기 때문에 한 명을 고용하더라도 2~3명의 삶을 개선하는 효과가 있었다.

카드 프럼 아프리카의 사업은 윤리적이고 친환경적으로 운영되기 때문에 사람들의 공감을 이끌어내기 쉬우며 제품 구매와 같은 구체적인 행동을 유도한다. 청소년 가장을 고용하고 친환경 재생용지를 사용해 만든 카드여서 카드 프럼 아프리카의 제품은 긍정적인 이미지를 얻을 수 있었다. '국제공정무역협회'에 가입하여 공신력을 더했고, 수제품 하나하나에 제작자의 사인을 넣어 받는 이로 하여금 특별한 느낌이 들도록 만들었다. 이처럼 카드 프럼 아프리카의 제품에는 다른 제품이 줄 수 없는 공감의 가치가 짙게 배어 있다.

비용 최소화(Minimize)

기업은 생산과 운영비용을 최소화하기 위해 노력한다. 경영환경이 어려워지면 기업은 각종 비용을 줄여 위기를 극복하려 한다. 리엔지니어링(Reengineering)*, 식스 시그마(Six Sigma)** 같은 경영혁신 기법들도 모두 위기를 극복하려는 절실함에서 나왔다. 위기 때마다 일본식 경영 모델이 찬사를 받는 이유는 '마른 수건을 다시 짜면 물이 나온다' 식의 짠돌이 경영 때문이다.

'사회적기업' 역시 다를 바 없다. 제품을 만드는 데 재료비가 들고 서비스를 제공하는 데 인건비가 든다. 따라서 자본주의 경쟁 속에서 상품의 '원가' 부담에서 벗어나기 어렵다. 만일 사회적기업이 구매력이 낮은 취약계층을 대상으로 한다면 비용의 최소화는 기업의 생존과도 직결된다. 그렇다면 사회적기업이 비용을 최소화하는 방법은 무엇일까?

- 기술혁신(Technology Innovation)

- 운영혁신(Management Innovation)

* 기업의 체질 및 구조와 경영 방식을 근본적으로 재설계하여 경쟁력을 확보하는 경영혁신 기법.
** 품질혁신과 고객만족을 달성하기 위해 전사적으로 실행하는 21세기형 기업경영전략. 1980년대 말 미국의 모토로라에서 품질혁신 운동으로 시작된 이후 제너럴일렉트릭(General Electric)·텍사스인스트루먼트(Texas Instruments)·소니(Sony) 등 세계적인 초우량기업들이 채택함으로써 널리 알려지게 되었다.

기술혁신을 이루면 가난한 소비자들이 필요한 상품을 구매할 수 있도록 저렴한 가격에 제공할 수 있다. 그런데 기술혁신은 대부분 일정 시간의 연구와 비용이 투입되어야 하기 때문에 보통 재단이나 정부, 대학교 등의 투자와 협력이 병행되는 사례가 많다. 다음으로 효율적인 운영을 통해 취약계층에 필요한 서비스를 제공할 수 있다. 똑같은 일이라도 기업의 운영이 얼마나 효율적인가에 따라 그 비용은 엄청나게 차이가 난다. 과거 포드는 컨베이어벨트를 이용한 대량생산으로 운영비용을 줄였으며, 맥도널드는 표준화된 제품을 생산함으로써 효율적인 운영을 꾀하고 있다. 사회적기업 역시 기술혁신 또는 운영혁신으로 비용을 최소화해야 경쟁에서 살아남을 수 있다. 하지만 과거 자본주의 체제 속에서 많은 기업이 선택했던 형태의 혁신을 따르지 않고 대안을 찾는 기업의 사례가 점점 늘고 있다.

엠브레이스—생명을 살리는 온기

엄마 뱃속에서 열 달을 채우지 못하고 2.5킬로그램 미만으로 태어난 아이를 조산아라고 한다. 엄마 젖을 빨 힘도 없고 면역력도 약한 이런 아이들은 외부와 격리하여 체온을 유지해주어야 하는데, 이를 가능케 하는 의료기기가 바로 인큐베이터다. 그런데 매년 400만 명의 조산아가 인큐베이터 시설을 이용하지 못해 사망한다. 비록 운 좋게 살아남아도 각종 질환에 걸릴 확률이 높으며 평균 지능도 정상아보다 낮다. 이러한 현상은 저개발국의 조산아들한테서 빈번히 나타난다. 대당 2만 달러나 하는 인큐베이터는 저개발국가의 병원이 갖추기에는 부담스러운 가격이 아닐 수 없다. 그런데 병원에 설비가 있다고 해도 고장이 나면 수리 비용 등의 문제로 고치지 않고 방치하는 일이 잦다고 한다.

2008년 미국 스탠퍼드 대학교에서 '최고의 적정성을 위한 기업가적 설계(Entrepreneurial Design for Extreme Affectability)'라는 수업을 듣던 첸 제인과 동료는 저개발 국가의 인큐베이터 이용 문제를 해결하고자 기존 인큐베이터 가격의 1퍼센트에 해당하는 '25달러짜리 인큐베이터'를 개발하는 회사 엠브레이스(Embrace)를 설립한다. 이들은 네팔 지역을 조사하여 이 지역 사람의 80퍼센트가 집에서 아이를 낳기 때문에 병원용 인큐베이터가 아닌 가정용 인큐베이터가 필요하다는 사실을 알게 되었다.

엠브레이스는 전기를 쓰지 않으면서도 따뜻하고 곤충의 피해를 막는 저렴한 인큐베이터를 설계한 뒤 여러 차례의 실험을 거쳐 포대기 형태로 된 인큐베이터를 개발했다. 엄마가 아기를 직접 안아줄 수 있게끔 디자인되었으며 세탁하기 쉬워 관리하기 편리한 이 인큐베이터는 12시간 동안 사람의 체온과 비슷한 온도를 내는 물질이 들어 있어 열효율

엠브레이스(www.embraceglobal.org)

도 좋았다. 더구나 부피가 작고 가벼워 운송비용을 획기적으로 줄일 수 있었다. 엠브레이스가 만든 혁신적인 인큐베이터 덕분에 수많은 아이가 목숨을 건졌다. 단돈 25달러로 말이다.

아라빈드 안과병원—백내장 수술의 혁신

자본주의 체제하에서는 경쟁이 치열해지면 제품 및 서비스의 기능과 품질이 점점 비슷해지는 동질화(同質化) 현상이 발생한다. 기업들은 이에 대응해 차별화를 추구하지만, 고객들은 미세한 특성을 인식하지 못할 때가 많다. 그러나 경쟁이 격화된 시장에서도 업계의 질서를 파괴하는 돌연변이형 제품과 기업은 꾸준히 출현해왔다. 그들의 차별적 속성을 분석해보면 동종업계에서 보기 어려운 이(異)업종의 DNA를 도입한 사례가 눈에 띈다. 전혀 새로운 분야에서 아이디어의 원천을 찾는 노력은 새로운 혁신의 원천이며, 이는 사회적기업이라고 해서 예외가 아니다.

인도에 있는 아라빈드 안과병원은 백내장 수술을 전문으로 한다. 이 병원은 수술 과정에 제조업의 대량생산 시스템을 적용했다. 우선 기술혁신으로 백내장 수술에 꼭 필요한 인공수정체의 가격을 대폭 낮추었다. 수입산이 보통 200~300달러인 반면 아라빈드 안과병원이 사용하는 인공수정체는 5달러에 불과하다. 다음으로 백내장 수술에 컨베이어 벨트 시스템을 적용해 의사 한 명이 맡은 영역을 옮겨 다니며 여러 명의 환자를 동시에 집도할 수 있도록 만들었다. 이로써 의사들의 수술 효율성 및 생산성이 혁신적으로 개선되었으며, 간호사를 비롯한 의료 인력의 수술 준비 과정을 분업화하여 시간 손실을 최소화했다.

아라빈드 안과병원은 수술의 효율성을 극대화하여 120여 명의 의사

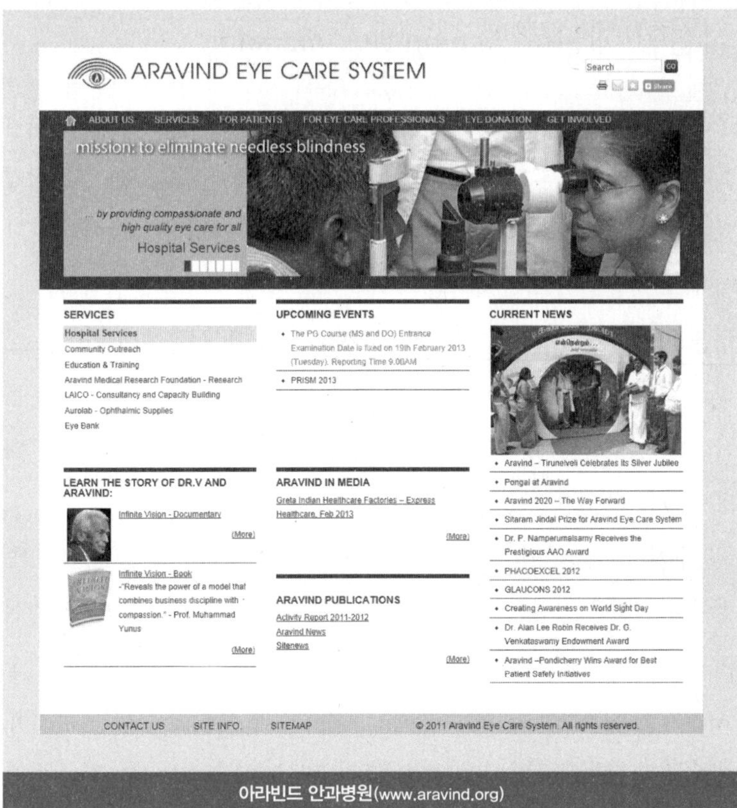

아라빈드 안과병원(www.aravind.org)

가 하루에 약 7000명의 환자를 진료하고 그중에 약 850여 명을 수술한다. 저렴한 시술비로 백내장 수술이 이뤄지지만 아라빈드 안과병원은 다른 병원보다 훨씬 높은 40퍼센트에 달하는 영업 이익률을 기록하고 있다. 더 놀라운 건 가난한 사람을 위한 무료 시술이 전체 환자의 약 60퍼센트 정도를 차지한다는 사실이다. 효율을 극대화하여 비용을 최소화하고 이를 통해 남는 수익은 병원이 아닌 가난한 환자를 위해 사용한다. 아라빈드 안과병원은 백내장 수술의 혁신을 이뤄내어 수십만 명의 사람들에게 밝은 세상을 선물해주었다.

적절한 해결책(Appropriate Solution)

우리나라 역대 과학기술자 가운데 조선 세종 대의 장영실만큼 인구에 회자하는 인물은 흔치 않다. 그의 아버지는 중국에서 귀화한 혈통이었으며 어머니는 기녀였다. 어머니의 신분 때문에 장영실은 태어남과 동시에 노비 신분이었다. 하지만 타고난 기술적 재능 덕분에 장영실은 능력을 인정받아 정5품의 관직에 오르면서 관노비 신분에서 벗어나 궁정 기술자로 활약한다. 널리 알려졌다시피 장영실은 조선시대 농업 분야에 큰 업적을 남겼다. 그의 발명 덕분에 조선 백성은 비의 양을 제대로 측정할 수 있게 되었고 시간도 정확히 알 수 있었다.

기후에 크게 영향을 받는 농업사회에서 강수량과 시간을 정확히 측정한다는 것은 농사의 효율성을 증대하는 엄청난 혁신이었다. 장영실이 문제를 해결한 것과 같은 방법으로 오늘날 세계 곳곳에서 적정기술(Appropriate Technology)이 적용되고 있다. 이는 사회 공동체의 정치적, 문화적, 환경적 조건을 고려해 해당 지역에서 지속적인 생산과 소비가 가능하게끔 적용된 기술을 의미한다. 무엇보다 적정기술은 고액 투자가 필요하지 않고, 에너지 사용이 적으며, 누구나 쉽게 배워 쓸 수 있고, 소규모의 사람들이 모여 생산할 수 있다는 장점이 있다. 적정기술의 핵심은 사회문제에 '적절한 해결책(appropriate solution)'을 제시하는 일이므로 특히 제3세계의 요구에 부응할 수 있다. 지역에서 쉽게 구할 수 있는 재료를 활용하여 꼭 필요한 제품이나 장비 등의 개발을 꾀할 수 있기 때문이다. 물론 적정기술을 활용한 적절한 해결책은 저개발 국가에서만 활용되는 것이 아니라 사회문제가 있는 곳이라면 어디에서든 창조적으로 적용될 수 있다.

한국 사람들에게 아궁이와 부뚜막은 고향의 정취를 느낄 수 있는 추억의 공간이다. 하지만 한국형 아궁이와 달리 제연 시설이 제대로 갖춰지지 않은 중남미 아이티 지역의 아궁이는 호흡기 관련 질병을 유발한다. 유독성 연기 때문에 매년 200만 명 이상이 어린이가 목숨을 잃는다. 땔감을 얻으려고 산림을 훼손하는 것도 지속가능한 삶을 위협하는 요소다. 아이티의 경우 전체 산림의 98퍼센트가 조리용 숯 제조를 위해 벌채된 상태라고 한다.

엠아이티(MIT) 공대의 에이미 스미스(Amy Smith) 교수는 아이티의 연료문제를 해결하고자 매연 없이 깔끔하게 타는 숯을 만들기로 하고 그 재료로 사탕수수 찌꺼기(bagasse)에 주목했다. 사탕수수 찌꺼기는 화력이 약하고 잘 흐트러지는 단점이 있었으나 녹말을 함유한 식물의 점액을 이용해 잘 뭉치는 숯 연탄을 만들었다. 이 숯 연탄 덕분에 아이티에서 매년 벌채되는 3000만 그루의 나무 중 일부가 보호되고 있다.

아이티에서 성공을 거둔 스미스 교수팀은 인도에서도 같은 작업을 시도했다. 인도에서 가장 널리 사용되는 원료는 '소똥'이었는데 화력은 좋지만 연기가 많이 나는 단점이 있었다. 스미스 교수팀은 쌀농사 지역인 인도에 풍부한 짚을 소똥에 섞어 화력이 좋으면서도 연기가 적게 나는 숯을 만들었다. 이처럼 스미스 교수팀은 적정기술을 활용해 지역에서 쓸모없던 자원을 연료로 변환시켜 환경 보존은 물론 소득 향상에도 도움을 주었다. 이는 환경, 수익, 건강 그 어느 것 하나 손해가 나지 않는 완벽한 '상호이익이론(Non zero sum theory)'의 예라고 할 수 있다.

투게더 애즈원―쓰레기장에서 피어난 희망

인도는 매력적인 요소가 많은 나라지만 쓰레기 처리 시설이 제대로 갖춰지지 않은 탓에 지저분한 곳이 많다. 쓰레기 분리수거가 제대로 되지 않아 매립용 쓰레기와 재활용 쓰레기가 한데 뒤섞여 있기 때문에 인도에는 쓰레기 더미에서 쓸 만한 물건을 모아서 되파는 '재활용 쓰레기 수집 노동자(waste worker)'들이 제법 많다. 그런데 여기서 일하는 사람은 대부분 인도 고유의 신분제도인 카스트의 차별을 받는 최하층민이다. 더구나 중간 상인들이 폭리를 취하기 때문에 일한 만큼의 정당한 대가를 받기 못하는 일이 많다.

이런 상황을 '시장의 힘(market driven power)'으로 해결하겠다며 나선 이가 있었다. 디파 강와니(Deepa gangwani)는 '투게더 애즈원(Together as One)'이라는 단체를 만들어 쓰레기장 노동자를 위한 일을 시작한다. 디파가 주목한 자원은 쓰레기에서 나오는 '메탄가스'였다. 메탄가스는 파이프라인 설비만 잘 갖추면 쓰레기장에서 쉽게 얻을 수 있기 때문이었

투게더 애즈원(www.togetherasone.in)

다. 디파는 우선 쓰레기장에서 일하는 여성을 위주로 메탄가스를 모아서 팔기 위한 시스템을 만들었다. 여기서 부산물로 나오는 유기물로는 천연비료를 만들어 추가 수입을 얻을 수 있었다.

예전엔 쓰레기 더미를 뒤지던 사람들이 갑자기 메탄가스 공급자가 되었다. 쓰레기를 줍던 사람들의 직업이 변하자 카스트 제도에 매인 최하층 노동자를 바라보는 인식도 변화하기 시작했다. 유기물을 따로 취급하니 악취가 줄어들고 전염병에 걸릴 위험성이 낮아져 노동환경도 좋아졌다. 분리수거를 해오는 사람에게 화석에너지 대비 20퍼센트 싼 가격에 메탄에너지를 제공해주니 자발적으로 분리수거를 하는 사람들이 늘었다. 그 덕분에 청소 노동자들이 좀 더 깨끗한 환경에서 적은 노동력으로 메탄올과 유기비료를 생산해내는 선순환의 시스템이 형성되었다.

관련성(Relevence)

《위대한 나의 발견 강점 혁명》의 저자인 마커스 버킹엄(Marcus Bucking ham)은 우리가 끊임없이 단점을 메우는 데 집중하고 있다면서 성공을 위해서는 오히려 우리가 가진 강점을 강화해야 성장할 수 있다고 한다. 강점에는 한계치가 있지 않으며 다양한 강점이 모여 나의 존재를 이루고, 그것이 다른 사람과 자신을 구별하는 경쟁력이 된다. 이를 위해 버킹엄은 우리가 특화할 수 있는 34가지 강점을 제시한다.

| 34가지 강점 |

개발자, 개인화, 경쟁, 공감, 공평, 관계자, 긍정성, 매력, 맥락, 명령, 미래지향, 복구자, 분석가, 사고, 성취자, 신념, 신중함, 연결성, 의사소통, 자기확신, 적응력, 전략,

조정자, 조화, 중요성, 질서, 착상, 책임, 초점, 최상주의자, 탐구심, 포괄성, 학습자, 행동주의자

　세상에 약점이 없는 사람은 없다. 그러나 약점을 극복하고 성공을 거둔 이들을 향해 사람들은 칭찬과 존경을 아끼지 않는다. 애플의 창업자 스티브 잡스를 보자. 미혼모의 아들로 태어나 입양되었다가 대학교를 중퇴하고 자신이 창업한 회사에서 퇴출되기도 했다. 이후 최고경영자로 복귀했으나 췌장암으로 인생 말년에 힘든 시기를 보냈다. 스티브 잡스의 창조적 업적은 인생의 고비마다 그가 이겨낸 약점 때문에 더욱 값져 보인다.

　잡스의 개인사에서 드러난 것처럼 사회적기업도 다양한 형태의 약점을 강점으로 바꿀 수 있다. 사실 사회적 인식이라는 측면에서 보면 장애우를 고용한 기업은 '낮은 생산성'이라는 약점에서 자유로울 수 없고, 노숙자를 고용한 기업은 인력관리 면에서 약점을 안고 출발하는 셈이다. 우리 사회는 탈북자나 결혼 이주자에게 '문화적 부적응자'라는 꼬리표를 붙이곤 한다. 이러한 약점들은 정도의 차이가 있을 뿐 사회적기업의 운영에 일종의 '상수'로 작용한다. 하지만 약점을 잘 활용하면 시장에서 통하는 강점으로 변화시킬 수 있다.

　피터 드러커는 약점을 강점으로 바꾼 사례로 '몸이 굳는 병에 걸린 여인'의 이야기를 소개한 바 있다. 한 여인이 갑자기 몇 시간 동안 몸이 굳어버리는 병 때문에 고생하고 있었다. 그런데 지인 중 하나가 병을 고치려고만 하지 말고 그림 모델이 되어보라고 조언했다. 그림 모델은 오랜 시간 한 자세를 유지해야 하니 보통 사람에겐 어렵고 고통스러운 일이지만, 병에 걸린 이 여인에게 이보다 더 쉬운 일은 없었다. 약점을 강

점으로 삼은 여인은 모델이 되어 돈을 벌 수 있었다. 이처럼 약점은 인식을 달리하면 때와 장소에 따라서 강점으로 변모한다.

미소누리—탈북자가 만드는 북한 음식

탈북자들이 한국 사회에서 살아가는 데에는 다양한 어려움이 따른다. 가장 큰 문제는 언어의 이질감이다. 한국은 일상생활 속에 외래어를 많이 사용하는데, 이에 적응하지 못한 탈북자에겐 소통의 어려움으로 다가온다. 북한을 탈출해서 지내는 동안 충분한 영양을 공급받지 못한 탓에 체력이 좋지 않은 사람도 많다. 이들이 한국 사회의 노동 강도를 따라가기란 벅찬 일이다. 또한 탈북자들의 학력, 경력 등의 문제 때문에 서비스직이나 사무직 취업도 그리 쉽지만은 않은 상황이다. 이런 이유

미소누리(www.misonuri.co.kr)

로 탈북자들에게 안정적인 일자리를 공급하기 위해 정부와 민간 차원
의 노력이 이뤄지고 있긴 하지만 상황이 그리 좋지만은 않다.

그런데 탈북자들의 이런 약점을 강점으로 바꿔 성장의 원동력으로
삼은 기업이 있다. 2004년 탈북자들이 모여서 세운 새터교회의 강철호
전도사(현재 목사)는 자활공동체를 만들고 동료와 함께 백두식품(현재
'미소누리'로 사명 개칭)을 창립했다. 이들은 북한에서 먹던 음식에 착안
해 북한산 느릅나무로 냉면과 찐빵을 만드는 식품사업을 시작하려 했
다. 가난한 북한 사람들의 배를 채워주는 느릅나무는 북한에서는 흔하
지만, 남한에서는 약제로 등록되어 있어 식품으로 만들어 팔기까지 어
려움이 있었다. 하지만 끈질긴 설득 끝에 식약청으로부터 승인을 얻었
으며, 북한에서 직접 들여온 느릅나무는 이제 경쟁력의 핵심이 되었다.
남한 사회에 기반이 없는 이들로서는 제품의 판로를 개척하기가 쉬운
일이 아니었으나 강철호 목사와 미소누리 직원들이 교회와 각종 사회
단체를 찾아다니며 열심히 홍보활동을 벌인 결과 사정을 알게 된 이들
이 구매를 시작했고, 뛰어난 품질에 만족한 사람들의 입소문 덕분에 이
제는 매년 15억 원 이상의 매출을 올리며 성장하고 있다.

오가니제이션 요리—다문화 요리사가 빚어내는 화합의 맛

한국 내 대부분의 결혼 이민자 단체는 지금껏 이들의 사회 적응을 중심
으로 프로그램을 운영해왔다. 그런데 최근에는 한 단계 발전된 다양한
시도가 이뤄지고 있다. 그중에 '오가니제이션 요리'는 2007년 하자센
터가 육성한 사회적기업으로 청소년, 여성가장, 이주여성이 중심이 되
어 운영되는 다문화 외식업체다. 오가니제이션 요리는 행사음식 서비
스(케이터링)와 급식업을 운영하는 동시에 레스토랑 운영 및 요리 트레

오가니제이션 요리(www.orgyori.com)

이닝 등을 병행하고 있다. 특히 오가니제이션 요리에 참여한 이주여성들이 고향 음식을 메뉴로 제안하고 새로운 요리 개발에도 앞장서고 있다는 점이 상당한 경쟁력으로 평가받고 있다.

오가니제이션 요리의 가장 큰 특징인 '다문화'가 처음에는 갈등의 주된 원인이 되기도 했다. 초기엔 이주여성을 위해 교육 프로그램을 열심히 준비해 선보였는데, 당사자 중에는 원한 것도 아닌데 왜 교육을 받으라는 건지 이해하지 못하는 사람도 있었다고 한다. 하지만 함께 소통하는 중에 자연스럽게 서로의 문화를 이해하게 되었다. 요리를 주제로하는 사회적기업답게 오가니제이션 요리는 맞춤형 음식 주문 서비스인 케이터링과, 다문화 요리 레스토랑 '오요리', 하자센터의 급식을 맡고 있는 '하모니 식당', 유기농 커피와 수제 음료를 판매하고 바리스타 실습장 역할을 겸하는 카페 '그래서' 등의 외식산업이 주력 분야다.

변형(Transform)

다양한 재료를 둘러 담아 보글보글 끓여 먹는 전골. 그중에서도 부대찌개는 가장 손쉽고 저렴하게 먹을 수 있는 전골 형태의 대중음식이다. '부대찌개'는 한국전쟁 직후 모두가 가난하던 시절, 미군이 주둔하던 의정부, 동두천, 송탄 등지에서 부대의 철망을 몰래 빠져나온 소시지, 햄, 부대고기(미군 부대에서 먹다 남거나 몰래 빼낸 고기) 등이 먹을거리로 큰 인기를 누렸다. 처음에는 전골판에 버터와 소시지, 햄, 양배추, 양파 등을 넣고 볶아서 안주로 팔다가 밥과 함께 먹을 수 있도록 얼큰한 김치와 양념을 추가해 찌개로 끓여냈다. 부대찌개는 미국인이 즐겨 먹는 햄과 소시지를 한국 사람의 입맛에 맞게 창의적으로 변형시킨 음식이라고 할 수 있다.

세상에는 우리가 풀어야 할 사회문제가 여전히 많다. 대규모의 자본을 들여 오랫동안 연구해야 하는 문제도 있지만, '부대찌개의 탄생'처럼 기존에 있는 자원을 적당히 변형하여 해결할 수 있는 문제도 있다. 대단한 기술혁신이나 운영혁신이 아니더라도 창의적인 생각이 맞물려 혁신적인 비즈니스 모델이 탄생하기도 한다.

새너지(Sanergy)—분뇨로 전기를 만들다

세계인구 중 약 26억 명의 사람들이 아직도 제대로 된 화장실을 이용하지 못하고 있다. 이로 말미암아 발생하는 각종 질병으로 매년 170만 명이 목숨을 잃는다. 화장실이 미비하여 발생하는 사회적비용 또한 매년 10조 원에 이른다고 한다. 아프리카 케냐 빈민가에 사는 약 800만 명의 사람이 제대로 된 화장실을 사용하지 못하고 있다. 위생적인 화장실을 만들고 유지하려면 많은 돈이 들 뿐 아니라 소유권이 명확하지 않기에 공공화장실은 제대로 관리가 안 되고 있다.

엠아이티(MIT) 공대 슬로언 비즈니스 스쿨 출신의 데이비드와 친구 두 사람은 이런 사회문제를 해결하고자 새너지(Sanergy)라는 사회적기업을 설립하고 친환경적이고 혁신적인 화장실 비즈니스 모델을 설계했다. 그 운영 방식은 이렇다.

우선 화장실이 없는 지역에서 화장실을 운영할 사람(operator)을 모집한 뒤 위생적인 200불짜리 화장실 모듈을 판매한다. '화장실 운영자'는

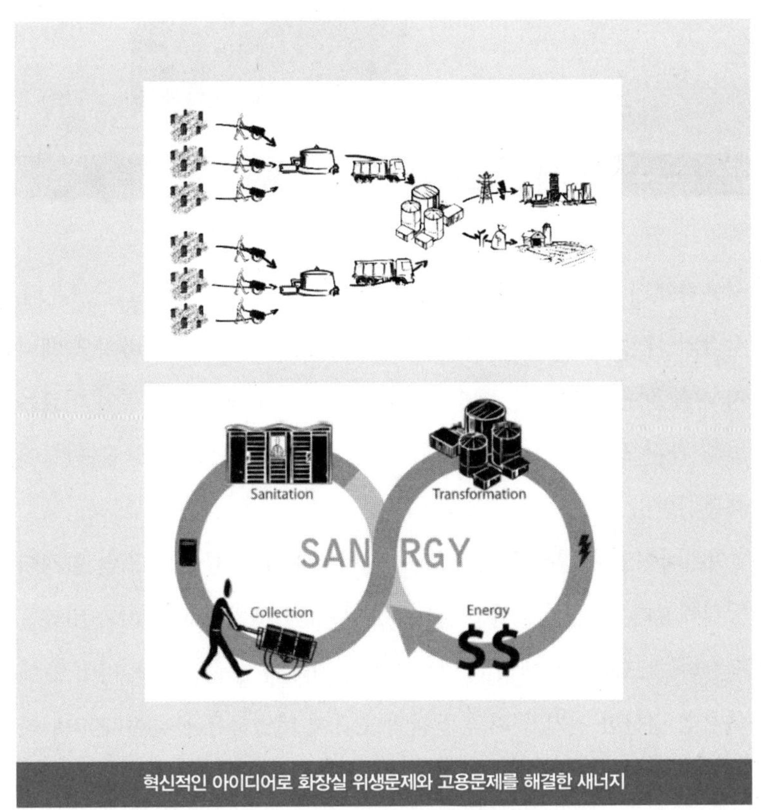

혁신적인 아이디어로 화장실 위생문제와 고용문제를 해결한 새너지

새너지(www.saner.gy)

사용자에게 소정의 이용료를 받고 화장실에서 나오는 분뇨를 모은다. 각각의 화장실 모듈에서 모인 분뇨는 한곳으로 운반되어 바이오 에너지 기술을 활용해 전기로 변환되고, 마지막으로 생산된 양질의 비료는 화훼 관련 회사에 판매한다. 이 수익으로 다시 화장실 모듈을 만들어 재판매한다.

획기적이고 창의적인 화장실 사업 덕분에 우선 슬럼의 주변 환경이 청결해졌다. 또한 화장실을 설치하고, 분뇨를 운반하고, 전기와 비료를 생산하는 모든 과정에서 지역주민의 일자리가 창출되었다. 바이오 에너지로 생산한 전기가 지역 발전에 도움이 되었음은 물론이다. 더럽다며 지나치기 쉬운 화장실 문화를 비즈니스의 관점으로 풀어낸 새너지는 해당 지역의 시장풍토와 자원을 정확히 파악하고 지역주민의 역량을 고려한 프랜차이즈 시스템을 고안하여, 지역의 사회문제를 해결했을 뿐 아니라 사회적 가치와 경제적 가치를 동시에 창출하는 혁신을 이뤄냈다.

에그에너지―자전거로 전기를 배달합니다

아프리카 사하라 남부지역에 거주하는 5억 명의 인구가 전기를 안정적으로 사용하지 못하고 있다. 탄자니아에서 전기가 들어오지 않는 지역의 가정은 보통 한 달에 10달러(평균 수입의 10%)를 석유와 건전지를 구매하는 데 사용한다. 그런데 전기를 쓸 수 없는 3500만 명의 탄자니아인 중 80퍼센트가 전력이 공급되는 곳 5킬로미터 이내에 살고 있다. 가까운 곳까지 전기가 공급되고 있지만 집까지 송전할 인프라가 부족한 셈이다.

에그에너지(Egg-energy)는 이런 사회문제를 해결할 비즈니스 모델을 만들고 실제로 사업을 전개하고 있다. 에그에너지는 재충전이 가능한 휴대용 배터리를 배달하는 시스템을 구축해 탄자니아 사람들이 전기 대용으로 쓰던 에너지 비용보다 훨씬 저렴한 가격에 전기를 사용할 수 있게 만들었다. 에그에너지의 사업 방식은 118쪽 그림을 참고하면 된다.

우리나라에서 엘피지(LPG)가스를 배달하는 것과 같은 방식이다. 에그에너지는 탄자니아 사람들이 전기 대용으로 쓰는 에너지 비용이 월 10달러라는 사실과 대부분의 사람이 전기가 공급되는 근방에 살고 있다는 상황에 주목했다. 그리하여 한 달에 10달러 미만의 비용으로 전기를 공급할 방법으로 자전거나 도보로 운반이 가능한 충전기를 개발하게 된다.

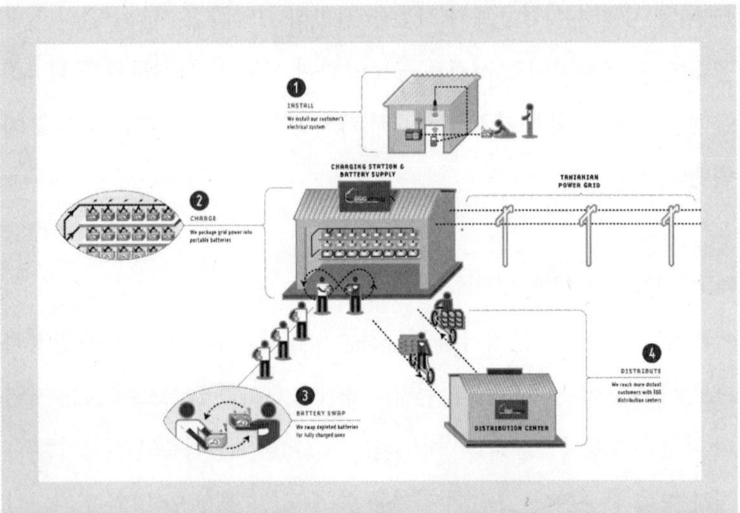

❶ 휴대용 배터리를 사용할 수 있는 전기시설을 집에 설치 ❷ 배터리 충전 ❸ 방전된 배터리 교환
❹ 더 멀리 있는 사람들을 위해 배터리 교환소 설치

에그에너지 (www.egg-energy.com)

에그에너지가 구축한 비즈니스 모델은 초기 설비투자를 제외하면 운영 면에서 외부적인 추가비용이 거의 들지 않는다. 경제적일 뿐 아니라 친환경적인 에너지 공급방식이 탄생된 것이다. 전기와 자전거의 간단한 조합만으로 수십만 가구의 사람들이 전기를 편하게 사용할 수 있게 되었다.

사회적기업의 미래 ⁴

사회적기업을 이끌 트렌드

사회적기업이 세상 곳곳에서 변화를 일으키고 있다. 아쇼카의 빌 드레이튼은 사회적기업의 현장 활동가를 칭송하며 이들을 '변화를 만드는 사람(Change Maker)'이라고 부른다. 그간 사회적기업은 '시장의 실패' '정부의 실패' 때문에 세상에 자리를 잡아갔다. 거시적인 세계경제의 위기가 '사회적기업'이 세상에 출현하는 배경이 된 셈이다. 고용불안과 경기침체, 사회적·경제적 양극화 그리고 환경, 교육, 복지와 연관된 각종 사회적 문제가 드러나면서 사회적기업을 향한 시대적 요구는 점점 더 커지기 시작했다.

2000년대 중반부터 한국 사회에 등장한 사회적기업은 그동안 놀랄 정도로 성장해왔다. 사실 한국처럼 사회적기업의 설립과 운영을 법률적으로 지원하고 정부부처, 지방자치단체, 민간기업이 나서서 육성하는 나라는 흔하지 않다. 그 때문에 한국의 사회적기업은 '정부 주도형 사업' '대기업식 지원 프로그램' 위주라는 비판도 적지 않았다. 무엇보다 한국에서는 '혁신'이라는 핵심이 빠진 채 사회적기업의 무늬만 띤 기업이 속출했다. 일정 요건만 갖추면 중앙정부, 지방자치단체로부터 '사회적기업'으로 인증받아 재정 및 행정적인 지원을 받을 뿐 아니라 언론을 통해 좋은 기업으로 이미지가 포장되는 바람에 정작 사회적기업으로서 갖춰야 할 '혁신'의 요소를 신경 쓰지 않았다. 그동안 한국 사회에서 정부와 언론이 전파한 사회적기업의 개념 때문에 '사회적 약자의 자립을 지원하고 취약계층의 고용을 창출하는 기업' 정도로 인식된 면도 없지 않다. 실제로 사회적기업 제도 도입 초기인 2008~2009년경 보도된 언론 기사를 보면 '고용 창출'에 관한 내용이 대부분을 차지한다.

　사회적기업으로 지정되었던 기업 가운데 적지 않은 수가 정부 지원이 만료되는 3년 후 구조조정을 통해 사업을 축소했다. 인력을 줄이고 시설 투자가 미흡해지면서 전체 매출이 감소해 이 때문에 사업이 위축되는 악순환에 빠졌다. 사회적기업 제도 시행 전부터 우려하던 일들이 현실로 드러나자 그간 일자리 창출의 효자 업종이었던 청소, 택배, 자원 재활용 분야의 사회적기업 인증 및 지원을 꺼리는 분위기마저 조성되었다. 일자리 창출 위주의 사회적기업 육성제도에 따른 사업이 재검토되기 시작하면서 점차 '혁신형' 사회적기업을 주목하는 시대적 분위기가 형성되기 시작했다. 이로 말미암아 한국의 사회적기업은 일자리 창출이 목적인 '루비콘형'에서 사회혁신을 추구하는 '아쇼카형'으로 무게중심이 이동하고 있다. 한국에 필요한 아쇼카형 사회적기업을 이끌 트렌드의 대략적인 내용은 다음과 같다.

- '빈곤탈출'에서 다양한 사회문제로 인식 전환
- 아시아를 섬기고 통일한국을 대비하는 전략

- 개방과 공유를 통한 혁신

- 창의적이고 지속가능한 사회적기업가 양성

- '협동조합'의 시대 도래

- 사회혁신 자본시장 구축

- '상생'하는 '사회적경제 생태계' 조성

다양한 사회문제의 대두

'사람답게 사는 삶'은 사람에게 있는 기본적인 욕구다. 이는 매슬로 (Abraham H. Maslow)의 5단계 욕구설*에도 잘 나타난다. 그는 하위 욕구가 충족되면 사람들은 공동체에서 자신의 영향력을 행사하고 싶은 욕구로 눈을 돌리게 된다고 본다. 사회문제도 이와 다르지 않다. 과거에는 빈곤탈출과 연관된 생리적인 문제가 주를 이뤘으나 사회가 전문화, 고도화되면서 예전에 없거나 인식하지 못했던 다양한 사회문제가 대두하고 있다.

오늘날 한국은 사회 양극화, 환경문제뿐 아니라 세계 1위의 자살률, 학교폭력, 직장 내 스트레스 문제, 가족 간의 대화 단절과 같은 문제를 앓고 있다. 지금까지 문제 발생 후 대응적 성격의 사회적기업이 많았다면 앞으로는 사회문제의 근본적인 원인 중 하나인 공감능력을 키워 문제를 해결해내는 사회적기업이 필요한 시점이다. 그간 환경 분야의 사

• 인간의 욕구를 맨 아래 단계인 생리적 욕구로부터 안전의 욕구, 사회적 욕구, 자기존중의 욕구, 자아실현(自我實現)의 욕구에 이르기까지, 총 다섯 단계로 이루어져 있다고 보는 이론. 사람은 하위 단계의 욕구가 어느 정도 충족되면 다음 단계의 욕구를 추구하게 되며, 이미 충족된 욕구는 인간의 행동을 유발하는 동기 부여의 기능을 갖지 못한다고 본다.

회적기업 역시 주로 폐기물 재활용 분야에 집중되어 있었으나 시대의 변화에 발맞추어 새로운 움직임도 나타나고 있다. 기후변화를 바라보는 대중의 인식이 폭넓어지면서 환경교육, 수질개선, 신재생에너지, 생태복원과 같은 다양한 분야에 집중하는 사회적기업이 생겨나고 있다. 물의 재순환을 이용해 미꾸라지를 양식하는 기업, 소외계층에 태양광 시설을 지원하는 기업, 한번 쓰고 버리는 화환이 아니라 쌀화환 보내기 운동으로 소외계층을 지원하는 기업에 이르기까지 새로운 인식으로 환경과 사회문제를 풀어내려는 움직임이 확대되고 있다.

　현재 한국 사회는 외국인 노동자, 결혼 이민자, 유학생 등 다양한 외국인의 유입으로 급속히 다문화 사회로 전환되고 있다. 국제결혼으로 이주해온 이민자는 2012년 현재 20만 명이고 이들의 자녀가 15만 명이다. 결혼 이민자와 자녀의 수는 매년 크게 증가하고 있다. 외국인 노동자들을 이들과 합치면 한국 내 국제가족은 100만 명을 훌쩍 넘는다. 국민의 2퍼센트가 넘는 외국인이 우리와 함께 살고 있으므로 한국은 다문화 사회를 넘어 다민족 국가가 되어가고 있다고 해도 과언이 아니다. 다문화 시대에 의사소통의 어려움, 문화적 차이 등으로 빚어진 갈등 때문에 가정폭력이나 정신적 스트레스, 가정의 파탄과 같은 사회문제가 빈번히 발생한다. 이제는 세계적 추세인 다문화 감각에 맞추어 이들의 정착과 진로탐색을 도와 안정적인 기반에서 생활할 수 있도록 배려하는 분위기를 장려할 때다. 이외에도 교육, 문화 등의 영역에서 새로운 사회문제가 발생하고 있는 까닭에 이를 해결하고자 노력하는 사회적기업들의 새로운 시도가 끊임없이 일어나고 있다.

아시아를 섬기고 통일한국을 대비하는 전략

우리나라는 일본에 이어 아시아에서 두 번째 공정무역 공여국이다. 식민지배를 받아본 나라 가운데 유일하게 공여국이 된 나라이기도 하다. 한국이 공정무역의 수혜국이 아니라 공여국이라는 사실은 상당한 의미가 있다. 공정무역 공여국 대부분은 서구 선진국이며, 이들 나라는 식민지배를 한 역사가 있다. 영국, 미국, 프랑스, 네덜란드, 독일 등 주요 공정무역 국가의 국민 중 상당수가 과거 식민지배를 받은 나라 사람들의 피폐한 삶의 모습을 잘 알고 있다. 제3세계에 진출한 서구 출신의 사회적기업가들은 자신들의 선조가 만들어놓은 사회적 억압의 쇠사슬을 푸는 역사적 소명을 담당하고 있는지도 모를 일이다.

서구 중심으로 논의되어온 지구촌 빈곤문제의 대안과 사회적기업의 전략을 우리가 무조건 수용하고 따라가기보다는 한국의 역사에서 경험하고 깨달은 바를 적용하여 사회적 가치를 창출해야 한다. 무엇보다도 한국은 아시아 지역에 특별한 관심을 기울여야 한다. 진정한 선진국이 되려면 그에 걸맞은 문화적인 수준을 갖추어야 하는데 우리는 주변국을 향한 배려로 이를 실천할 수 있다. 경제발전의 모범생인 한국은 과거 비슷한 처지에 있던 아시아 저개발국가들의 처지를 방관할 게 아니라 책임의식으로 각 지역의 사회문제를 해결해줌으로써 새로운 희망을 선물해야 한다.

다음으로 한국이 바라봐야 할 곳은 다름 아닌 북한이다. 북한의 식량난, 에너지난, 생필품 부족 등의 사회문제는 사회적기업의 핵심역량으로 해결할 다양한 방법이 있다. 1990년을 전후하여 동유럽 사회주의가 붕괴했을 때 많은 기업가가 동유럽을 새롭게 일으키는 일에 발 벗고 나섰듯이 북한의 심각한 에너지난과 열악한 생활 인프라를 개선하는 일에 앞서 소개한 사회적기업의 적정기술이 대안이 될 수 있다고 본다. 북한 지역의 풍부한 자원을 활용하여 개량된 연탄제조기를 지원하거나 태양광을 이용한 난방기 설치 등의 방법을 생각해볼 수 있다. 북한에서는 일정하지 않은 급수 시간 때문에 많은 가정이 수도꼭지를 열어놓은 상태로 방치하는데, 막상 물이 나오면 준비된 용기를 채우고 넘쳐 비효율적인 낭비 상황이 반복되어왔다. 그래서 이를 방지할 수 있는 기술이 접목된 수도꼭지가 개발되기도 했다. 이와 같은 적정기술 제품을 외부에서 기획, 디자인하되 사회적기업 형태로 현지에 공장을 세워 생산하고 다양한 방법으로 북한 주민에게 보급한다면 하나의 비즈니스 모델로 북한 사회의 변화를 앞당길 수 있지는 않을까? 북한과 관련된 문제를 고민하는 사회적기업가는 분명 통일한국을 대비하는 사람들임에 틀림이 없다.

개방과 공유를 통한 혁신

인터넷과 디지털 기술의 발전은 시간과 장소의 제약에서 벗어나 다양한 목적을 지닌 새로운 집단을 형성하고 '집단지성' 현상을 대중화하고 있다. 디지털 시대의 핵심은 개방과 공유다. 사람들은 소셜 미디어를 통해 타인과의 소통을 강화하고 서로의 생각과 행동을 공유하고 공감한다. 이런 변화는 대중의 의사결정 방식, 소비 방식에도 영향을 미쳐 단순한 소비에 만족하지 않고 정보 및 제품의 생산 주체로 그 역할을 확장해나가고 있다. 변형과 가치를 창출하는 개방형 혁신과 참여를 통한 변화를 잘 보여주는 사례로 미국의 사회적기업 키바(Kiva)가 있다.

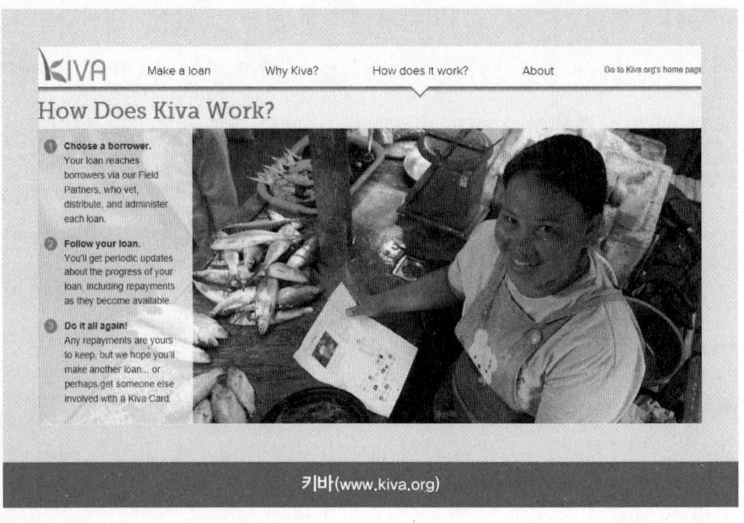

키바(www.kiva.org)

키바는 편리한 온라인 마이크로 파이낸스 회사다. 돈이 필요한 사연, 즉 이야기를 통해 대출의 가부가 결정된다. 이웃주민이 아닌 머나 먼 아프리카 농민에게도 돈을 빌려준다는 점이 이채롭다. 키바는 누리집(홈페이지)에서 대부자(돈을 빌려주는 사람)가 제3세계에 사는 대출자(돈을 빌리는 사람)를 직접 선택하여 돈을 빌려주고 돌려받는 서비스를 제공한다. 참여를 원하는 사람은 키바 누리집에 접속해 돕고 싶은 사람을 선택한 뒤 일정액(계좌당 25달러)을 신용카드로 결제하면 된다. 이 돈은 창업 희망자에게 직접 전달되지 않고 현지에서 활동하는 마이크로크레디트 사업가에게 보내진다. 키바를 통한 후원은 단순한 기부금이 아니라 대출금이며 일정 기간이 지나면 돈을 빌려 쓴 사람은 이를 상환해야 한다.

키바의 설립자인 매트 플래너리(Matt Flannery)는 무하마드 유누스의 활동에 영감을 얻어 인터넷과 소셜 미디어를 활용하는 온라인 마이크로 파이낸스 사업을 구상했다. 키바의 투자자금은 대부분 기부로 충당되는데, 키바의 성공은 돈이 필요한 사람들의 사연과 그들의 꿈에 공감(共感)하는 마음에서 비롯했다. 그렇기에 단 몇 번의 마우스 클릭으로 아프리카의 농민이 '우리'라는 공동체에 들어올 수 있었던 것이다.

키바의 사업 방식은 한국의 '안철수재단'이 벤치마킹하여 '한국형 사회적기업 육성모델'의 기초적인 아이디어가 되었다. 단순히 금전적인 지원으로 끝나는 게 아니라 투자한 기업이 성공하면 투자금을 회수하여 다른 기업에 재투자함으로써 자본금을 유지하면서도 사회적기업의 생태계를 확장해나가는 모델인 셈이다. 한국의 우수한 정보기술 인프라와 인터넷 문화는 개방과 공유를 통해 새로운 가치를 지향하는 사회적기업을 만드는 데 최상의 여건을 제공하고 있다.

창의적이고 지속가능한 사회적기업가 양성

2010년 이후 우리 사회에는 혁신을 추구하는 아쇼카형 사회적기업가를 양성해야 한다는 사회적 공감대가 형성되기 시작했다. 이에 따라 혁신을 가르치는 강좌가 생기고, 몇몇 대학 경영학과에 사회적기업 관련 과목이 개설되었다. 에스케이(SK)그룹은 사회적기업가 경영학 석사과정(MBA) 개설을 위해 카이스트와 손을 잡았다. 스탠퍼드, 하버드, 버클리, 듀크, 와튼, 옥스퍼드 등 세계 유수의 대학 엠비에이(MBA)에는 이미 사회적기업이나 사회혁신과 관련된 전공과목이 개설되어 있다. 경영대학뿐 아니라 디자인, 공학 관련 수업에서도 '사회적~'이라는 이름이 들어가는 교과목을 심심치 않게 볼 수 있다. 아쇼카, 에코잉 그린(Echoing Green)이나 슈왑 재단(Schwab Foundation)과 같은 세계적인 기관들도 사회적기업가를 발굴, 육성하고 사회적기업가들을 위한 네트워크를 구축하기도 하고, 정·재계 주류 인사와 적극적인 교류를 도모하며 사업 확대에 필요한 자원을 집중적으로 지원하고 있다.

한국의 사회적기업 육성책이 단순한 유행에 그치지 않으려면 세계적인 흐름에 충실하면서도 국내 상황에 적합한 프로그램을 개발해야 하고 교육 주체들은 책임의식을 갖고 지속가능하고 창의적인 사회적기업가 프로그램을 만들고 운영해야 한다. 강원도 원주에서 사회적경제 생태계가 꽃피우기까지 30년의 시간이 걸렸듯이 어쩌면 한국에 사회적기업이 뿌리내려 생태계를 이루며 건강한 모델이 형성되기까지 적지 않은 시간이 필요할지도 모른다. 창의적이고 지속가능한 사회적기업가를 인스턴트식 강의 몇 개로 만들어낼 수는 없는 일이다.

'협동조합'의 시대

2012년은 유엔이 정한 '세계협동조합의 해'였다. 한국은 2011년 12월 '협동조합기본법'을 제정하여 한국형 협동조합 시대의 개막을 알렸다. 협동조합은 공동의 소유와 민주적 방식으로 관리되는 조직으로 공통의 경제, 사회 및 문화적 욕구와 열망을 달성하고자 자발적으로 조직된 사람들의 자율적인 공동체다. 이제 과거처럼 성장만 하면 고용이 창출되던 시대는 지나갔다. 중소기업과 지방, 사회복지 서비스 등 그동안 주목하지 못한 분야에서 일자리를 창출해야 하는 상황이다. 조기 은퇴로 내몰린 베이비붐 세대가 자영업 창업에 나서고 있으나 인생 후반전을 제대로 준비하지 못한 창업의 결과는 실로 비참하기만 하다. 매년 우리나라에서 60만 명이 창업하고 58만 명이 폐업한다고 한다. 이런

2009년 유엔은 2012년을 '세계 협동조합의 해'로 지정하는 내용의 결의안을 채택한 다음, 협동조합에 관한 이해를 높이고, 협동조합의 설립과 성장을 돕고, 이를 위한 각 정부의 법제 구축을 유도한다는 세 가지 목표를 내걸었다.

상황에서 협동조합이 하나의 대안으로 떠오르고 있다.

협동조합이 주목받는 까닭은 지속가능한 삶의 필요성 때문이다. 눈부신 기술 진보 덕분에 생활은 편리해지고 소득 수준은 높아졌지만, 사회 양극화와 소득 불균형 등으로 말미암아 빈부격차는 심해지고 사회적 갈등 요인은 점차 증폭되고 있다. 협동조합의 건전성과 경쟁력은 조합원 한 사람 한 사람이 고객이자 출자자라는 소유 구조에서 생겨난다. 유럽에서는 협동조합 은행이 차지하는 비중이 전체 은행의 20퍼센트를 넘어섰다. 소매업계에서는 소비자생활협동조합이 선두 자리에서 빠지지 않는다. 스위스의 미그로(Migros)와 코옵(Coop)이란 두 생협은 업계 1, 2위로 국내 소매시장의 40퍼센트 이상을 점유하고 있고, 이탈리아 등지에서도 생활협동조합들이 예외 없이 소매업 선두권에 올라 있다. 농축산 부문에서는 협동조합이 아예 독점적 지위를 누리고 있다.

한국 사람들은 협동조합을 그리 잘 알지 못하는 상황이지만, 사실 협동조합은 우리 생활 깊숙이 자리해왔다. 농협, 수협은 농업과 수산업에

<table>
<tr><td colspan="2" align="center">협동조합 활성화 가능성이 높은 10대 분야</td></tr>
<tr><td>· 영세상인 및 소상공인</td><td>· 자활공동체, 돌봄사업 등 저소득 취약계층</td></tr>
<tr><td>· 방문교사, 택시기사 등 특수고용직 노동자</td><td>· 초기 자본 동원이 어려운 소규모 청년 창업</td></tr>
<tr><td>· 사회안전망 구축이 필요한 낙후지역 주민</td><td>· 장애인 등 한계노동자들의 노동통합</td></tr>
<tr><td>· 공공성 강화가 요구되는 보건의료, 공동육아</td><td>· 탈시장화를 시도하는 주택, 에너지</td></tr>
<tr><td>· 문화, 예술, 여행, 스포츠 등의 여가활동</td><td>· 생산자·소비자가 결합하는 로컬푸드와 도농교류</td></tr>
</table>

한국협동조합연구소

관련된 협동조합이고, 한국 우유시장의 1위업체인 '서울우유' 역시 협동조합이다. 주요 대학마다 생활협동조합이 조직되어 있고 생산자와 소비자를 연결하는 '한살림' '아이쿱' 같은 협동조합도 있다. 필요에 따라 사람들은 자발적으로 협동조합을 만들고 그 혜택을 누려왔지만, 모든 업종의 일반인이 자연스럽게 조합을 만들 수 있는 제도적인 장치는 부재했다. 그런데 협동조합기본법이 제정되어 이제 다양한 부분에서 협동조합 붐이 일어날 수 있는 분위기가 조성되었다. 5명 이상의 조합원이 공동 출자하여 대체에너지, 돌봄, 건축 등 다양한 분야에서 협동조합을 만들 수 있는 여건이 마련되었기 때문이다. 바야흐로 한국은 협동조합 중심의 사회적경제 생태계로 진입하고 있다.

사회혁신 자본시장 구축

2003년 마케팅 사업가 켈소 그레코(Celso Grecco)의 제안으로 브라질에 처음으로 '사회적 증권거래소'가 개설되었다. 상파울로의 증권거래소인 보베스파의 누리집에 자선사업 거래 공간을 만들고, 지원금이 필요한 자선단체를 엄선하여 사회복지에 관심 있는 투자자들을 연결해주자는 취지였다. 사회적 증권거래소는 주식을 상장하여 자유롭게 거래하는 곳이지만, 상장된 기업은 비영리단체나 사회적기업이고 기업의 지분을 사거나 경영의 직접적 참여 혹은 현금 배당과 같은 행위는 일어나지 않는다. 여기에 투자하는 사람들은 사회적기업의 투명한 경영을 지켜볼 수 있다는 점에서 일종의 명예 주식인 '사회적 주식(Social Shares)'을 사는 셈이다. 각종 사회 및 환경 프로젝트를 수행하는 비영리단체가 용이하게 자금을 모을 수 있도록 하기 위해 탄생한 브라질의 사회적 증권거래소 덕분에 어려움을 겪던 많은 비영리단체가 자신들의 가치를 알려 투자자금을 유치할 새로운 기회가 창출되었다.

현재 한국에서도 '사회적 증권거래소' 신설, '사회혁신채권' 발행과 같은 논의가 일어나는 중이다. 사회혁신을 위한 자본시장의 형성은 자금 조달에 어려움을 겪는 사회적기업이 자립 기반을 갖추는 데 도움이 된다는 점에서 긍정적인 면이 있다. 이는 사회적기업의 설립 목적과도 부합한다. 현재 우리 사회에는 노동부 인증 사회적기업뿐 아니라 각 지방자치단체나 대기업이 사회공헌 차원에서 지원하는 사회적기업, 마을기업, 협동조합 등 사회적경제권에 속하는 기업의 수가 수천 개에 이른다. 이들 기업이 제공하는 사회서비스 수혜자 중 취약계층은 전체의 70퍼센트 수준으로 파악되고 있다. 사회적 가치가 큰 사업을 하는 만큼 기업이 안정적으로 자금을 조달받고 자립할 수 있는 인프라 구축이 시급하다.

우리는 과거 정부의 재정 지원에 의존하는 사회적기업의 폐해를 누구보다 잘 알고 있다. 따라서 장기적 안목으로 사회적 자본시장에서 활동하는 다양한 자금 공급 주체가 엄정하게 평가하여 자금을 조달해주는 시스템 속에서 사회적경제 생태계를 발전시킬 필요가 있다. 사회적 자본시장을 형성하는 방법에는, 크게 사회적기업이 상장될 수 있는 증권시장을 만들거나, 간접투자 방식으로 펀드를 조성하는 길이 있다. 증시에 사회적기업이 상장된다면 자금 조달에 숨통이 트일 것이고 또한 증시에 상장된 사회적기업은 적절한 이윤을 추구하면서도 재무적인 안정과 공익적 효과를 지속할 수 있을 것으로 본다.

상생을 위한 사회적경제 생태계

사회적기업이 지속가능한 발전을 이루기 위해서는 외부 자금 지원에 의존하기보다는 핵심역량을 강화하여 자립하고 성장하는 여건을 마련하는 일이 더 중요하다. 기업이 자립하고 성장하는 데 필요한 여건은

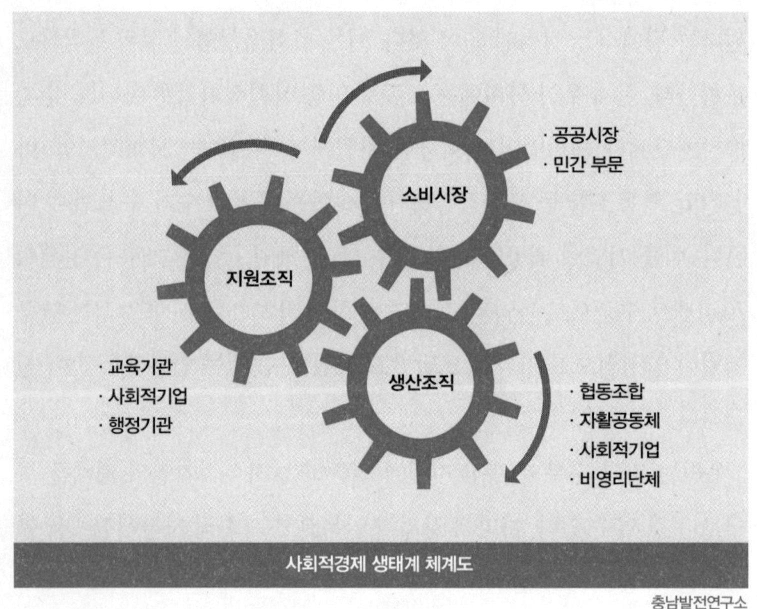

사회적경제 생태계 체계도

충남발전연구소

단순한 생산 시스템의 개선 또는 마케팅 지원만을 의미하지 않는다. 정부, 기업, 사회가 힘을 합쳐 효과적으로 문제를 해결해나가는 과정이 무엇보다 중요하다.

1984년에 설립된 프랑스의 사회적기업 에스오에스(SOS)그룹은 7000명의 직원이 매년 8000억 원의 매출을 올린다. 이 그룹은 34개의 자회사가 있고, 프랑스와 해외에서 270개의 비영리단체를 운영 중이다. 빈곤층을 대상으로 한 병원 5곳을 운영하고, 매일 2000명의 노숙자에게 거주공간을 제공한다. 전과자나 장애인, 마약 중독자들을 2년간 사회적기업에서 고용하여 훈련한 후 일반 기업으로 재취업시키는 일도 진행한다. 고용노동부의 지원을 받아도 생존하기가 버거운 우리나라의 사회적기업과 비교하면 놀라운 성과를 내고 있다. 이 그룹 자체의 경쟁력을 간과해선 안 되지만, 다양한 사회적 주체가 협업하여 새로운 사회적경제 생태계를 이루고 있다는 데 특히 주목해야 한다.

한국에서도 이러한 변화의 움직임이 포착되고 있다. 2012년에 협력과 공생 발전이 약했던 기업과 사회, 그리고 공공부문 간에 중간다리 역할을 하는 회사 미스크(MYSC, Merry Year Social Company)가 창업했다. 미스크가 도입하려는 사회혁신 모델은 민간기업과 정부, 시민사회가 협력하여 중대한 사회적 문제를 해결하기 위해 비즈니스를 활용하는 것이다. 그 대상은 경제적, 사회적 소외를 유발하는 보건, 주거, 교육, 고용의 불균형을 모두 아우른다. 이를 위해 미스크는 50억 원 이상 규모의 비상장 영리사업을 사회혁신 기업으로 전환하는 사업계획을 갖고 있다. 소규모의 사회적기업의 창업과 컨설팅이 아닌 '사회혁신 대기업'을 만들어 '사회혁신 생태계'를 새롭게 구축하겠다는 전략이다. 대부분 10억 미만 규모의 사업으로 정체된 한국의 사회적기업들만으로는 지속가능한 사회혁신 생태계를 구축하기 어려운 상황에서 '규모의 성장'을 이루는 선의의 벤치마크를 제공하고 이들의 시도를 지원하고 돕는 경쟁력 있는 사회혁신 생태계를 구축하겠다는 새로운 시도가 움트고 있어 귀추가 주목된다.

사회적기업, 무엇보다 '혁신'이 중요하다

사회적기업도 엄연한 '기업'이다. 따라서 여느 기업과 마찬가지로 혁신적 기업가 정신, 전략적 사고, 효율성, 고객지향, 목표 성과관리, 효율적 조직관리, 시장개척, 자본조달 등의 경영원리에 따라 사업을 운영해야 한다. 만일 사회적기업이 외부 지원금에 전적으로 의존한다면 '무늬'는 사회적기업일지 모르나 그 '영혼'은 사회적기업이 아니다. 사회적기업은 사회적 가치 창출이라는 원칙에 충실해야 하지만, 기업으로서 생존과 성장에 실패한다면 본연의 목적 또한 위협받을 수밖에 없다.

　한국의 사회적 현실 속에서 각종 문제 해결의 대안으로 '사회적기업'이 주목을 받았지만, 정작 지속가능성을 확보하지 못해 오히려 사회적 문제가 되어 버린 기업이 한둘이 아니다. 사회적기업이 추구하는 경제적 가치란 기업이 만든 상품과 서비스의 이야기를 팔아 유지하는 것이다. 결국 그 '스토리'가 사회적 가치다. 사회적기업이 추구하는 사회적 가치와 경제적 가치 사이의 갈등을 새로운 아이디어로 해결하는 일은 사회적기업가의 숙명이다. 이를 위해서 때로 기존의 틀에서 벗어난 '혁신'이 필요하다. 근래 혁신이라는 말을 빼고서는 사회적기업을 설립하기가 어려워졌다. 일자리 창출을 위주로 하는 '루비콘형'보다 사회혁신을 추구하는 '아쇼카형' 사회적기업이 더 필요하다는 사회적 인식이 확산되었기 때문이다. 요즘 사회적기업 창업경진대회에서도 혁신성을 중요하게 여긴다.

　그렇다면 과연 혁신은 어디에서 나올까? 혁신은 바로 문제에 대한 끊임없는 탐구와 '타인과의 연결(connection with others)'에서 나온다. 영국에서 산업혁명이 발생한 시기와 커피를 파는 카페가 생긴 시기가 얼추 비슷하다. 술 대신 카페에서 커피와 차를 마시며 다양한 배경과 지식을 가진 사람들이 이야기를 나누는 데서 혁신이 일어났고, 이것이 국가 전체의 산업혁명으로 나타났다는 견해를 표방하는 이들도 있다. 우리 시대에 혁신의 아이콘이 된 스티브 잡스의 경우 '타인과의 연결'이라는 측면에서 다소 거리가 있어 보이긴 해도 사실상 애플이 이뤄낸 혁신을 깊이 들여다보면 다른 회사의 아이디어를 차용한 것이 많았음을 알 수 있다.

　경제적 가치 창출과 더불어 공익을 생각하고 사회혁신을 꿈꾸는 사회적기업가라면 모름지기 세상을 향해 열린 '사고(思考)'를 해야 한다. 그리고 자신의 상황을 즐겨야 한다. 《논어》를 보면 '아는 사람은 좋아하는 사람만 못하고(知之者不如好之者), 좋아하는 사람은 즐기는 사람만 못하다(好之者不如樂之者)'고 하지 않았는가? 시장에 잘 맞는 제품을 효율적으로 만드는 기업가는 '아는 사람(知之者)'이다. 하지만 세상을 바꾸는 진정한 혁신가는 자신의 일을 '좋아하는 사람(好之者)'이요, '즐기는 사람(樂之者)'이다. 세상을 바꾸려면 끊임없이 타인의 말에 귀를 기울이고 자신의 이야기를 하면서 배우고 즐겨야 한다. 이것이 가장 확실하게 혁신을 이루어가는 방법이다. 이러한 점에서 사회적기업가는 곧 이 모든 것을 즐기는 사회혁신가다.

4

기업사회혁신,
경영의 새로운 흐름

시대의 요청에 부응하기

기업은 '이윤' 그 이상을 추구해야 한다

조선시대 국경지대에서 최초로 인삼무역권을 독점하여 천재적인 상업 수완을 발휘한 실존 인물 임상옥(林尙沃, 1779~1855)을 다룬 최인호의 소설 《상도(商道)》는 출간과 함께 큰 인기를 얻어 텔레비전 드라마로 제작되기도 했다. 이 소설에서 임상옥에게 사업을 가르친 스승 홍득주는 '장사란 무엇인가?'라는 질문에 이렇게 답한다.

"장사란 돈을 벌기 위한 것이 아니라 사람을 얻기 위한 것이다. 장사란 이윤을 남기기 위한 것이 아니라 사람을 남기기 위한 것이다."

한국 사람들이 상인의 이야기를 다룬 소설 《상도》에 열광한 이유는 무엇이었을까? 아마도 원칙을 지키고 가치를 중요시하는 임상옥이라는 인물이 그려내는 '상인의 길'에서 큰 교훈을 얻었기 때문일 것이다. 대학교 '경영학원론' 수업에서 학생들에게 기업의 존재 이유가 무엇이

냐고 물으면 천편일률적으로 '이윤 창출'이라는 대답이 돌아왔다. 물론 다른 답변을 하는 학생들도 있다. 사회 양극화, 사회적 불평등 같은 문제가 언론을 통해 사람들에게 회자하면서 '지속가능경영을 위해서'라거나 '사회적 책임을 다하기 위해서'라는 식으로 대답하는 학생도 제법 생겨났다.

오늘날 우리 사회에서 기업의 존재 이유에 관해 본질적인 물음을 던지는 일이 과거에 비해 많아졌다. 기업이란 과연 무엇인가? 쉬운 것 같지만 어려운 질문이다. 가치판단이 포함된 질문이기 때문이다. 일반적으로 '기업관'은 이익 극대화에 기초를 둔 주주 중심의 이론(stockholder theory)과 기업의 이해관계자의 이해를 극대화하는 이해관계자 이론(stakeholder theory)으로 크게 양분된다. 기업의 이해관계자란 주주, 기업주, 경영자, 종업원, 고객, 노동조합, 경쟁사, 지역주민, 정부, 소비자 단체 등 기업과 이해관계를 공유하는 주체를 말한다. 이해관계자의 이해가 상충하지 않는다면 경영은 별로 어려운 문제가 아니다. 하지만 현실적으로 기업을 둘러싼 대부분의 문제가 이해관계의 충돌에서 발생한다. 그러니 노사문제, 소비자 문제, 환경문제, 고용문제 등을 종합적으로 풀어내는 기업경영은 어쩌면 과학(science)보다는 예술(art)에 더 가까울지도 모를 일이다.

2012년 1월 다보스 세계경제포럼 개막을 앞두고 딜로이트 컨설팅은 전 세계 최고경영자 390명을 대상으로 설문조사를 시행했다. '기업가치의 평가기준'을 묻는 질문에 응답자의 76퍼센트가 '기업의 가치는 비즈니스의 핵심 활동을 통해서 긍정적인 사회기여 및 기업 이윤으로 평가해야 한다'고 답했다. '기업 가치를 결정하는 유일한 기준은 기업의 외형과 이윤의 크기'라는 세간의 통념과는 거리가 있는 답변이었다.

이와 함께 응답자 대부분은 자신이 이끄는 회사가 영업 등의 경영활동으로 실제로 사회에 의미 있는 기여를 하고 있다고 믿고 있었다.

기업인으로서 가장 중요하게 생각하는 단어가 무엇인지를 묻는 질문에 '수익 창출'이라는 답변이 가장 많았고, '사회' '고용' '혁신' '책임' '지속가능' 등이 그 뒤를 이었다. 경영자가 갖춰야 할 자질로는 미래의 기회와 도전에 대한 통찰력(45%), 변화관리능력(38%)이 1, 2위를 차지했고, 넓은 의미의 기업 목적에 대한 소통, 이윤보다 넓은 경영 시각, 지구촌을 위한 기여와 같이 기업의 사회적 목적과 관련된 항목이 뒤따르며 폭넓은 지지를 받았다.

눈여겨볼 만한 답변은 기업의 사회적 역할에 관한 기대에서도 나타났다. 사회적으로 중요한 과제를 해결할 중요한 주체로 기업이 정부 및 정당과 거의 같은 수준으로 인식되고 있었다. 미국과 아시아·태평양 지역에서는 기업이 정부 부문보다 더 높은 지지를 받고 있었다. 과거 열심히 돈을 벌어 이해관계자들의 주머니를 두둑하게 해주는 것으로 기업의 할 일이 끝났다면, 이제는 기업이 이를 넘어 사회적으로 중요한 역할을 맡아주기를 기대하는 시대가 도래했다. 딜로이트의 조사는 기업이 지향해야 할 가치와 평가기준, 기업에 관한 사회적 기대 등 본질적인 영역에서 시사하는 바가 크다.

사회적 책임을 다한 기업의 사례

18세기 중엽 영국에서 시작된 산업혁명의 여파로 발생한 소외계층을 향한 관심과 이 문제를 해결할 대안을 찾고자 하는 움직임은 주로 노동운동가, 지식인을 주축으로 이루어졌다. 19세기 후반에 이르러 평행선을 달리던 기업가(자본가)-노동자 사이의 대립과 갈등 관계에도 조금씩 변화가 찾아왔다. 자본가와 노동자는 모두 기업이라는 울타리 안에 있는 운명공동체이고, 기업은 사회의 일원으로서 그 책임과 역할을 해야 한다고 생각하는 기업가들이 등장하기 시작했다. 눈앞의 이익만 좇는 근시안적인 생각에서 벗어나 사회라는 공동체 안에서 기업을 보기 시작한 것이다. 전문적인 용어를 쓰자면, '기업의 사회공헌' '기업의 사회적 책임' 같은 개념이 이때부터 시작되었다.

　기업의 사회적 책임을 다한 기업과 기업가는 셀 수 없이 많지만, 여기서는 영국의 초콜릿 명가 캐드버리 가문, '철강왕'으로 잘 알려진 미국의 대부호 카네기, 한국에서 존경받는 기업인 유일한의 사례를 간략히 소개하고자 한다.

노동자의 복지 향상에 힘쓴 초콜릿 명가, 캐드버리 가문

캐드버리(Cadbury)는 미국의 허쉬(Hershey)와 더불어 양대 초콜릿 브랜드로 손꼽힌다. 퀘이커 교도에 의해 시작된 캐드버리는 차와 커피 무역

영국 철도를 대상으로 한 캐드버리의 광고

을 주사업으로 하였으나 열대식물인 코코아에서 새로운 사업의 가능성을 발견한 뒤 코코아 음료, 초콜릿 가공식품 등으로 사업 영역을 확장했다. 설립자 존 캐드버리(John Cadbury)의 아들 조지 캐드버리(George Cadbury, 1839~1922)는 1861년 아버지의 사업체를 이어받아 코코아 · 초콜릿 제조회사인 '캐드버리 브러더스'로 크게 번창시켰다. 사회개혁가이기도 한 그는 노동자를 위해 작업 환경 개선, 주택 공급, 도시 계획 등을 시험적으로 시도했다. 1879년 조지 캐드버리 형제는 산업 도시인 버밍엄에서 전원 지역인 우스터셔로 그들의 회사를 옮기고 '본빌(Bournville)'이라고 불렀다. 본빌에서 그들은 사립 사회보장제도를 도입하는 한편 작업 환경을 당대 최고의 수준으로 개선했다.

사회 환원으로 제2의 인생을 산 철강왕, 앤드류 카네기

1835년 영국 스코틀랜드에서 태어난 앤드류 카네기(Andrew Carnegie)는 아버지의 실직으로 열세 살 때 새로운 기회를 찾아 가족과 함께 미국으로 이주했다. 피츠버그에 정착한 그는 전신국과 철도회사 등에서 일하며 사회를 경험하고 새로운 세상을 향한 꿈을 키우기 시작했다. 침대차 사업과 석유사업 등에 투자하며 사업을 익힌 그는 제철 사업에 지대한 관심을 보이며 1892년에 카네기철강회사를 만들었다. 회사는 발전을 거듭하여 미국 철강 생산의 4분의 1 이상을 차지했다. 이후 1901년 카네기는 모건(J. P. Morgan)계의 제강회사와 합병하여 미국 철강 시장의 65퍼센트를 지배하는 유에스스틸(U. S. Steel)을 탄생시켰다. 이 합병을 계기로 카네기는 사업에서 손을 떼고 교육과 문화 사업에 몰두하면서 제2의 경영자적 인생을 살기 시작한다.

그는 최초로 지도층의 의무(Nobless Oblige)를 기업 운영에 접목하여

시대를 앞서간 경영자가 되었다. '돈 벌기'에 급급한 부정적인 이미지의 자본가에서 자신의 부(富)를 사회에 환원하는 존경할 만한 경영자로 거듭난 것이다. 카네기는 3억 달러 이상의 재산을 사회에 환원했다. 사회적, 문화적, 인도적 견지에서 교육 및 학술연구의 진흥, 그리고 사회봉사 활동을 위해 2억 3600만 달러에 달하는 기금을 신탁해 카네기재단을 설립했다. 카네기는 《부의 복음(The Gospel of Wealth)》이라는 저서에서 부자들은 가난한 사람과 사회를 위해 돈을 써야 한다는 철학을 이야기했다. 그는 인생에 돈을 버는 시기와 돈을 나누는 시기가 있다고 했는데, 자신의 인생철학에 따라 제2의 인생을 아름답게 이루었다.

기업의 사회적 책임을 실천한 유한양행의 설립자, 유일한

유일한(柳一韓, 1895~1971)은 서양 문물에 눈뜬 아버지의 영향으로 1904년 9살에 미국으로 유학을 떠났다. 미국 네브래스카 주에서 초중고 시절을 보내고 미시건 주립대학교 상과계열에 입학한 그는 학비를 조달하기 위해 아르바이트로 무역업을 하던 중 국내의 삼일운동 소식을 알게 되었다. 1919년 4월, 독립운동 후원과 대한민국임시정부 수립 선전을 목적으로 미국 동부 필라델피아에서 '한인자유대회'를 개최하게 되었을 때, 대학 4학년생이었던 유일한은 재미 한국인 대표 자격으로 이 대회에 참여하게 된다. 대회에서 반포될 〈한국 국민의 목적과 열망을 석명(釋明)하는 결의문〉 초안 작성에 참여한 유일한은 이후 평생토록 그 내용을 실천하는 삶을 살았다.

1926년 동포의 절실한 필요를 채운다는 뜻으로 서울에 유한양행을

"기업의 소유주는 사회다. 단지 그 관리를 개인이 할 뿐이다." — 유일한

설립했다. 그간 미국에서 의약품을 전적으로 수입하던 유한양행은 1933년에 국내 기술로 '안티푸라민'을 개발하여 첫 제품으로 삼는 개가를 올렸다. 1970년에 유한재단을 설립한 유일한은 직업교육기관인 유한공업고등학교와 유한공업전문대학을 세웠다. 1971년 별세하기 전, 그는 1만 달러를 손녀의 학자금으로 사용하게 하고 나머지 전 재산을 '한국 사회 및 교육원조 신탁기금'에 기증한다는 유지를 남겼다. 낡은 구두와 아끼던 몇 벌의 양복이 그가 세상에 남긴 마지막 유품이었다. 유일한은 기업에서 얻은 이익은 그 기업을 키워준 사회로 환원해야 한다는 신념을 철저히 실천한 기업인이자 한국 사회공헌의 진정한 선구자였다.

기업의 사회적 책임

영국의 기업인 조지 캐드버리, 미국의 기업인 앤드류 카네기, 한국의 기업인 유일한. 이들은 살다간 시대와 장소는 달랐지만 공통된 가치를 추구했다. 각자 사업으로 이룩한 부를 기부 또는 공익재단 설립, 병원이나 학교 같은 공공시설 건립의 형태로 사회에 환원했다. 19세기 말부터 영국과 미국의 기업가들에 의해 시작된 기업의 사회공헌활동은 전 세계 기업인에게로 확대되었다. 1970년대 중반 이후부터는 기부 형태의 사회공헌을 넘어 환경과 사회를 고려하여 기업을 경영하는 '기업의 사회적 책임' 개념이 확산되기 시작했다.

과거 밀턴 프리드먼 같은 주류 경제학자들은 기업의 역할은 돈을 버는 것이라며 기업의 사회적 활동에 비판적 견해를 보이기도 했다. 오랫동안 자본주의 경제구조에서 기업의 제일 목표는 이윤 창출이었다. 그

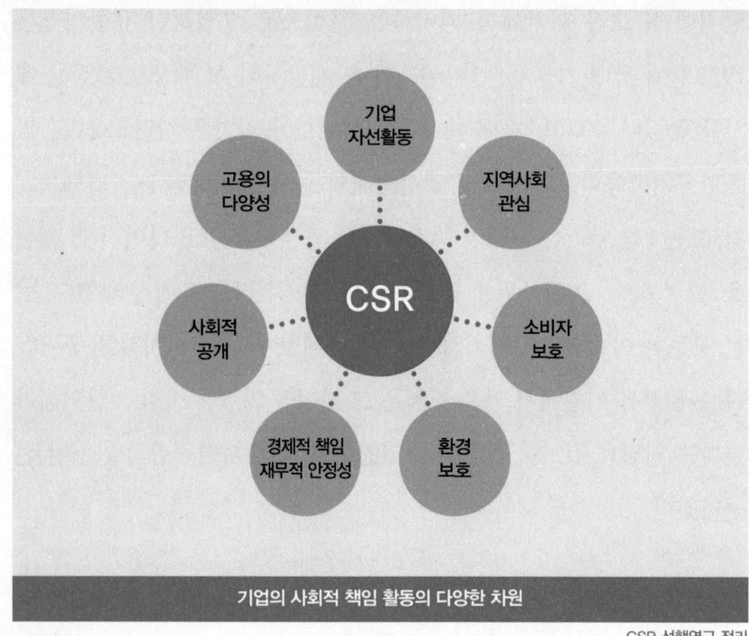

CSR 선행연구 정리

래야 계속해서 더 좋은 제품과 서비스를 만들어 소비자의 삶을 윤택하게 하고 지속적으로 고용을 창출하며 많은 세금을 납부할 수 있다고 보기 때문이다. 기업의 활동 결과도 수입에서 비용을 제외한 수익으로 평가되기 때문에 기업 지분을 가진 주주를 만족시키기 위해 오로지 수익을 극대화하는 경영전략만이 채택되었다.

하지만 그 결과 각종 사회적인 부작용을 양산하는 결과를 낳았다. 산업이 발달하고 금융이 활성화되면서 경제는 성장했으나 그 열매를 소수의 기업가와 자본가가 가져갔기 때문이다. 자본주의의 속성을 제대로 알지 못하는 이들은 기업이 지역사회에 들어오면 일자리를 창출해 공동체에 도움이 된다고 생각한다. 그러나 사회적 책임을 지지 않는 기업은 규모가 커지면 공장 자동화로 고용을 줄이거나 치열한 경쟁을 피해 인건비가 싼 외국으로 생산지를 옮겨버린다. 이 때문에 기업이 성공하면 경영자들만 큰돈을 벌 뿐 지역의 노동자들은 오히려 일자리를 잃는 위기에 처하기도 한다.

경제 위기가 닥칠 때면 국민의 세금이 들어간 공적자금으로 거대한 은행과 기업들은 되살아나지만, 정작 노동자이자 소비자인 국민이 실업과 물가상승의 압박으로 고통을 받는 현실을 반복해서 경험하면서 이제는 기업도 사회 구성원으로서 그 책임을 다해야 한다는 논리가 설득력을 얻기 시작했다. 이런 사회의 요구를 반영하여 기업들도 서서히 공익사업에 관심을 기울이기 시작했다.

전 세계적으로 경제적 불평등이 심화되고 사회적 양극화의 골이 깊어지면서 기업에 사회적 책임을 요구하는 대중의 요구는 점점 더 거세지고 있다. 2011년 9월 17일 미국 사회의 경제 불안과 빈부격차 심화, 금융기관의 부도덕성에 반발하며 1000여 명의 시위대가 뉴욕 맨해튼 주코티 공원에서 "월가를 점거하라(Occupy Wall Street)"는 구호를 외치며 시작된 시위는 이를 상징적으로 보여준 일대 사건이었다. 신자본주의의 문제점에 경종을 울린 이 시위는 이후 보스턴, 새애틀, 로스앤젤레스, 워싱턴 디시 등 미국의 주요 도시로 번져나가며 점차 그 규모가 커졌으며 전 세계에서 유사한 시위가 이어지는 파급 효과를 낳았다.

2

기업사회참여의 질적 변화

'물 부족' 문제는 인권의 측면에서 접근해야 한다

2012년 아카데미 영화상 애니메이션 부문은 카멜레온의 모험담을 통해 물의 소중함을 그려낸 〈랭고〉라는 작품이 수상했다. 영화배우 조니 뎁이 주인공 '랭고'의 목소리 연기를 맡아 화제가 되기도 했다. 애니메이션 〈랭고〉는 사육장에서 안락한 삶을 누리고 있던 카멜레온 랭고가 물 한 방울 없는 황량한 모하비 사막에 떨어지는 설정으로 시작한다. 사막에서 물을 찾아 헤매던 랭고는 '흙먼지 마을'로 향한다. 물이 돈처럼 귀하게 쓰이는 흙먼지 마을은 몇 달간의 가뭄 때문에 모든 주민이 무척 힘들어 하고 있었다. 랭고는 우연히 사막의 무법자 붉은꼬리매를 죽여 얼떨결에 마을의 영웅이 되는데, 제한적 급수로 자신의 욕심을 채우던 음흉한 시장은 랭고를 흙먼지 마을의 허수아비 보안관으로 임명해서 이용하려고 한다. 그러던 어느 날, 마을의 금고에서 보관하던 소중한 물병이 사라지는 사건이 발생한다. 과학수사대를 조직해 범인을 찾으러 나선 랭고는 그동안 시장이 물을 관리하면서 빼돌려왔다는 사실을 알게 된다. 시장이 평소 자신 있게 '물을 지배하면 모든 것을 지배할 수 있다!'고 이야기한 까닭이 있었던 셈이다. 이후 이런저런 어려움을 겪지만, 랭고는 결국 시장을 물리치고 잠겨 있던 수도관을 열어 흙먼지 마을에 물을 공급한다. 물이 풍족해진 마을은 '진흙 마을'로 이름을 바꾸고, 랭고는 마을의 영원한 보안관이 되어 위기에 처한 사람들을 위해 일한다.

영화 〈랭고〉가 던지는 메시지는 간단하지만 의미심장하다. '물은 사람이 기본적으로 누려야 할 인권'이라는 의미를 담고 있기 때문이다. 물 부족으로 힘든 일상을 사는 이들이 세계 도처에 있다. 한국에선 수도꼭지만 틀면 물이 콸콸 쏟아지지만, 어떤 이들에게 물은 생존을 위해 쟁취해야 하는 소중한 자원이다.

아프리카 케냐의 수도 나이로비에는 절반의 인구가 '키베라'라는 슬럼에 산다. 나이로비 상수도위원회의 2009년 조사 결과를 보면 키베라 거주지 중 화장실이 있는 가정의 비율은 24퍼센트에 불과했다. 나머지 사람들은 오전 8시부터 밤 10시까지 운영되는 공중화장실을 사용해야 하는데, 이용료로 한 번에 2~5케냐실링(약 30~70원)을 내야 하는 기막힌 현실이 가난한 사람의 삶을 옥죄고 있다. 그런데 키베라 사람들의 집에 화장실이 없는 상황은 단순한 '불편함'에 그치지 않는다. 대부분 화장실 한번 가려면 15분을 걸어야 하고, 치안이 불안한 상황이어서 여성들로서는 늦은 밤 화장실에 가려면 언제 어디서 일어날지 모르는 성폭력의 위험마저 감수해야 한다. 물 부족 문제가 공동체와 사회에 얼마나 큰 위협 요인으로 작용하는지 여실히 드러난다.

깨끗한 물을 구하기 어려운 상황은 가뜩이나 빈곤한 사람들의 삶을 더욱 피폐하게 한다. 안전하지 않은 식수는 배탈부터 콜레라까지 각종 질병을 유발한다. 병에 걸리면 비싼 치료비가 빈곤한 가정의 생계를 위협하기도 한다. 아픈 아이들은 학교에 가기 힘들고, 제대로 씻지 못해 냄새가 난다며 따돌림을 당해 학교 가기를 포기하는 아이들도 있다. 집 안에 화장실만 갖춰져 있어도 많은 케냐 여성이 성폭력의 위험에 노출될 일은 크게 줄어들 것이다. 물이 부족해 화장실과 세면시설 같은 기본적인 위생환경조차 갖춰지지 않은 곳에서 인간이 존엄한 삶을 영위하기란 어려운 일이다. 이렇듯 '물 부족'은 단순한 사회문제로 넘길 일이 아니다. 사람이 살아가는 데 꼭 필요한 인권의 시각에서 바라볼 문제이기 때문이다.

물 부족 해결 활동으로 살펴보는 '기업사회혁신'

오래 전부터 국제기구, 비정부기구 등은 지역의 물 부족 문제를 해결하고자 끊임없이 노력을 기울여왔다. 물 부족 국가에 진출한 많은 기업도 이런 문제의 해결을 위해 단기적인 활동에서 장기적인 해결 전략에 이르기까지 다양한 노력을 기울이고 있다.

물 부족 문제를 해결하는 가장 기초적인 방안은 자원봉사 형식으로 생수를 긷는 사업이다. 그다음 단계는 물 부족으로 어려움에 처한 현지에 직접 생수를 지원하는 방안이다. 우리나라의 경우 한국수자원공사가 사업 성격에 맞춰 해외의 물 부족 국가로 생수 지원 사업을 전개하고 있다. 그런데 이런 생수 지원 사업이 기업의 사회공헌 마케팅과 연계되기도 한다. 시제이(CJ)제일제당과 비지에프(BGF)리테일(편의점 시유CU)은 '미네워터 바코드롭(Barcodrop) 캠페인'을 펼치고 있다. '바코드롭'이란 물방울 모양의 기부용 바코드를 의미한다. 기부를 희망하는

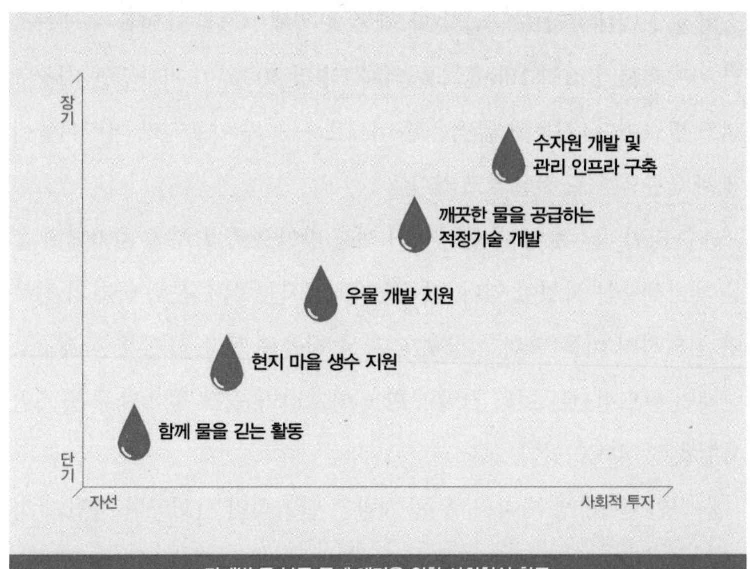

단계별 물 부족 문제 해결을 위한 사회혁신 활동

조희재 외, 《CEO 인포메이션》(제809호), 삼성경제연구소(2011. 6)

미네워터 바코드롭 캠페인

소비자가 미네워터를 구입할 때 제품 가격에 100원을 덧붙여 계산하면 판매회사가 각각 100원씩을 더해 1병당 300원이 기부되는 매칭그랜트 방식이다. 기부된 금액은 유니세프를 통해 아프리카 어린이들에게 깨끗한 식수로 전달되고 있다.

생수 지원 방식보다 더 근본적인 해결 방안으로 물 부족 지역에 우물을 개발해주는 사업이 있다. 한국수자원공사는 식수 부족 국가의 정부와 협의하여 마을 단위로 상수도 시설 개발을 돕고 있으며, 국제구호단체인 월드비전은 여러 기업과 함께 아프리카, 콩고 등에서 우물 개발 사업을 진행하고 있다.

물 긷기 봉사, 생수 지원, 우물 개발은 단기적인 사회공헌 사업의 성격을 띤다. '물의 양'에 초점을 맞춘 방법이어서 혜택이 미치는 범위도 협소하다. 하지만 물 부족 문제를 일상생활의 변화라는 질적 접근법으로 해결을 모색하는 혁신적인 방안도 있다. 이를 위해 '적정기술'이 활용된다. '큐드럼(Q Drum)'은 식수로 필요한 물을 먼 곳까지 쉽게 운반할 수 있는 물통이다. 식수원이 멀리 떨어진 아프리카 시골 지역 주민

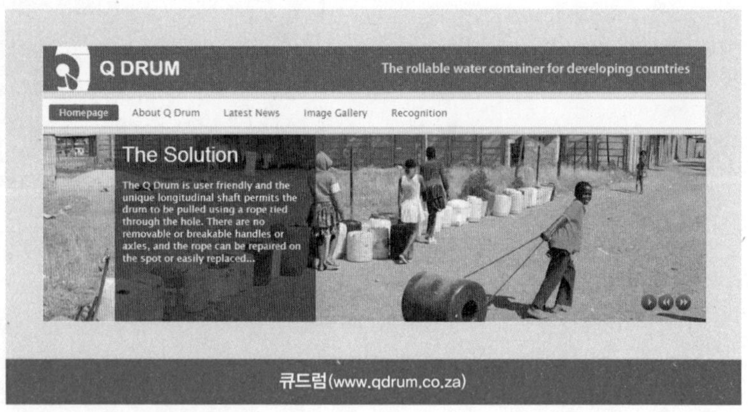

큐드럼(www.qdrum.co.za)

을 위해 적정기술이 적용된 제품이다. 물동이를 지는 대신 줄을 당겨 굴릴 수 있도록 원형으로 설계되어 있어, 큰 힘을 들이지 않고 한 번에 75리터의 물을 운반할 수 있다. 휴대용 개인 정수기인 '생명의 빨대(Lifestraw)'는 땅에 고인 더러운 물도 즉석에서 마실 수 있도록 깨끗하게 걸러준다. 15마이크론 이상의 입자를 효과적으로 제거하는 필터가 내장되어 있어서 따라서 장티푸스, 콜레라, 이질, 설사 같은 수인성 질병 예방에 큰 도움이 된다. 홍수가 빈번하고 방역이 안 되는 지역에 꼭 필요한 제품이다.

　이보다 더 장기적이고 근본적인 물 부족 문제의 해결책은 과학적인 수자원 개발과 관리 인프라를 구축하는 일이다. 2012년 4월 비비시(BBC) 보도에 따르면 런던대 지질탐사단이 아프리카 각국 정부가 보유한 지질지도와 지하수를 함유한 대수층(帶水層) 연구를 토대로 수자원 지도를 작성한 결과, 아프리카 대륙 전체의 대수층에 함유된 물의 양이 지표수의 100배나 된다는 결과를 발표했다고 한다. 런던대 연구진은 아프리카 주민 중 3억 명 이상이 깨끗한 식수를 구할 수 없는데다 급증하는 인구와 농경지 때문에 물 수요는 더욱 커지고 있으며, 해마다 반복되는 홍수와 가뭄 탓에 하천과 호수를 주민이 이용하기엔 제한적이어서 경작 가능한 토지 가운데 관개시설로 물이 공급되는 곳은 단 5퍼센트에 불과하다고 밝혔다. 그런데 연구진은 아프리카의 지하수를 세심한 주의를 기울여 이용하기만 한다면 식수와 농수 등 소량의 물 공급에는 충분할 것으로 전망했다.

　만약 기업이 참여하여 지하수 자원을 개발하는 과정에서 발생하는 환경문제 및 사회문제를 최소화함으로써 식수를 안정적으로 공급할 수 있다면 그것이 곧 사회혁신일 것이다. 아직은 시작 단계이지만 효율

적이고 효과적인 수자원 관리 산업을 육성함으로써 전 세계 빈곤국의
물 부족 문제를 점차 해결해나갈 수 있을 것이다.

기업사회참여의 세 단계

물 부족 문제를 해결하려는 사회혁신 활동에서 보았듯이 기업의 사회
참여는 크게 다음과 같이 3단계를 거치며 발전해왔다.

첫째, 단순 자선을 통한 '사회 환원(Giving Back)' 활동
둘째, 기업 이미지 제고를 위한 '좋은 이미지(Good Image)' 전략
셋째, 사회혁신을 만드는 '위대한 비전(Great Vision)' 실현

기업의 사회참여는 단계가 높아질수록 정교한 전략이 요구되며 기업
과 사회 전체로 혜택이 돌아간다. 특히 앞의 두 단계가 단기적으로 이
익이 나지 않는 자선적인 활동을 펼치는 기업의 사회적 책임(CSR)의
영역이라면, 셋째 단계는 새로운 사업의 기회와 사회적 가치를 성취하
며 혁신을 만들어 내는 '기업사회혁신(CSI, Corporate Social Innovation)'
의 영역이다.

1단계—사회 환원(Giving Back) 활동

'노블레스 오블리주(Noblesse Oblige)'는 부와 특권을 향유하는 지도층
이 사회와 국가를 위해 실천하는 도덕적 의무를 의미한다. 이 말은 과
거 로마제국 귀족들의 높은 도덕의식과 솔선수범하는 공공정신에서
비롯했다. 《로마인 이야기》의 저자 시오노 나나미는 로마제국이 1000

| 기업사회참여 패러다임의 질적 변화 |

변화 단계	사회 환원 (Giving Back)	좋은 이미지 (Good Image)	위대한 비전 (Great Vision)
자본주의 유형	수정자본주의 (1980년대 이전)	신자유주의 등장 (1980~1990년대)	자본주의 위기 (2000년대 이후)
사회공헌 변천	자선적 기부 (제한적 활동)	전략적 기업의 사회적 책임(CSR) (양적 팽창)	사회혁신 (질적 변화)
주체	공급자 니즈	소비자 니즈	이해관계자 니즈
경영 트렌드	생산관리	브랜드 마케팅	지속가능경영 디자인적 사고
목적	이윤 환원	마케팅 및 리스크 관리	공유가치창출

조희재 외, 〈CEO 인포메이션〉(제809호), 삼성경제연구소(2011. 6)를 참고하여 변화 단계에 맞춰 수정, 보완

년이라는 오랜 기간 존속할 수 있었던 힘이 노블레스 오블리주에서 나왔다고 한다.

초기 로마 사회의 귀족들은 자신의 명예를 위해 기부와 봉사를 많이 했다. 전쟁이 발발하면 누구보다 귀족들이 앞장서서 전투에 참여했다. 명예를 지키는 귀족의 당연한 의무라고 여겼기 때문이었다. 이렇게 '명예와 의무'는 지도층의 전통이 되어 오늘날까지 이어지고 있다. 서구에서 빌게이츠나 워런 버핏 같은 부자가 돈을 기부하는 일은 그리 낯선 풍경이 아니다. 많은 부자가 자선과 기부를 생활화하고 있고, 적법하게 세금을 납부하는 일을 고위층의 명예라고 생각하기 때문이다.

기업의 노블레스 오블리주는 전통적인 '자선 활동'에 해당한다. 기부 후원, 자원봉사, 공익사업, 공익 캠페인 등은 전통적으로 기업이 행해온 자선 사업이다. 이를 위해 기업은 지역사회를 위해 사회적 활동을 벌이거나 장학재단이나 복지재단 등을 설립해 사회 환원을 실천하고 있다.

기업의 자선 활동은 자발적으로 이뤄지기도 하고, 사회적 압박을 견디지 못해 이뤄지는 경우도 있으나 앞서 소개한 조지 캐드버리, 카네기, 유일한은 자발적 자선의 전통을 세우는 선례를 남겼다.

2단계—좋은 이미지(Good Image) 전략

전통적인 기업의 관점에서 보면 사업의 우선순위는 '매출상승' → '이익증대' → '사회공헌'순이다. 반면 소비자는 이와는 반대다. 소비자는 기업의 사회적 평판이나 명성에 기초하여 기업이나 브랜드를 판단하는 경향이 강하다. 과거 대부분의 기업은 일종의 의무감에서 사회공헌을 실천해왔지만, 오늘날 기업의 사회 참여 사업은 단순한 자선 활동 이상의 의미를 지닌다. 즉 자선이나 공익을 실현하면서도 비즈니스적인 실리를 거둘 수 있어야 훌륭한 마케팅이 된다는 사실을 기업 스스로 알게 되었기 때문이다.

1996년 국제적인 비정부기구 옥스팜(Oxfam)은 나이키(Nike)가 동남아시아 등 제3세계 현지 하청 공장에서 어린이와 여성의 노동력을 착취하고 있다는 보고서를 발표했다. 여기에는 인도네시아, 파키스탄, 베트남 등지에 있는 나이키의 하청 공급업체가 어린이를 고용하여 2달러 미만의 일당을 주면서 하루 10시간 이상 일을 시키고 있다는 내용이 담겨 있었다. 또한 작업장에는 각종 유해 물질이 방치되어 있으며 인권 유린 및 성적 핍박 등을 방치한 사실도 폭로했다.

보도가 나가자 인권 단체와 소비자 단체가 거세게 항의하면서 나이키 불매운동을 벌였다. 하루아침에 명품 스포츠 브랜드 나이키는 아동을 착취하고 인권과 환경의식이 없는 비도덕적인 기업으로 전락하고 말았다. 나이키는 인권 및 소비자 단체가 선정한 나쁜 기업의 대명사로 지목되었고, 2004년 아테네 올림픽과 맞물려 나이키를 거부하는 분위기는 절정에 달했다. 나이키는 자사에 부정적인 인식을 가진 비정부기구들과 싸우기보다는 대화를 나누는 편이 훨씬 낫다고 보았다. 이에 사회적 책임을 담당하는 전담 부사장직을 상설화하고 매년 사회책임 관련 보고서를 발간하는 등 적극적인 사회책임 프로그램을 수행하고 있다. 특히 해외 하청 공장에 대한 인권 위반 감사를 벌이고 그 결과를 공개하기까지 했다. 이로써 나쁜 기업, 부도덕한 기업이라는 이미지에서 조금씩 벗어날 수 있었다.

나이키는 생존을 위해 '착하고 좋은 이미지' 전략을 취했다. 많은 기업이 사회적 압력 또는 사회적 반발을 사전에 예방하기 위한 목적으로 자의반 타의반으로 기업의 사회적 책임을 이행한다. 그리고 이를 브랜드 마케팅 도구로 사용한다. 나이키와 같이 이미지가 확고한 소비재 공급업체는 이미지 관리에 민감하다. 이미지가 곧 브랜드의 생명이기 때문이다. 사회적 책임에 적극적인 기업을 분석해보면 철강·시멘트 같은 산업재 업종보다는 대중과 가까운 소비재 업종에서 두드러짐을 알 수 있다. 오늘날 기업들은 사회적 책임을 다하지 못하면 소비자의 사랑을 얻을 수 없다는 사실을 반드시 인식해야 한다.

3단계―위대한 비전(Great Vision) 실현

마케팅 석학 필립 코틀러는 《마켓3.0》에서 시장이 물질적 요구와 감각을 넘어 개인의 자기실현, 공동창조, 사회적 가치를 중시하는 '영혼(Human Spirit)의 시대'로 접어들었다고 평가한다. 영혼의 시대에는 기업이 소비자의 감성과 지성, 영혼에 호소할 수 있는 '품격 있는 기업'으로 전환해야 한다고 주장한다. 기업의 사회공헌 역시 시대적 흐름에 맞추어 변하고 있다.

사회공헌의 패러다임은 이제 선택에서 필수로, 비용에서 투자로, 공급자 중심에서 수혜자 중심으로 변하고 있다. 따라서 기업은 이러한 사회공헌의 질적 향상을 위해 보유 자원과 기술을 활용해 적극적으로 사회를 변화시키는 사회혁신에 주목한다. 기업의 사회혁신은 시장을 기반으로 사회문제를 창조적으로 해결하는 방법이기 때문에 기업 성장과 수익 창출에도 기여한다. 가장 발전된 기업의 사회참여전략은 사회혁신의 비전으로 경쟁력을 강화하는 것이다.

글로벌 식품회사인 네슬레는 2009년에 '영양, 물, 농촌 개발'이라는 세 가지 사회혁신 프로그램을 발표한 바 있다. 이 프로그램은 전 세계 어린이를 대상으로 영양, 건강, 웰니스(Wellness) 관련 교육 기회를 더욱 확대하고, 아프리카에 연구개발센터를 설립하며, 영양, 물, 농촌 개발

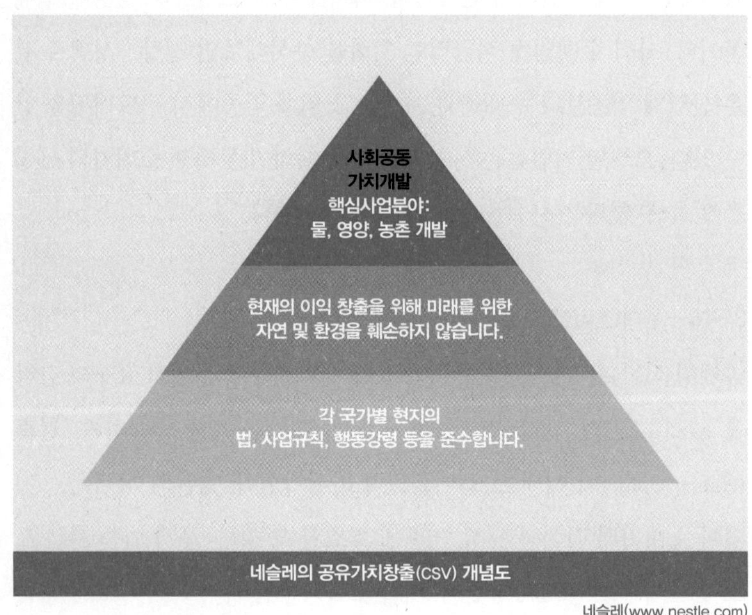

네슬레(www.nestle.com)

분야의 획기적인 발전 방안을 장려하는 네슬레 공유가치창출(CSV) 어워드를 제정하는 등 구체적인 실행 방안을 담고 있다.

네슬레는 '글로벌 어린이 건강 프로그램'을 통해 영양 및 체육 교육을 지원하고 있던 기존 국가 수를 두 배로 늘려 100개국 이상에서 관련 교육을 시행했다. 또한 아프리카 농촌 개발을 위해 코트디부아르 아비장(Abidjan) 지역에 연구개발센터를 설립하여 옥수수, 커피, 코코아 등 아프리카 농산물의 생산성을 높이고 식품 안전을 증대하는 연구를 진행했다. 이와 더불어 네슬레는 영양 부족, 수질 정화, 농촌 개발 촉진을 위해 창의적인 해결 방안을 제시하는 개인 및 비정부단체, 중소기업 등을 2년에 한 번 선정해 최고 50만 프랑을 지원하고 있다.

이러한 기업사회혁신전략은 사회적 활동을 기업의 가치사슬에 반영하는 효율적인 생산관리를 통해 사회적경제 생태계를 이루는 효과와, 제품을 차별화함으로써 새로운 시장을 개척하는 긍정적인 효과를 낳는다. 사회문제를 해결하는 동시에 기업의 생산성을 향상하는 방법은 의외로 많다. 에너지 이용, 환경에 끼치는 영향, 협력업체의 접근성과 타당성, 직원 역량의 향상, 근로자의 안전과 건강, 다양한 자원 이용 등으로 기업의 생산성을 높이면서도 사회적 가치를 창출할 수 있다.

마이클 포터의 '공유가치(Shared Value)'

앞에서 설명한 셋째 단계의 기업사회참여는 핵심역량으로 사회혁신을 이끄는 기업사회혁신(CSI)의 단계다. 이미 생성된 이윤을 나누는 공유 차원의 활동이 아니라 기업과 사회가 새롭고 더 큰 이익을 창출하는 방식이다. 이는 이해당사자에게 제공된 이득이 총비용을 초과할 때 이루

어진다. 일반적으로 사업의 가치는 수익성과 장기적인 성장에 의해 측
정된다. 이런 목표를 달성하기 위해서 기업은 제품과 서비스의 안정된
흐름을 개발하고 전달하기 위한 프로세스를 확립한다. 그리고 그 제품
과 서비스는 기업의 사업 모델에 근거하여 독자적이고 차별화된 편익
을 고객에게 제공한다.

　하버드 대학교의 마이클 포터 교수는 2002년부터 '전략적 자선' '사
회적 투자' '전략적 기업의 사회적 책임(CSR)' 개념을 이야기하며 기업
이 사회를 위해 어떻게 책임을 다해야 하는지에 관해 전략적인 접근을
시도해왔다. 포터 교수가 전하는 메시지의 핵심은 기업이 사회적 책임
을 제대로 발전시키기 위해서는 사회와의 '상호연관성'에 주목해야 하
고, 대의명분이 얼마나 가치 있느냐보다 '공유된 가치(shared value)'를

| 기업사회공헌 관련 이론의 변천 |

2002 기업 자선활동의 경쟁우위 전략
· 경쟁적인 환경에서 기업이 지역사회의 이익과 사업 이익 간 합일점을 이끌어내기 위해서는 지역사회에 자선과 선행을 베푸는 활동을 넘어 전략적 자선과 사회적 투자를 위해 기업이 갖춘 자원을 투입해야 함을 주장.

2006 전략과 사회: 경쟁우위와 기업의 사회적 책임
· 이미지 회복이나 개선을 위한 홍보보다는 기업의 사회적 책임(CSR) 활동을 통해 사회를 위한 공유가치를 창출할 것을 촉구.
· '전략적 CSR'에 따라 사회적 가치 창출은 물론 기업의 경쟁력을 제고할 수 있는 분야를 찾아 역량을 집중해야 함을 주장.

2011 공유가치창출: 자본주의를 재발견하고 혁신 성장을 이끌어내는 방법
· '공유가치창출'은 기업 경쟁력 제고와 사회 발전을 동시에 추구함으로써 기업과 사회의 수익과 사회적 가치의 총량을 늘리자는 개념.
· 상품과 시장의 재구상, 가치사슬 생산성에 관한 재정의, 지역 클러스터 개발을 통해 기업의 공유가치창출을 위한 경영활동이 가능함을 주장.

신미주, 〈SERI경영노트〉(제136호), 삼성경제연구소(2012. 1. 19)

얼마나 창출하느냐에 주목해야 한다는 점이다.

마이클 포터 교수는 2010년 하버드 비즈니스 리뷰(HBR)에 실린 〈자본주의를 어떻게 치유할 것인가(How to Fix Capitalism)〉라는 논문에서 기업의 사회적 책임보다 한 단계 진일보한 기업과 사회가 함께 가치를 창출하는 '공유가치창출(CSV, Creating Shared Value)' 전략의 중요성을 강조했다. 포터 교수는 기업의 사회적 책임은 기업이 양산한 사회적 부작용을 벌충(trade-off)한다는 개념으로 대두했기 때문에 근본적인 한계가 있다고 지적하면서, 오늘날 기업이 자본주의가 내포한 근본적인 문제점을 개선하려면 기업의 공유가치창출 노력이 더 중요하다고 주장했다.

사회가 잘 유지되려면 보건, 의료, 주택 보급, 영양 개선, 복지시설 확충, 재정 안정성 강화, 환경오염 방지와 같은 다양한 활동이 필요하지만, 기업은 이러한 사회적 요구에 따르는 수요를 놓치는 일이 빈번하다. '공유가치창출'은 이러한 현실에 입각하여 기업이 갖춘 자원과 자본을 활용해 사회문제를 해결하면서도 기업의 경제적 가치를 함께 창출하는 노력을 기울여 기업과 사회가 공유하는 가치를 더 키울 수 있다는 논리다. 기업이 공유가치 개념을 사업에 적용하는 방법에는 크게 세 가지가 있다.

- **제품과 시장 재정의** 제품이 어떤 사회적 요구를 담고 있는지 파악, 시장에서 충족되지 못한 사회적 욕구 인식.

- **가치사슬 재정의** 운송과 유통 단계 혁신, 생산 과정에서 환경, 인권 등의 사회적 요소 고려.

- **지역 클러스터 개발** 지역 내 인프라 활용, 다양한 주체의 역량 결집을 통한 생산성 향상.

'사회적 책임'을 넘어 '사회혁신'으로

마이클 포터 교수는 기업의 사회적 책임만 강조하다 보면 새로운 가치 창출 없이 기존에 생산된 몫의 분배에만 초점이 맞춰질 가능성이 있다고 우려했다. 실제로 우리나라에서 2011년 당시 정운찬 동반성장위원회 위원장이 대기업의 초과이익을 중소기업 협력사와 나누자는 '이익공유제'를 처음 제안했을 때 재계와 보수언론으로부터 '사회주의적 발상'이라는 비판을 받기도 했다. 벌어들인 수익의 일부를 사회에 환원하는 식의 사회공헌에 익숙한 재계로서는 중소기업과 이익을 공유함으로 새로운 가치를 창출할 수 있다는 공유가치창출 개념이 시장 질서를 교란한다는 인식을 갖고 있었다.

공유가치창출은 기업이 혁신을 이뤄 사회문제를 적극 해결함으로써

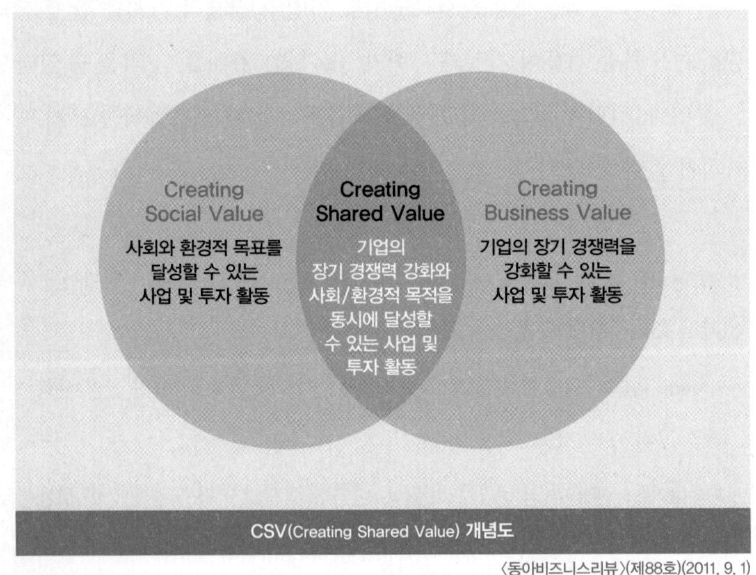

CSV(Creating Shared Value) 개념도

〈동아비즈니스리뷰〉(제88호)(2011. 9. 1)

사회적, 경제적 가치를 창출한다는 발상의 전환을 담고 있다. 이를 적용하면 기업은 수익성을 높이면서도 공동체가 직면한 다양한 사회문제를 해결할 수 있다. 기업의 사회적 책임과 공유가치창출의 차이를 보여주는 대표적인 사례는 '공정무역'이라 할 수 있다. 공정무역은 부유한 나라와 가난한 나라 사이에서 일어나는 불공정한 무역으로 발생하는 구조적인 빈곤문제를 해결하려는 움직임이다. 공정무역의 대표 상품은 기호식품인 커피와 초콜릿이다. 커피와 카카오를 재배하고 수확하는 농부들은 생산, 유통, 소비에 이르는 과정에서 발생하는 이익의 5퍼센트도 가져가지 못한다. 반면 중간 유통업체와 식품회사는 전체 이익의 70퍼센트 이상을 가져간다.

가난한 농부가 재배한 농작물에 제값을 쳐주자는 공정무역운동은 양극화의 해법 중 하나라고 할 수 있다. 기업의 사회적 책임 관점에서 보면 공정무역은 '착한소비로 빈곤문제를 해결'한다는 의미가 있다. 하지만 이익의 일정 부분을 생산자에게 분배하는 데에서 그친다는 한계가 있다. 이 때문에 공정무역은 근본적인 문제는 해결하지 않은 채 생산자들을 조금 '덜' 가난하게 할 뿐이라는 비판을 받기도 한다. 반면 공유가치창출 관점은 커피, 카카오의 생산과 유통을 둘러싼 근본적인 문제를 지적하고 개선함으로써 새로운 가치를 만들어내려 한다. 이를 위해 생산 농법을 개선하고 농부를 위한 협력과 지원 체계를 구축하는 일부터 시작한다. 농부들로 하여금 효율적이고 지속가능한 방법으로 작물을 재배하게 함으로써 수확량을 늘리고 품질을 개선하도록 돕는 식이다. 이러한 변화는 농가의 수익 증가로 이어져 생산자와 농작물을 구매하는 기업 양쪽에 이익을 가져다준다.

공유가치창출이 끌어내는 사회혁신은 커피와 카카오 같은 농산품에 그치지 않고 다양한 분야에서 일어나고 있다. 세계적인 물류특송회사인 티앤티(TNT)는 민간기업 최초로 2002년 세계식량계획(WFP, World Food Plan)과 파트너십을 맺고 제3세계의 기아문제 해결을 위해 유통업의 전문성을 살린 '무빙 더 월드(Moving the World)' 사업을 시행해왔다. 티앤티의 유통 전문가는 물류센터의 규모, 교통수단의 종류 및 활용도, 도로 및 인프라 구축 현황을 파악하여 건기와 우기에 따라 차별화된 배송 네트워크를 개발했다. 이로써 티앤티는 기존 급식 배송 시간을 단축할 수 있었고, 세계식량계획과 현지 학교 프로그램 담당자의 업무도 대폭 줄었다. 아프리카 라이베리아의 경우 급식 배송 비용의 20퍼센트를 경감하기도 했다. 공정무역과 아프리카 아동급식 프로그램의 예에서 알 수 있듯이 공유가치창출은 기업의 입장에서 만들어내는 기업사회혁신(CSI, Corporate Social Innovation)의 다른 모습이다.

공유가치창출은 제품과 시장을 재정의하는 데에서도 잘 나타난다. 프라할라드(C.K. Prahalad)* 교수는 저서 《저소득층 시장을 공략하라》에서 '피라미드의 하층부 맨 아랫단'이라는 의미의 비오피(BOP, Bottom of Pyramid)로 저소득층을 표현했다. 비오피는 연소득 3000달러 미만의 가난한 소비자층을 말하는데, 이들을 대상으로 하는 사업이 비오피 비즈니스다. 비오피 비즈니스는 저소득 소외계층에 적절한 제품을 제공하여 사회적 가치를 창출하는 동시에 수익을 얻는 모델을 의미한다. 비

---

* 2010년 68세의 나이로 타계한 경영학 분야의 세계적인 석학. 미시건 대학교 로스경영대학원 교수로 재직했으며, '경영학의 예언자'라는 별칭을 얻은 이답게 시대를 앞서는 경영이론들을 발표하면서 기업의 혁신을 이끌었다. 《타임(Times)》은 그를 '세계에서 가장 영향력 있는 경영 사상가'로, 《비즈니스위크(BusinessWeek)》는 '오늘날 비즈니스 전략 분야의 가장 영향력 있는 인물'로 평가한 바 있다. 국내에 그의 저서 《경쟁의 미래》《저소득층 시장을 공략하라》《글로벌 리더십》《새로운 혁신의 시대》《시대를 앞서는 미래경쟁전략》이 번역 출간되어 있다.

오피에 해당하는 인구는 전 세계적으로 40억 명에 달한다. 신흥 시장은 선진국에 비해 생필품 이외의 제품을 소비하고 사용한 경험이 적은 빈곤층이나 저소득층의 비율이 높다. 그러므로 프라할라드가 지적한 저소득층 시장은 매력적일 뿐 아니라 새로운 혁신의 기회를 제공한다. 부유층과 빈곤층은 여러 측면에서 특성이 다른 소비자군이다. 예컨대 부유층은 편리함을 추구하므로 대용량 제품을 선호한다. 반면에 빈곤층은 일당에 의존해 당일 꼭 필요한 품목만 구매하기 원하므로 일회용 포장을 선호하는 편이다. 이를 고려해 피앤지(P&G)는 인도에서 최고급 샴푸인 팬틴의 일회용 제품을 팔고 있다.

지금까지 소개한 세 가지 사례의 공통된 현상을 살펴보면 모두 '아프리카 혹은 아시아의 저개발국가＋글로벌기업'의 조합임을 알 수 있다. 공유가치창출 사례의 대상이 되는 지역은 천연자원은 비교적 풍부하나 식민지배를 받은 역사 때문에 사회 인프라가 빈약하고 교육 수준도 높지 못한 상태에 머물러 있는 아프리카와 아시아의 저개발국가들이다. 이런 저소득층 시장에서 다국적기업이 혁신적인 사업을 성공하면 종전과 다른 방법으로 다양한 사회문제를 해결할 수 있다. 약간의 투자로도 저개발국가에는 선진국에 비해 놀라온 사회적 파급효과가 발생하며, 기업의 입장에서는 효율적인 원료 채취 환경을 구축할 수 있고 새로운 시장이 개척되어 '1석 다조의 효과'를 누리게 된다. 자원과 원료가 풍부하지만 오랜 기간 정치적 불안정으로 개발이 덜된 저개발국가에서 공유가치창출이 두드러지는 이유가 바로 여기에 있다. 그렇다고 해서 선진국에서 공유가치창출을 통한 사회혁신이 불가능한 건 아니다. 선진국 나름대로 다양한 모델이 있다. 다만 발전된(Developed) 나라보다 발전하고 있는(Developing) 나라에서 비용 대비 가시적 효과가 더 크기에 더 많은 사례가 알려져 있을 뿐이다.

한 가지 더 봐야 할 것이 있다. 마이클 포터가 공유가치창출에서 제시한 적용 방법은 제품과 시장의 재정의, 가치사슬의 재정의, 지역 클러스터 개발, 이렇게 세 가지다. 빈곤과 낙후된 삶을 개선하고자 했던 기존의 노력들과는 분명 차별화된 면이 있다. 그렇지만 경영전략 구조에서 이 개념이 새로운 것은 아니다. 일반적으로 기업은 제품/서비스, 사업방식, 경영 운영의 틀이라는 세 가지 구조에서 나름의 가치를 만들어낸다. 경영 프로세스는 '어떤 상품을 어떤 방법으로 어떻게 만들고 전반적인 과정을 기획, 운영, 조정하는가'라는 순으로 진행된다. 이런 일련의 과정을 체계적으로 접근하는 방법이 전략경영이다. 포터가 제시한 공유가치창출의 세 가지 적용방법은 바로 여기에 해당된다. 다만 그는 기존 경영학이 크게 관심을 보이지 않았던 사회적 약자, 저개발 국가, 비오피(BOP) 등을 접근의 대상으로 보았을 뿐이다. 이렇게 볼 때 결국 포터가 이야기하고 싶었던 핵심은 전략적인 접근을 통해 '기업과 사회가 함께하는 공유가치의 창출'이었던 셈이다.

전략경영

구조는 전략을 따른다(Structure follows strategy).

— 경영사학자, 알프레드 챈들러

　조직의 내부 구조는 추구하는 전략의 지향에 따라 정렬된다. 즉 구조에 앞서 전략이 선행적으로 이루어져야 한다는 말이다. 그렇다면 '전략'이란 무엇일까? 임진왜란 당시 이순신 장군이 왜적을 물리치기 위해 취한 모든 사고와 행동을 우리는 전략(戰略)이라 부른다. 거북선을 만들고 군사를 훈련하여 전쟁을 대비했고, 학익진(鶴翼陣) 전법이나 물살이 센 울돌목을 활용해 왜군(倭軍)을 섬멸했다. 또한 남해와 서해의 바다를 장악하여 제해권(制海權)을 확보함으로써 왜적을 물리치는 데 크게 기여했다. 만약 그의 탁월한 전략이 없었다면 조선의 운명이 어떻게 되었을지 가늠할 수 없을 정도다.

　이처럼 전략이란 어떤 목표에 도달하기 위한 최적의 방법을 뜻하는 것으로, 군사적인 개념에 그 근원을 두고 있다. 전략을 뜻하는 'Strategy'라는 말은 그리스어 'Strategos'에서 나왔다. 이 말은 '군대'를 의미하는 'Stratos'와 '이끈다(lead)'는 의미를 지닌 '-ag'가 합쳐진 용어다. 국가나 집단 사이에 전쟁이 벌어지는 경우 전략 현상은 몇 가지로 전개된다. 한 극단에 '대전략'이 있다면 다른 극단에 '기술 단계'가 있다. 이 사이에서 군사전략, 작전전략, 전술 단계를 구별할 수 있으며 각 단계마다 수행할 과제와 구성요소가 있다.

군사적인 충돌이 일어나는 전쟁과 기업 간의 경쟁을 동일시하기는 어렵지만, 유사한 점도 많다. 기업과 군대는 모두 인력, 자본, 장비, 기술을 보유하고 생존을 위한 경쟁에 임하고 있고, 양자 모두 외부 환경의

| 전략의 5단계 |

단계	과제	구성요소	ⓔ 이순신 장군
대전략	·국가 자원의 동원 ·목적·의미의 부여	·국가이념(국가목표, 가치) ·국익 ·정치적 리더십	·왜적(倭敵)의 침입으로부터 나라를 지킴 ·백성의 안전과 보호
군사 전략	·전쟁수행능력 　(군사적 자원 배분) ·군사적 합리성의 추구	·정치우위 ·전역, 군종의 특성	·제해권(制海權) 우위
작전 전략	·복수의 전술 단위의 배치 ·지휘운용 능력 ·작전계획의 타당성	·정면공격 ·책략적 기동	·선승구전(先勝求戰) ·학익진 전법(한산대첩) ·울돌목 물살(명량대첩)
전술	·전투수행능력의 발휘 ·병기시스템의 운용	·사기, 기능, 훈련정도, 집단 응집성	·전라좌수영 산하 고을에서 징집을 통한 훈련 및 병기제작 ·열세일 경우 첩보, 전술, 지형 파악
기술	·병기/병기시스템의 질적 극대화	·공격력과 방어력의 트레이드 오프 ·질과 양의 트레이드 오프	·거북선 ·판옥선 ·화포

변화에 영향을 받으며, 경쟁 기업이나 경쟁 국가의 행동에 민감하게 대응하고 있다. 이뿐 아니라 기업들 간의 경쟁 사례를 보아도 공격, 수비, 정면 돌파, 기만과 같은 군대의 전략과 비슷한 양상을 쉽게 찾아볼 수 있다.

독일의 경제학자 호르스트 슈타인만(Horst Steinmann)과 게오르크 슈라이외크(Georg Schreyogg)는 '비즈니스 전략'이란 다음 세 가지 질문에 대한 답이라고 말한다.

❶ 어떤 비즈니스 '환경'에서 활동하고 있는가?
❷ 이 비즈니스에서 '경쟁'이 어떻게 이뤄지고 있는가?
❸ 비즈니스 성공을 위한 장기적인 '핵심역량'이 어디에 있는가?

전략은 지금 기업이 하고 있는 비즈니스를 이해하여 미래를 이끄는 길이다. 앞에서 이야기 한 군사적인 전략의 개념은 기업경영을 이해하는 데 도움을 준다. 전략(strategy)이 기업 또는 국가가 경쟁 우위를 갖기 위해 경영자원을 배분하는 전반적인 계획이라고 한다면, 전술(tactic)은 특정한 기능분야 또는 시장에서 성과를 높이는 계획을 뜻한다. 즉 전술이 소규모 전투에서 승리하기 위한 작전을 의미한다면, 전략은 전투가 아닌 전쟁에서 승리하기 위한 책략이라고 볼 수 있다.

기업사회혁신전략

마이클 포터의 '전략적 기업의 사회적 책임(CSR)'과 '공유가치창출(CSV)'은 기업사회참여의 새로운 지평을 제시했다. 기업사회참여는 단순히 기업의 이윤을 사회에 환원한다는 의미를 넘어선다. 기업은 이제 비전, 전략, 구체적인 사업활동 등을 '사회'와 관련시켜 고심한다. 연말연시와 같은 특정 시기에 일회성 지원에 그치지 않고 취약계층의 자립 기반을 다지고 사회문제에 전략적으로 접근하여 창조적인 해결책을 제공하는 '사회혁신(Social Innovation)'에 점점 더 많은 관심을 보이고 있다.

우리나라에서 차별화된 사회참여전략을 펼치고 있는 기업은 얼마나 될까? 유한킴벌리는 오랜 기간 '우리강산 푸르게 푸르게' 같은 캠페인을 지속해왔고, 에스케이(SK)그룹처럼 전사적인 사회혁신전략을 취하는 기업도 있다. 그러나 기업 대부분이 찬바람이 불기 시작하는 11월부터 '사회공헌' '공익캠페인'이란 명목으로 신문의 한 꼭지를 장식하는 것으로 만족하고 있다. 신문사진이나 텔레비전 카메라에 잡히는 직원들의 모습도 천편일률적이다. 고무장갑을 끼고 김장을 하거나 주걱을 들고 밥을 퍼주거나 손수레를 끌고 연탄 배달을 돕는 모습니다. 기업의 대표는 '소외된 이웃들이 따뜻하고 넉넉한 겨울을 보내는 데 작은 도움이 되면 좋겠다'라고 비슷한 내용의 인터뷰를 한다. 어떤 연탄은행에는 배달하려는 기업이 몰려 2개월을 기다려야 하는 일이 벌어지기도 했다. 배달부가 넘쳐 연탄을 받을 빈곤층을 물색해야 하는 경쟁구도가 형성된 셈이다. 이제는 좀 달라져야 하지 않을까?

기업사회혁신도 전략적인 접근이 필요하다. 기업의 경영전략을 기업 내부의 수준에 맞춰 몇 가지로 나누어볼 수 있다. 여러 사업을 동시에 수행하는 다중사업(multibusiness) 기업의 경우 일반적으로 전사적·사업부·기능별 수준에서 전략경영이 이뤄진다. 앞서 살펴본 군사전략과 경영전략을 대비한다면 '군사전략/기업전략, 작전전략/사업전략, 전술/기능별 전략'으로 구분할 수 있어 상당히 유사함을 알 수 있다.

| 기업사회혁신의 4가지 전략 |

전략	과제	구성요소	사례
사회혁신 대전략	· 기업자원 동원 · 사회혁신의 목적·의미 부여	· 기업의 비전과 미션 · 경제적·사회적 가치 · 브랜드 리더십	· 프로덕트 레드 캠페인 · 그라민 유니클로 · 오픈 아이디오(Open IDEO)
기업 전략	· 경영 능력(기업자원 배분) · 경영 합리성 추구	· 산업의 특성	· 제너럴일렉트릭(GE) · 이케아(IKEA) · 에스케이(SK) 행복나래
사업전략	· 복수의 사업 단위 배치 · 관리능력 · 사업의 타당성	· 경쟁우위	· 비바글램(Viva Glam) · 필립스 출라(chulha) · 엠페사(M-Pesa)

기능별
전략
	· 사업수행능력 발휘
	· 기업자원의 기능별 운용
	· 사업과 연계된 연구
	  개발
		· 기술, 기능, 전문성,
		  인적자원
			· 현대카드 재능기부
			· 렌즈크래프터스
			· 아이비엠(IBM) 그리드컴퓨팅
			· 매일유업 특수 분유

이러한 3단계의 틀은 기업사회혁신전략에도 동일하게 적용할 수 있다.

기업사회혁신은 엄밀히 말하면 '기업전략→사업전략→기능별 전략'보다는 '기능별 전략→사업전략→기업전략'의 과정으로 이루어졌다. 처음부터 사회혁신을 염두에 두고 시작한 기업들도 있지만 대부분의 기업은 그렇지 않았다. 먼저 사회혁신보다는 기업 이미지를 염두에 두고 사회공헌전략을 펼쳐왔다. 좋은 이미지 구축을 위한 마케팅 활동이 사업 영역으로 확장되고 이것이 다시 기업의 비전과 미션으로 연결되었다. 이제부터 기업사회혁신의 단계별 전략을 하나하나 살펴보기로 하자.

기능별 전략 단계의 사회혁신

사람과 마찬가지로 기업 역시 지역의 구성원이면서 사회의 구성원이기도 하다. 기업을 시민으로 보는 시각은 기업의 책임과 의무를 강조하는 데에서 기인한다. 기업은 '3P', 즉 이윤(Profit), 사람(People), 지구환경(Planet)을 중요시한다. 이는 기업이 지역의 경제적 책임과 사회적 책임과 환경적 책임을 지는 존재라는 의미를 내포한다. 오늘날 기업은 이윤 추구 못지않게 사회에 책무를 다함으로써 지속가능한 발전을 꾀할 수 있다.

지속가능성 또는 지속가능경영을 정의하기란 어려운 일이지만, 경제 성과, 사회 성과, 환경 성과의 조화에서 그 답을 찾을 수 있다. 이를 흔히 '트리플 바텀라인(TBL, Triple Bottom Line)'으로 설명하는데, 기업들이 지속가능한 비즈니스 여건을 조성하기 위해 고민해야 할 '환경(Environment)' '사회문제(Social Issue)' '기업지배구조(Governance)'에 관련된 사항들을 말한다.

- **환경** 환경보호 및 관리의 차원을 넘어 미래 세대의 발전 가능성을 위해 무분별한 자원 남용과 환경 파괴를 억제하는 동시에 현재 세대의 필요성을 충족시킬 수 있는 지속가능발전의 개념을 포함한다.
- **사회문제** 자원봉사, 지역사회활동, 기부금 기탁 등 자선활동은 물론이고 비금전적 기업자산의 기증 및 공유 등을 통한 전략적 사회공헌활동 사업과 코즈마케팅으로 사회문제에 참여하는 것까지 포함한다.
- **기업지배구조** 주주권한, 노사관계 등 각종 법령 준수 여부부터 기업정보 공개를 의미하는 투명경영, 윤리경영의 개념을 포함한다.

트리플 바텀라인은 기업의 경제적 성과만이 아니라 사회적, 환경적 성과를 통칭하는 용어로 사용되고 있다. 기업은 지속적인 생산 활동으로 이윤을 창출함으로써 경제적 책임을 다할 의무가 있고, 동시에 사회 구성원으로서 노동, 인권, 안전 등과 맞물린 사회적 지속가능성에 관한 책임이 있다. 더욱이 기업은 주위를 둘러싼 생태적 환경에 관해서도 책임과 공헌을 다하는 환경적 지속가능성까지 고려해야 한다. 이러한 트리플 바텀라인은 기업사회혁신의 기능별 전략에도 그대로 반영된다.

기능별 전략경영은 생산, 마케팅, 재무, 인사, 연구개발 등 각 경영기능에서 단기적 목표를 이루는 것을 주 내용으로 한다. 기능별 수준에서 이뤄지는 의사결정은 사업부 수준에서 결정된 전략을 실천하는 일과 직접 관련되어 있다. 기능별 전략은 전사적 또는 사업부 전략에 비하면 단기적이며 구체적이다. 즉 생산시스템의 효율성 제고, 적정 재고 수준 결정, 고객서비스의 질적 향상, 연구개발 방법 결정 등과 같은 실천적 문제를 다룬다. 재무/회계, 마케팅, 생산/운영, 인사/조직, 경영전략 등 각 기능에 적용되어 기업활동을 통해 사회혁신을 이룬다.

| 사회혁신 매니지먼트 |

기능	예시		
재무/회계	·차별화된 회계기준	·사회적 감사	·사회 책임투자
마케팅	·소비자 중심의 제품개발, 디자인, 가격 ·광고 메시지의 문화적인 영향		·코즈마케팅
생산/운영	·노동기준 – 안전, 아동 노동, 인권, 환경		·공급사슬관리
인사/조직	·종업원의 권리와 참여	·직장의 강점과 다양성	·노동관계와 노동조합
경영전략	·기업의 평판/이미지 ·종업원 지주제 경쟁력	·사회문제 참여	·기업지배구조

〈Social Impact Management: A Definition〉, Aspen Institute(Fall 2002)에서 응용

사회혁신을 위한 기능별 전략 중 마케팅 분야가 가장 두드러진다. 사회에서 좋은 이미지를 구축하기 위해 기업들은 전략적인 접근을 시도했는데, 그것이 바로 '코즈마케팅(Cause Marketing)'이다. 코즈마케팅은 사회적 이슈를 마케팅에 활용, 기업의 이미지를 높여 간접적으로 매출을 올리거나, 직접적으로 매출을 올리는 마케팅전략이다. 환경문제에 초점을 둔 유한킴벌리의 '우리강산 푸르게 푸르게 캠페인'이나 신발 한 켤레를 사면 자동으로 한 켤레가 다른 사람에게 기부되는 '탐스슈즈'가 대표적인 코즈마케팅 전략을 취하고 있다. '코즈(Cause)'는 '원인, 이유, 주장, 대의'라는 의미가 있다. 코즈마케팅에서 'Cause'는 '대의(大義)'란 의미로 사용된다. 대의란 사람으로서 마땅히 행해야 하는 큰 도리를 말한다. 아주 기본적인 권리조차 누리지 못하는 사람을 향한 배려부터 나라와 공동체가 위기에 처했을 때 희생을 감수하며 행하는 적극적인 행동에 이르기까지, 대의란 법적으로 강제하는 것은 아니지만 사회의 구성원으로서 견지해야 하는 삶의 자세를 말한다.

코즈마케팅은 1984년 미국의 아메리칸익스프레스(American Express)가 자사의 마케팅 활동을 자유의 여신상 복원 프로젝트와 연계하면서 처음 소개되었다. 아메리칸익스프레스는 고객이 카드를 사용할 때마다 1센트, 신규로 가입할 때마다 1달러의 성금을 자유의 여신상 복원을 위해 기부하기로 했다. 당시 전반적으로 침체되어 있던 사회적 분위기 속에서 미국의 자존심으로 여겨지는 자유의 여신상 복원 계획은 미국인에게 큰 의미로 다가왔다. 이 덕분에 캠페인 기간에 170만 달러의 성금이 모이고, 카드 사용량이 27퍼센트나 증가하는 큰 성공을 거두었다.

기업의 사회적 책임과 코즈마케팅은 비슷하면서도 차이가 있다. 기

업의 사회적 책임의 경우 기업이 사회의 구성원으로서 수행하는 역할
적 측면에 초점을 맞추는 반면 코즈마케팅은 기업이 소비자를 통해 기
업의 경제적 가치와 사회의 공익적 가치를 동시에 추구한다는 데 있다.
또한 기업의 사회적 책임은 기업의 전반적인 가치사슬을 포괄하는 반
면 코즈마케팅은 기업의 마케팅 활동에만 초점을 둔다. 결국 코즈마케
팅은 기업의 비즈니스 활동에 정당성을 부여하여 공익적인 가치창출
활동과 연계하는 것이다.

재능기부, 렌즈크래프터스와 현대카드 사례

재능기부란 개인이나 기업이 갖춘 핵심역량을 활용해 사회에 기여하
는 새로운 형태의 기부방식을 일컫는다. 기업이 보유한 업무 노하우와
인적 인프라를 활용하는 만큼 비용 부담이 적어 기부의 대량생산, 대량
소비라는 새로운 영역이 창출되고 있다. 재능기부의 수혜자 입장에서
는 수준 높은 서비스를 받을 수 있고, 기업의 입장에서는 축적된 역량
을 활용함으로써 사회공헌활동에 드는 비용을 절약할 수 있다는 장점
이 있다. 사회공헌활동에 참여하는 직원들의 만족도가 상대적으로 높
고, 지속가능한 활동이 가능하다는 것도 프로보노의 장점으로 꼽힌다.

1988년 안경회사인 렌즈크래프터스(LensCrafters)는 눈이 나빠 고통
받는 사람들을 위해 '밝은 세상 선물하기(Give the Gift of Sight)'를 주제
로 북미지역과 제3세계 빈곤층 주민을 대상으로 무료로 시력을 관리
해주고 안경을 제공하는 공익활동을 시작했다. 소비자들이 매장에 중
고안경이나 선글라스를 기부하면 렌즈크래프터스는 중고안경 수집,
맞춤형 안경 제작과 같은 공익활동에 직원의 자원봉사를 최대한 활용
했다. 기존의 다른 캠페인과 달리 기업이 갖춘 전문성을 자원봉사에 활

용했다는 점에서 의의를 찾을 수 있다.

국내에서도 이러한 프로보노 활동의 가시적 결과물이 나타나고 있다. 현대카드는 카드업계에서 디자인경영을 가장 잘하고 있는 곳으로 정평이 나있다. 현대카드는 기업의 핵심역량인 디자인을 활용해 창의적이고 혁신적인 방법으로 재능기부 활동을 펼쳤다. 서울역 앞 환승센터의 버스 승차대인 '아트쉘터(Art Shelter)'가 그것이다. 예술을 감상할 수 있는 쉼터라는 뜻을 지닌 아트쉘터는 첨단 정보통신기술과 예술을 접목하여 이용자의 편의를 극대화하는 한편 버스 승차대를 장소기반 미디어로 탈바꿈시켜 서울시를 특징짓는 랜드마크가 될 수 있도록 디자인되었다. 아트쉘터는 지지구조물을 제외한 모든 면을 18밀리미터 두께의 파워글래스와 천연수지로 구성해 넓고 편안한 시야를 확보했다. 그리고 양면 엘이디(LED)를 외벽 내부에 넣어 각종 미디어아트와 날씨, 뉴스, 도시 정보를 투명한 영상 이미지 형태로 제공함으로써 버스 정류장을 문화를 즐기고 정보를 얻는 즐거운 대기 장소로 탈바꿈시켰다.

현대카드의 재능기부로 이루어진 서울역 아트쉘터

기술나눔, 매일유업과 아이비엠 사례

기업이 갖춘 최고의 강점은 다름 아닌 우수한 인적자원과 기술이다. 때로는 기업의 기술이 단기적인 수익이 아닌 공익적인 목적을 위해 활용되기도 한다. 분유 제품으로 유명한 매일유업은 단백질을 흡수할 수 없는 선천성 대사이상(大謝異狀)이 있는 환아에 주목했다. 분유는 물론 모유마저 먹을 수 없는 아기가 신생아 6만 명 중 1명꼴로 태어난다. 이런 아이들이 제대로 영양을 섭취하지 못하면 발달장애로 이어진다. 이에 매일유업은 대사이상 환아를 위해 아미노산은 제거하고 비타민, 미네랄 등 영양성분을 보충한 특수 유아식 8종 9개 제품을 순수 자체 기술로 개발하여 1999년부터 공급하고 있다. 2011년에는 메틸말론산혈증[•] 및 프로피온산혈증^{••} 환아를 위한 엠피에이(MPA) 2단계(4세 이상) 제품을 추가로 출시했다. 전 세계적으로도 아미노산 대사이상 질환용 특수 유아식을 개발, 생산하는 업체는 손에 꼽힐 정도다. 매일유업은 특수분유 생산으로 손실을 보고 있지만, 사회적 책임의 중요성을 인식하여 이를 수행하고 있다.

기술나눔으로 긍정적인 변화를 이끄는 사례는 또 있다. 아이비엠(IBM)은 그리드 컴퓨팅 기술을 활용하여 '월드 커뮤니티 그리드'라는 세계 최대 공동체 전산망을 사회혁신 프로그램의 일환으로 주도하고 있다. 그리드 컴퓨팅은 지리적으로 분산된 컴퓨터 시스템, 대용량 저장

• 선천성 유기산대사이상증의 일종. 아미노산과 콜레스테롤과 지방산의 대사 경로 중 한 부분의 기능 저하로 체내에 메틸말론산이 축적되고 소변으로 배출되는 질환이다. 정상적인 대사 경로의 기능이 저하되면 신진대사의 산물이 신경계에 치명적인 독성작용을 나타낸다. 생후 3~5일의 신생아에게서 가장 많이 나타나지만, 소아기 또는 사춘기 이후에 증상이 나타나는 경우도 있다.
•• 프로피온산이 메틸말론산으로 전환되는 데 필요한 조효소인 비오틴(biotin)이 부족하여 생긴다. 체내에 프로피온산과 기타 대사 산물이 축적되어 신체 중 특히 신경계에 치명적인 독성작용을 함으로써 증세가 나타난다. 지금까지 우리나라에서 가장 많이 발견되는 유기산혈증으로 알려져 있다.

월드 커뮤니티 그리드(www.worldcommunitygrid.org)

장치 및 데이터베이스, 첨단 실험 장비 등의 자원을 고속 네트워크에 연결하여 이용할 수 있도록 하는 디지털 신경망 구조의 차세대 인터넷 서비스를 의미한다.

월드 커뮤니티 그리드는 개인 컴퓨터나 업무용 컴퓨터의 유휴 자원을 모아 인류의 복지증진에 사용할 목적으로 설립되었다. 아이비엠의 후원으로 2004년 11월 16일에 시작되었으며, 인간면역결핍바이러스(HIV), 사스(SARS), 알츠하이머, 암 등의 난치병 치료를 위한 유전자 코드 해독과 단백질 해독, 자연재해 예측, 전 세계 식량 및 수자원 보호 연구 등에 관련된 기관이 공공의 목적으로 관련 프로젝트를 수행하고 있다.

아이비엠은 월드 커뮤니티 그리드로 사회혁신을 위해 기술나눔을 실현하는 한편 자체 마케팅과 브랜드 홍보에 이를 연관시키는 기업전략을 함께 펼치고 있다. 아이비엠 영업직원들은 고객사를 만날 때 월드 커뮤니티 그리드를 소개하면서 전 세계적인 프로젝트의 규모와 그리드 컴퓨팅의 계산방법, 아이디어 탄생과 네 달 안에 실행으로 옮겨지는 효율성 등을 구체적으로 설명한다. 고객사는 컴퓨터상에 3분 안에 보여지는 내용을 보고 들으면서 그러한 특성들이 비즈니스 문제를 해결하는 데에도 적용될 수 있다는 사실을 깨닫는다. 고객사는 아이비엠이 수행하는 사회혁신 프로그램을 통해 아이비엠이라는 기업에 관해 긍정적인 이미지는 물론 그 기술력과 제품에 관한 믿음을 갖게 되는 것이다.

사업전략 단계의 사회혁신

사업전략 단계에서의 전략경영은 상품 또는 시장과 관련되어 있다. 전사적 수준에서 결정된 전략적 방향과 목표에 입각하여 개별 사업의 영위에 필요한 구체적 방안이 결정된다. 따라서 사업부 수준의 전략경영은 미리 정해진 사업영역 안에서 어떻게 경쟁자들과 효과적으로 경쟁해나가느냐의 문제를 주로 다룬다. 사업부 수준에서의 전략적 의사결정은 시장 세분화, 유통채널, 원가구조, 공장입지 등과 같이 상대적으로 구체적이고 경쟁우위의 확보와 관련된 항목이 대부분이다. 여기서 핵심은 '경쟁'이다. 경쟁은 발전, 진화, 혁신을 가져오는 근본적인 힘이다. 따라서 경쟁우위를 갖추기 위해서는 다음 두 개의 질문을 생각해야 한다. 모든 전략은 경쟁에서 지속적인 우위를 점령하기 위한 것들이다.

- 누가 매력적인 상품을 가지고 있는가? (혁신경쟁)

- 누가 최고의 품질을 제공하는가? (품질경쟁)

- 누가 최고의 성능을 갖춘 상품을 공급하는가? (성능경쟁)

- 누가 가장 매력적인 가격을 제공하는가? (가격경쟁)

- 누가 가격 대비 최고의 가치를 제공하는가? (가치경쟁)

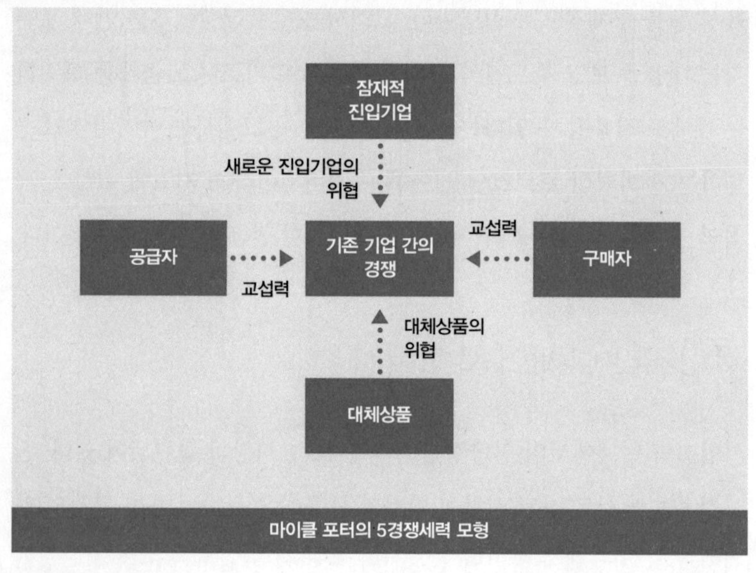

경쟁우위는 어떤 제품을 매력적인 업계나 전략 그룹에서 영리하게
자리매김함으로써 생겨난다. 업계란 기업들이 서로 대체할 수 있는 제
품을 두고 경쟁하는 시장영역을 말한다. 같은 업계 기업의 제품은 고객
의 입장에서는 기본적으로 대체 가능하다. 마이클 포터 교수는 경쟁에
영향을 미치는 다섯 개의 경쟁세력이 어떻게 결합하느냐에 따라서 '경
쟁의 강도'가 결정된다고 한다. 즉 경쟁의 강도는 현존하는 기업들, 신
진 세력의 위협, 고객이 대안으로 생각하는 대체재 생산이 가능한 잠재
적 경쟁기업의 위협, 하청업자와 구매기업이 만들어내는 압력 등에 의
해서 빚어지는 경쟁의 결과라고 말한다.

원가우위전략—제너럴일렉트릭이 만든 저가 의료장비가 이끈 혁신

그렇다면 기업은 어떻게 경쟁기업에 대한 비교우위를 가질 수 있을까?

포터 교수는 저원가 전략, 차별화 전략, 그리고 이 두 가지를 결합한 집중화 전략을 대안으로 제시한다. 먼저 원가우위 전략은 다음과 같은 능력과 자원을 필요로 한다.

- 생산공정 최적화를 위한 대단위 투자
- 연구, 개발, 생산의 지속적인 혁신
- 능률 향상, 표준화, 규격화, 최적화, 자동화
- 대량생산에 적합한 단순한 제품 공급

　원가우위전략은 주로 저개발 국가에서 볼 수 있다. 선진국의 의료 서비스는 기술적으로 발전되어 있지만, 저소득층은 비용 때문에 접근하기가 쉽지 않다. 그동안 고가의 의료장비로 큰 수익을 올려온 제너럴일렉트릭(GE)은 중국 시장과 인도 시장을 공략하기 위해 기능이 단순한 저가의 장비를 개발해야 했다. 이로써 제너럴일렉트릭은 중국 등 저개발국가에서 대형병원에 가기 어려운 환자들을 위한 초소형 휴대용 초음파 진단기를 출시해 의료의 사각지대 해소에 기여하고 있다. 또한 인도에서는 버튼이 불과 7개뿐인 초간편형 심전계 'MAC400'을 현지 기술로 개발해 1000달러(미국 내 가격의 10분의 1 수준)에 판매하고 있다. 저개발국가에서 이뤄지고 있는 제너럴일렉트릭의 사업은 가치를 공유하고 시장을 창조하는 전략이다.

　기업의 입장에서 선진국과 저개발국의 빈부격차는 저개발 국가 소비자의 삶의 질 향상에 기여하는 한편 새로운 시장을 개척할 좋은 기회이기도 하다. 이로써 '지역사회의 필요에 적합한 제품 디자인 → 구매 가능한 가격 책정 → 지역주민 삶의 질 향상 → 시장 확대' 같은 선순환이 이뤄진다. 그런데 놀랍게도 저개발국가를 위한 저가 장비가 미국 중산층을 비롯한 주류 시장에서도 큰 인기를 끌었다. 하버드 대학교 크리스텐슨 교수는 이런 현상을 '시장교란기술'로 표현하며, 소외계층을 위해 개발된 상품이 주류 시장으로 옮아가서 기술적 대혁신을 일으킨다고 주장한다. 인류가 필요로 하는 공통적인 건강관리와 교육을 개선하고 더 나아가 빈곤문제를 해결하기 위해서는 제품과 서비스의 단순화, 효율화의 시장교란에서 길을 찾는 것도 하나의 방법이 아닌가 싶다.

차별화전략—수익금 전액 기부의 신화, 비바글램

차별화 전략은 원가우위전략과 반대다. 경쟁사보다 좋은 제품을 생산하는 것이 목표이며 소비자에게 공급하는 제품은 경쟁사에서 찾아볼 수 없는 차별화된 기능이나 요소를 포함해야 한다. 따라서 제품이 최대한 독창적이어야 하고 시장에서 선보이는 타제품보다 월등히 눈에 띄어야 한다. 이를 위해 기업들은 자신만의 차별화 포인트를 구축함으로써 독보적인 위치에서 서고자 노력한다. 차별화 전략은 다음과 같을 때 실행된다.

- 시장조사에서의 높은 역량
- 전문적인 판매정책과 차별화된 마케팅
- 제품개발과 고객 호소력 면에서의 혁신
- 전문성 과시
- 전문적인 판매망
- 상담 및 서비스 역량
- 철저한 브랜드 관리

화장품회사인 맥(M.A.C, Makeup Art Cosmetics)은 1994년에 '비바글램 (Viva Glam)'이라는 브랜드로 과감하고 짙은 레드 컬러의 립스틱을 출시했다. 이 제품은 전 세계적인 반향을 일으켜 이후 다양한 시리즈 제품군이 출시되었다. 비바글램은 맥의 5대 베스트셀러 가운데 하나다.

비바글램이 주목받는 가장 큰 이유는 제품 판매 전액이 '맥 에이즈 펀드'로 조성되며, 이 기금은 에이즈 관련 기관에 전달되어 에이즈 보균자의 생활 지원 및 에이즈 퇴치, 예방 활동을 위해 사용된다는 데 있다. 맥은 14달러짜리 비바글램 제조비용을 부담하고 판매대금 전부를 기금으로 조성한다. 전 세계적으로 2억 5000만 달러의 기금이 기부되었으며, 국내에서도 1999년부터 맥 코리아가 에이즈 펀드를 조성해 지금까지 31억 원 이상의 기금을 국내외 에이즈 치료와 예방, 교육사업에 기부해왔다.

그동안 코즈마케팅 차원에서 수익금의 일부를 기부로 내놓는 제품이나 활동은 많이 있었지만, 한 제품 라인의 판매액 전부를 기부하는 사례는 비바글램이 처음이다. 이처럼 화장품회사 맥은 특정 제품의 수익

수익 전액을 에이즈 기금으로 조성하는 차별화전략의 신화를 이룬 비바글램

금 전액을 기부하는 차별화전략으로 기업의 이미지를 향상시켰다.

집중화전략 ─ 인도의 생활형 화덕 '출라'와 케냐의 엠페사

집중화전략은 특정 분야를 중점적으로 관리한다. 이 전략은 앞에서 언급한 두 전략과 달리 이윤을 낼 수 있을 것으로 보이는 시장의 일부분만을 공략한다. 이 부분 시장에서 기업은 다시 비용우위 또는 품질우위 전략을 선택하여 기업의 포지션을 결정할 수 있다.

성장의 한계를 느낀 네덜란드의 필립스는 대량 판매를 중요시하던 전자회사에서 탈피해 건강한 생활을 실현하는 기술회사로 변화를 꾀했다. 이를 위해 대량으로 제조한 상품을 일방적으로 판매하는 방식에서 벗어나 고객의 요구에 맞춘 생활 속의 서비스를 제공하는 방식으로 사업의 초점을 옮기고 있다.

그 대표적인 사례가 인도에서 조리기구를 공급하는 사업이다. 인도의 전통적인 조리기구는 진흙으로 만든 화덕인 '출라(chulha)'다. 가축의 배설물이나 나무를 태우는 아궁이여서 불을 때면 온 집안이 연기로 가득 차 호흡장애를 유발하고 화상과 각종 질환의 원인이 되기도 한다. 이런 문제를 해결하고자 필립스는 현지의 공공기구 및 소규모 부품 공급업체와 제휴하여 개량형 아궁이인 '필립스형 출라'를 개발했다. 기술자들이 생활밀착형 제품을 개발하고 디자이너들은 인도의 생활양식을 속속들이 파악해 제품의 디자인에 반영했다.

필립스가 이렇게 한 까닭은 자사의 기술과 인도의 현지 문화를 아우르는 방식으로 제품을 개발한다면 모방하기 어려운 제품으로 경쟁우위를 확보할 수 있다는 전략이 있었기 때문이었다. 또한 그 과정에서 여러 이해당사자가 동참함으로써 사회혁신이 촉진된다는 판단도 있었

필립스가 만든 생활형 조리기구 출라(www.philips.com)

다. 이에 필립스는 제품을 개발해 시험 과정을 거치고 사업모델을 확정한 다음 현지 주부를 판매원으로 활용하는 마케팅전략을 구사했다. 필립스는 출라의 디자인만 바꾼 게 아니라 '제품 디자인, 생산, 판매, 신용대출'을 통합한 새로운 비즈니스 모델을 개발했다. 이로써 필립스는 고객을 만족시키는 새로운 상품을 통해 인도에서 사회적 책임을 다하는 기업 이미지를 구축함과 동시에 미래 성장 지역의 제품 수요에 대한 안목과 입지를 공고히 할 수 있었다.

엠페사(M-Pesa)는 아프리카 케냐의 사파리콤이 영국의 보다폰의 지원을 받아 제공하는 휴대전화 금융거래 시스템이다. 'M'은 모바일의 약자이며, 'Pesa'는 스와힐리어로 '돈'을 의미한다. 원래 엠페사는 서민을 대상으로 소액대출의 편의성을 높이기 위해서 시작되었다. 아프리카 지역에는 은행 지점과 현금인출기가 많지 않아 시간 단축과 비용 절감이 가능한 휴대폰을 통한 금융거래는 큰 성장가능성이 보였다. 서비스가 시작되자 저렴한 비용으로 다양한 활용이 가능해져 소액대출과 관계없이 모바일뱅킹이 급속도로 확산되었다. 엠페사를 활용하면 예금과 출금이 가능하고, 계좌이체도 할 수 있다. 엠페사를 이용하면 은행을 거치지 않고도 소액을 휴대전화로 전송할 수 있다. 통신회사들이 지불보증을 하는 셈이다. 엠페사의 또 하나의 장점은 신용카드 역할이다. 상품 결제는 물론이고 학교 등록금을 내거나 카페에서 음료수를 마시거나 버스를 탈 때 이용할 수 있다.

사파리콤은 케냐 저소득층을 대상으로 새로운 시장을 창출함과 동시

엠페사를 제공하는 사파리콤(www.safaricom.co.ke)

에 소비자에게 정보를 제공하여 생업을 간접적으로 지원하는 일도 병행하고 있다. 케냐 곡물거래소는 사파리콤과 함께 농산물 가격 정보를 1회당 20센트에 제공하는 문자서비스를 시행하여 농민들에게 경제적 이익을 주고 있다. 엠페사는 케냐에서만 하루 200만 건 이상 이용되고 있으며, 2011년 말 기준으로 가입자가 1400만 명에 달한다. 이들이 한 해 엠페사로 거래하는 돈은 케냐 국내총생산(GDP)의 11퍼센트에 육박한다.

엠파사는 현재 아프리카와 아시아의 저개발국가로 서비스 대상국을 확장하고 있다. 엠페사 사용이 급격히 늘어나자 케냐의 은행들이 기존 사업 위축을 두려워하며 막아달라고 정부에 요청하기도 했지만, 그 편리성 때문에 어느 누구도 엠파사를 막을 수는 없었다.

기업전략 단계의 사회혁신

기업전략은 기업 전체를 아우르는 전략적 배치를 말한다. '여러 사업에 진출한 사업을 어떻게 구성할 것인가?'와 '구성한 사업부를 어떻게 조정할 것인가?' 하는 질문이 핵심 고려 사항이다. 이를 위해 기업의 전체 목표를 정의하고, 어떤 사업에 참여하며 사업부 간에 자원을 어떻게 배분할 것인가를 결정한다. 따라서 전사적 수준의 전략경영은 새로운 사업영역의 선택, 기존 사업의 포기, 성장의 우선순위 결정, 장기적 자본 조달 방안 등과 관련된 문제를 다룬다. 기업전략의 궁극적인 목적은 가치의 창출이며, 이는 다음과 같은 모델로 나타낼 수 있다.

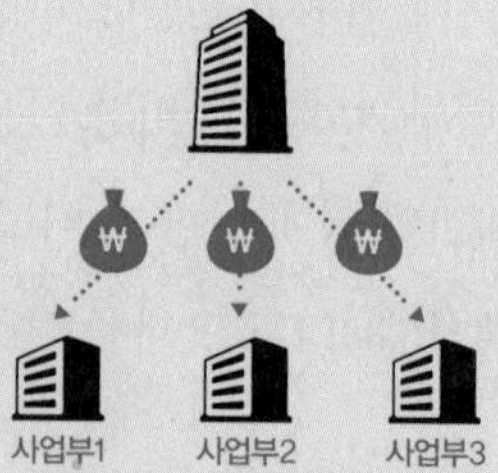

시장성장률과 상대적 시장점유율을 기준으로 사업부의 역할을 구분하고 각각의 역할에 따라 지금 배분을 달리 하는 모델

구조조정 기법 등을 사용하여 부실 사업부에 경영자가 직접 참여하여 수익 창출을 도모하는 모델

사업부 간에 특별한 관련성이 없는 경우

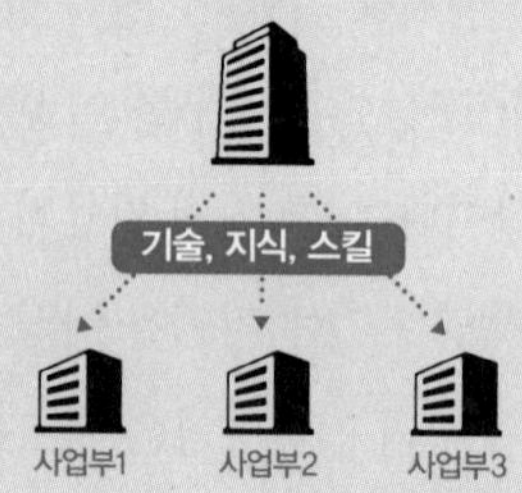

특정 사업부의 핵심역량인 기술이나 지식을 이전하거나 공유하는 모델

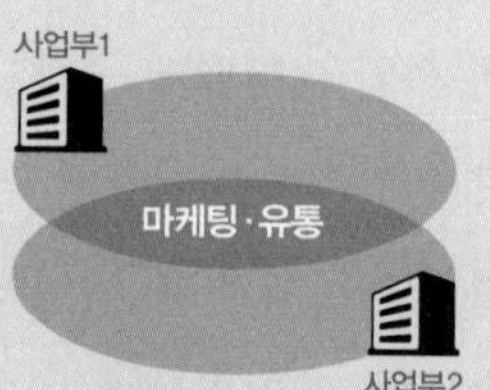

사업부의 특정 활동 자체를 공유하는 모델. 실질적으로 특정 활동을 중심으로 각 사업부가 유기적으로 연결되어 시너지를 창출하는 모델

사업부 간에 관련성이 높은 경우

이케아의 공급사슬관리

스웨덴에 본사를 둔 이케아(IKEA)는 '저렴한 가격과 실용적인 디자인'
으로 조립식 가구라는 새로운 분야를 개척한 세계적인 가구공급업체
다. 1990년대 초반 이케아는 구설에 휘말린 적이 있다. 파키스탄에서
이케아의 카펫 제조과정에 미성년자가 고용되었고, 이케아 가구 제조
에 사용된 목재가 열대우림에서 무단으로 벌채되었으며, 이케아가 만
든 책꽂이에서 허용치를 초과하는 포름알데히드가 검출되었다는 언
론 보도가 발단이었다. 기업 이미지 실추와 더불어 매출에서 큰 타격
을 받은 이케아는 결국 오랜 검토 끝에 치밀한 공급사슬관리 원칙을
수립했다.

　공급사슬이란 '최종 소비자에게 제품과 서비스를 제공하는 데 필요
한 기업 간 활동의 조직적 네트워크'를 의미한다. 제품이나 서비스는
부품이나 원자재 단계에서 출발하여 제조업자, 유통업자를 거쳐 최종
소비자에게로 흘러간다. 그런데 그 유통 흐름이 늘 매끄러울 수는 없는
일이다. 상품은 날개 돋친 듯 팔리는데 부품 조달이 제대로 되지 않는
일이 발생할 수도 있다. 사회책임성을 확보하고 경쟁력 있는 공급사슬
관리를 위해 이케아는 직원이 직접 전 세계의 원자재 공급업체를 감시
하는 '산림담당관' 제도를 만들었다. 100여 명의 산림담당관은 1년에
140일 이상을 원자재 공급지에 체류하며 생태환경 보전, 작업장 안전,
합법적 고용 등과 관련된 사항을 점검하여 이케아 정신을 공급업체에
전달하고 조언과 기술자문을 하는 역할을 맡는다.

　이케아는 감사 결과에 따라 공급업체의 사회책임성 수준을 네 단계
로 구분해 평가했다. 그 결과 보호 가치가 높은 지역에서 나무를 사들
이지 않고, 불법으로 벌목한 목재를 받지 않으며, 지속가능한 목재로

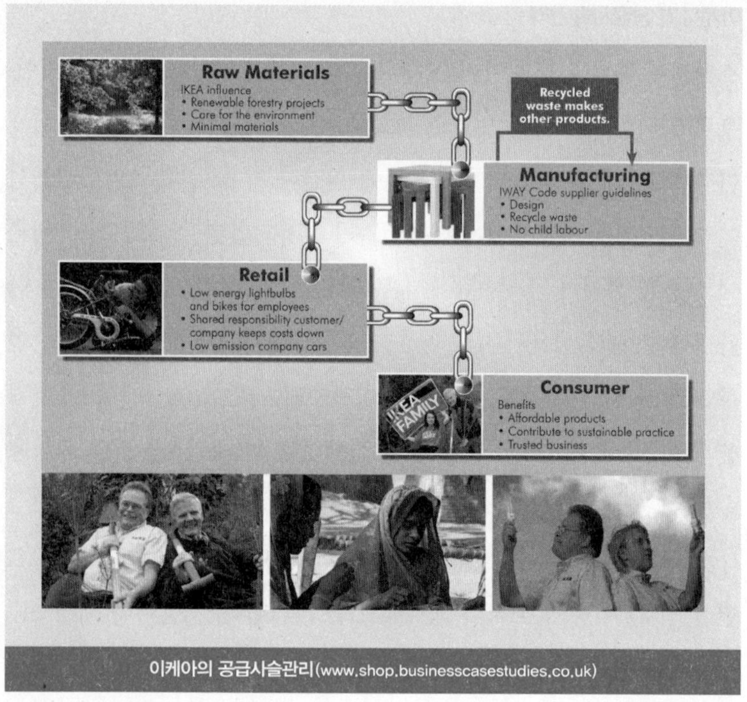

이케아의 공급사슬관리(www.shop.businesscasestudies.co.uk)

인증받은 제품만 사들일 수 있었다. 이케아의 공급사슬관리전략은 장기적으로 큰 효과를 거뒀다. 유통, 포장, 제조 등의 비용을 줄이면서도 고객 요구에 맞춘 저렴한 조립식 가구를 판매해 소비자로부터 인기를 누리고 있으니 말이다. 하지만 '실용적이고 저렴한 가구'를 브랜드 차별화전략으로 삼은 이케아로서는 애초에 이러한 공급사슬관리는 추가적인 비용 부담으로 작용했다. 그럼에도 이케아는 사회적 책임은 선택이 아닌 필수사항이라는 생각으로 사업을 수행 중이다.

에스케이(SK) 행복나래

경쟁전략에서 원가우위와 차별화는 많은 것을 결정하게 하는 핵심적인 요인이다. 하지만 기업사회혁신의 경우 기존 사업부의 재조정과 새로운 기업전략을 통해서도 혁신을 끌어낼 수 있다. 한때 우리 사회를 시끄럽게 했던 소모성자재 구매사업에서 일어난 변화 사례를 보면 이런 혁신의 가능성을 발견할 수 있다.

'엠아르오(MRO)'는 'maintenance, repair and operation'의 약자로 공구, 사무용품 같은 '소모성자재' 구매를 대행해 주는 사업을 말한다. 원래 이 사업은 중소 유통상인이 중심이 되어 이끌어왔는데, 2000년대 중반부터 비용절감 등을 이유로 대기업이 이 시장에 진입하면서 상황이 급변했다. 대기업 계열의 엠아르오가 기존 시장에 가세하면서 납품단가가 떨어져 중소 유통상인의 상황이 힘들어졌고, 대기업 계열 엠아르오 회사가 사업영역을 확장해 1~2차 협력업체와 정부 공공조달 시장까지 진입하면서 갈등은 극으로 치달았다.

근래 문어발식 확장과 맞물린 각종 비리 사건으로 많은 대기업이 세간의 지탄 대상이 되는 가운데 엠아르오 사업을 운영하던 계열사 또한 비난의 화살을 비켜갈 수는 없었다. 2012년 에스케이(SK) 그룹은 소모성자재 구매대행업을 사회적기업인 '행복나래'로 전환했다. 기업 내부의 각종 소모성자재 구매사업을 기업전략 단계의 사회혁신 차원에서 '사회적기업화'하여 공적으로 활용하는 전략을 구사한 것이다. 행복나래는 대기업이 안정적인 수익구조로 되어 있는 계열사를 통째로 사회적기업으로 바꿨다는 점에서 삼성, 한화, 엘지(LG) 같은 다른 대기업의 해결방안과는 질적으로 다른 새로운 모델이었다.

행복나래는 협력업체를 선정할 때 일반 기업체에 비해 시장경쟁력이 낮은 중소 사회적기업에 가산점을 부여하는 방식으로 구매 우선순위를 높이는 '사회적기업 및 사회적 약자기업 우선구매' 제도를 시행하고 있

기업전략 단계에서 사회혁신의 좋은 사례를 보여준 행복나래

다. 행복나래는 이를 통해 '사회적기업 매출증대→수익창출→고용확대→지속경영'의 가치사슬과 사회적기업의 선순환 구조를 추구한다. 이 전략은 합리적인 서구보다는 정(情)과 관계를 중시하는 독특한 대기업 문화를 갖고 있는 아시아 쪽 기업이 많은 관심을 보이고 있다.

제너럴일렉트릭의 변화전략

미국의 제너럴일렉트릭(GE)은 1977년 폴리염화페비닐(PCB) 생산 및 사용이 금지되기 전까지 수십 년간 뉴욕 허드슨 강에 오염물질을 방류하여 환경오염의 주범이라는 오명에서 자유롭지 못했다. 이때 제프리 이멜트(Jeffrey R. Immelt) 회장은 '환경'이라는 '메가트렌드(Megatrend)'를 미리 읽고 환경을 비용의 관점이 아닌 사업접 기회의 측면에서 바라보고 과감한 결단을 내린다.

이멜트 회장은 2005년 지구촌이 당면한 환경문제를 해결하는 방안으로 '에코매지네이션(Ecomagination)'이라는 친환경전략을 내놓았다. 에코매지네이션(Ecomagination)은 생태계를 의미하는 'Ecology'의 'Eco'와 제너럴일렉트릭의 슬로건인 '상상을 현실로 만드는 힘(Imagination at work)'에서 'Imagination'을 조합해 만든 신조어다. 여기에 이멜트는 다음과 같은 하나의 화두를 더했다. "Green is green." 풀이하자면 "녹색이 돈이 된다"는 의미다. 'green'은 친환경을 뜻하는 말인 동시에 녹색을 띤 미국 지폐를 상징한다.

제너럴일렉트릭의 임직원조차 처음엔 회장의 결정에 반신반의했다. 기업이 하는 환경사업을 사회공헌활동 정도로만 생각했기 때문이다. 하지만 최고경영자의 강한 의지 덕분에 이 전략은 빠르게 실행되었다. 환경을 생각하는 사회와 고객의 욕구를 충족시키는 한편 사업 성장에 기여할 수 있는 친환경 및 에너지 효율이 높은 제품 개발에도 착수했다. 제너럴일렉트릭은 이후 6년간 50억 달러를 에코매지네이션 기술과 제품 개발에 쏟아 부었다. 그리고 에너지 효율을 높인 가전제품, 유기발광다이오드(LED), 풍력발전기, 녹색금융 등을 결과물로 선보였다. 처음 17개로 시작한 제품이 어느새 140여 개로 늘었다. 친환경적이면서 비용도 줄여주는 제품의 장점이 부각되면서 매출도 상승했다. 제너럴일렉트릭은 2011년까지 누적 매출 850억 달러를 기록했고, 관련 제품의 매출 성장 속도도가 일반 제품에 비해 두 배가량 빠르다고 한다. 반면 이산화탄소 배출량과 물 사용량 등 기업활동이 환경에 미치는 영향은 20퍼센트나 줄었다. 환경 분야 시장에서 제너럴일렉트릭은 청정혁신과 기술을 바탕으로 새로운 도전을 했고, 그 열매를 거뒀다.

제너럴일렉트릭은 에코매지네이션 프로젝트로 거둔 성공의 역량을 확장하여 헬시매지네이션(Healthymagination)이라는 프로젝트를 추진한다. 2009년부터 2015년까지 헬스케어 분야에서 100개의 혁신제품을 개발하는 데에 60억 달러를 투자하겠다고 밝힌 것이다. 의료비용은 15퍼센트 줄이고, 의료 서비스 품질은 15퍼센트 향상하며, 의료 접근성을 15퍼센트 확대한다는 사회적 가치를 목표로 제너럴일렉트릭은 헬스케어 사업을 육성하고 있다. 실제로 헬시매지네이션 프로젝트도 기존 사업에 비해 두 배 이상의 성장률을 기록했다. 2011년에는 이멜트 회장이 2020년까지 암 퇴치 연구에 10억 달러를 투자하겠다는 계획을 발표하기도 했다. 이처럼 제너럴일렉트릭은 의료보건이라는 사회적 가치를 충족시키면서 사업을 성장시키는 지속가능한 기업전략을 모색하고 있다.

대전략 단계의 사회혁신

원래 대전략(Grand Strategy)이란, 국가 목표를 달성하기 위하여 정치적·경제적·사회적·심리적·지리적·기술적·군사적 역량을 통합하는 것을 의미한다. 대전략 단계의 과제는 전쟁 혹은 국가안전보장을 위해 군사력, 외교, 동맹관계, 경제력, 기타 국가자원을 총동원하는 것이다. 전쟁 자체는 빈번하게 발생하는 상황이 아니지만, 평시라도 국가안전보장을 위한 대전략 단계의 전략 현상은 일상적으로 접할 수 있다. 다시 말하자면 대전략은 전략의 최종적인 의미를 부여하는 장이다.

기업이 취하는 대전략 단계의 사회혁신은 사회적 목표를 이루고자 기업의 핵심역량에 해당하는 인적, 물적 자원을 사회적 과제에 집중하는 것이다. 기업은 사회혁신을 위해 장래성 있는 기술개발을 지원하고 사업전략, 기업전략 단계의 움직임에도 끊임없이 관심을 보이고 사회적기업가나 사회혁신 비즈니스 아이템을 지원하기도 한다. 또한 사회적 목적 달성을 위해 공공 및 사회단체들과 협력하기도 한다. 대전략 단계의 사회혁신을 위해서는 기업과 사회를 함께 바라보는 안목과 이를 실천하는 브랜드 리더십이 요구된다.

사회혁신은 원래 기업의 전문 분야가 아니었다. 반면 사회혁신을 전

| 세계적 기업의 '유엔 새천년개발목표' 기여활동 |

유엔 새천년개발목표	세계적 기업의 활동분야
빈곤, 기아 퇴치	티앤티(TNT)―세계식량계획(WFP)과 협조해 아프리카 등지에 식량 지원
초등교육의 완전한 보급	인텔(Intel), 휴렛팩커드(HP), 마이크로소프트(MS)― 공동으로 미국 내 '과학·IT·공학·수학' 교육 지원
양성평등 강화와 여권신장	웨스턴유니언(Western Union)―인도 빈곤지역 여아를 대상으로 교육활동을 벌이는 난디 재단(Naandi Foundation) 지원
영유아 사망률 감소	피앤지(P&G)―전 세계 아동이 깨끗한 물을 마실 수 있도록 돕는 엘엘티(Live, Learn & Thrive) 프로그램 시행
산모 건강 증진	유니레버(Unilever)―출산 전후 개도국 여성을 대상으로 건강교육 프로그램 운영
에이즈, 말라리아 및 각종 질병 퇴치	베링거인겔하임(Boehringer Ingelheim), 로슈(Roche) 등 7대 제약회사―개발도상국에서 에이즈 치료제 가격 인하
지속가능한 환경보존	마이크로소프트(MS)―윈도7에 사용자가 컴퓨터를 켜두고 사용하지 않을 때 절전모드로 전환되는 대기전력 관리기능, 화면이 어두워지는 자동 밝기조절 기능 등을 탑재
균형 잡힌 개발을 위한 파트너십 구축	에릭슨(Ericsson) 등 통신회사―아프리카에 기상예측 네트워크를 설치하기 위해 기상기구 및 미국의 컬럼비아 대학교와 협조체제 구축

조희재 외, 《CEO 인포메이션》(제809호), 삼성경제연구소(2011. 6)

문적으로 하는 활동가 및 조직은 자금이 부족하고 조직관리에 서툴다. 따라서 기업과 사회혁신 전문 활동가 및 조직이 제휴한다면 양쪽의 장점은 살리고 약점은 보완할 수 있으므로 협력을 통한 사회혁신 모델이 창출될 수 있다. 그 대표적인 사례가 유엔의 새천년개발계획에 맞춰 기업, 국제기구, 비정부기구 등이 연계하여 벌이는 사회혁신활동이다. 기업이 자체적으로 사회혁신 프로그램을 운영하는 것보다 사회혁신 파트너와 연계하여 사업을 추진하는 것이 더 효과적일 수 있다.

프로덕트 레드—사회문제 해결을 위한 연합 캠페인

가수이자 사회운동가인 보노는 2006년 1월 세계의 정치·경제를 움직이는 저명한 리더들이 모이는 스위스 다보스 세계경제포럼에서 기업 사회혁신 프로그램인 '프로덕트 레드((PRODUCT)RED) 캠페인'을 발표했다. 이 캠페인은 유수의 기업이 브랜드 로고에 'RED'를 붙인 제품을 판매하여 그 수익을 각 회사가 정한 기준에 따라 기금을 조성한 뒤 에이즈, 결핵, 말라리아 등의 질병 퇴치를 위해 사용하는 프로젝트다.

아프리카 르완다를 첫 수혜국으로 지정해 시작된 프로덕트 레드 캠페인은 각종 미디어와 기업, 소비자들로부터 큰 반향을 얻었다. 과거엔 특정 기업이 어떠한 목적을 위해 기부하는 방식으로 사회공헌활동이 진행되었다면, 프로덕트 레드 캠페인은 다양한 업종의 브랜드가 동일한 공익적 캠페인을 위해 제품을 생산하고 판매하는 형식의 공익 마케팅 모델을 제시했다는 점에서 혁신적이다.

빨간색 제품을 구매하는 프로덕트 레드 캠페인을 통해 2009년까지 1억 3000만 달러의 기금이 적립되었고, 400만 명의 아프리카인이 에이즈 치료를 받아 그중 200만 명이 완치되는 성과를 거뒀다. 프로덕트 레

프로덕트 레드 캠페인(www.joinred.com)

드 캠페인이 이른 시일에 성공할 수 있었던 데에는 유명인과 최고의 기업이 함께 주도하고 대중적인 이슈를 대중적인 방법으로 접근한 전략이 깔려 있었다.

이 운동을 처음 제안한 보노는 최고의 록가수이자 20년 이상을 지구촌의 빈곤과 질병문제 해결에 관심을 보인 사회운동가였다. 프로덕트 레드 캠페인은 세계의 언론이 집중되는 다보스 포럼에서 처음 발표되었고, 나이키, 애플, 스타벅스, 아메리칸익스프레스, 아르마니 등 누구나 다 아는 세계적인 기업이 참여했다. 더구나 캠페인의 목표는 누구나 공감할 수 있는 아프리카의 질병 퇴치였다. 최고의 사람들과 최고의 브랜드가 참여한 캠페인이다 보니 언론의 집중적인 주목을 받았고 자연히 소비자의 관심과 참여도 높아졌다. 소비자들이 프로덕트 레드 캠페인에 참여한 기업의 제품을 바라보는 시선이 달라져 자연스럽게 참여업체 및 브랜드 계열의 선호도도 높아졌다.

그라민 유니클로─소셜 비즈니스의 선순환 구조

사회혁신 활동가들은 사회문제의 본질을 잘 파악하고 있으나 부족한 자금 때문에 감당해야 할 지역이나 업무 측면에서 한계를 보인다. 반면 기업은 풍부한 자금과 재무, 인사, 생산, 유통, 홍보 등을 포함하는 종합적 가치사슬관리가 용이하다. 사회혁신 활동가에게 꼭 필요한 유무형의 자원을 기업이 보유하고 있는 셈이다. 빌 드레이튼은 기업과 사회혁신 활동가들이 제휴하는 사회혁신 비즈니스를 '혼합형 가치사슬'이라 불렀고, 2006년 노벨평화상 수상자인 무하마드 유누스는 '사회적 비즈니스기업'이라고 명명했다.

사회혁신 활동가 및 조직과 기업이 만나서 이뤄진 사회적 비즈니스 기업은 지속가능한 방법으로 자본주의 경제의 결함을 보완하는 역할을 할 수 있다. 소셜 비즈니스로 얻은 수익은 다시 소셜 비즈니스로 환원되어 재투자되기 때문에 1달러의 가치가 기존 시장과는 달리 몇 배로 커지는 효과를 거두게 된다.

'그라민 유니클로(Grameen UNIQLO)'는 이러한 선순환의 대표적인 사례라고 할 수 있다. 패스트 패션의 문을 연 유니클로(UNIQLO)는 그라민 헬스케어 트러스트와 함께 2010년부터 방글라데시에서 소셜 비즈니스인 그라민 유니클로를 개시했다. 유니클로가 그라민 은행과 제휴한 데에는 빈곤국의 생활수준 향상에 공헌할 수 있을 뿐 아니라 값싼 노동력을 공급받으면서 해외사업을 원활히 추진할 수 있다는 현실적 판단도 작용했다. 그라민 유니클로는 방글라데시에 사는 빈곤층을 위해 위생과 보온성이 적합하면서도 저렴한 상품을 제작해 판매한다. 여

그라민 유니클로의 사업구조

기서 얻은 수익은 모두 소셜 비즈니스로 재투자된다. 그라민 유니클로
는 현지인의 힘으로 소셜 비즈니스를 선순환시켜 생활 개선과 자립을
도모하는 사업모델을 구축했다. 그라민 유니클로의 사업구조는 다음
과 같다.

❶ **상품 기획** 방글라데시에서 티셔츠 1장의 시장가격은 50엔(600원) 정도다. 좋은
품질의 옷을 사람들이 구입할 수 있는 저렴한 가격에 공급하기 위해 현지에서 마케
팅을 거듭하며 상품 기획을 추진한다.

❷ **소재 조달** 현지 직물공장과 파트너 계약을 맺어 값싸고 좋은 품질의 소재를 조달
한다.

❸ **현지 공장에서 생산** 가격을 낮추더라도 품질은 타협하지 않는다. 소셜 비즈니스의 이념과 유니클로의 품질관리 노하우를 바탕으로 한 독자적인 기준과 소셜 비즈니스의 이념에 찬성하고 동의하는 현지 공장에서 생산을 개시한다.

❹ **그라민 레이디에 의한 대면 판매** 상품 판매를 담당하는 사람은 그라민 은행에서 융자를 받아 자립을 위해 노력하는 '그라민 레이디'들이다. 가난한 농촌 출신인 판매원이 가가호호 방문하여 판매하거나 자신의 집을 매장으로 활용하며 상품의 특징을 하나하나 설명하면서 판매한다. 상품은 위탁판매 방식으로 이뤄지며 판매대금에 따라 수수료를 지불한다.

❺ **구매·착용** 현지에서 판매되는 일반적인 티셔츠와 비교하면 20~30퍼센트 정도 가격이 비싸지만, 소비자는 품질이 좋고 튼튼하다는 점을 납득한 후 구매한다. 오랫동안 입으면서 고객은 품질의 차이를 실감하게 된다.

❻ **이익의 재투자** 의류매출 수익은 소셜 비즈니스에 재투자한다. 첫해에는 10만 장, 3년 후에는 100만 장을 생산, 판매하는 것을 목표로 설정했다. 현지인이 스스로 사업을 운영하게 함으로써 고용을 창출하고 생활을 개선함과 아울러 자립을 향한 의지를 북돋운다.

오픈아이디오—사회적 참여를 끌어내는 디자인적 사고

디자인 회사 '아이디오(IDEO)'는 디자인의 개념을 새롭게 정의한 회사로 유명하다. 지금은 대중화된 용어인 '디자인적 사고(design thinking)'를 처음 만들어낸 곳이 바로 아이디오다. 디자인적 사고는 일상생활에서 겪는 다양한 문제를 이해하는 데 초점을 맞춘 전략적인 접근법이다.

아이디오의 디자인 컨설턴트들은 이미 나와 있는 아이디어를 포장하는 게 아니라 기획 단계부터 참여해 참신한 아이디어를 개진한다. 기존의 판을 바꾸고 고정관념을 뒤엎는 역할을 하는 셈이다. 디자인의 기존 역할이 '전술'이었다면 아이디오는 디자인을 하나의 '전략'으로 접근한다. 그렇기 때문에 '럭셔리 잡지에 실릴 만한 탐나는 물건'을 디자인하기보다는 디자인을 통해 '소아비만, 범죄예방, 기후변화'와 같은 각종

아이디오가 만든 무료 혁신 가이드(www.ideo.com)

사회문제에 깊숙이 개입하고 있다. 아이디오는 기존의 방법론으로 해결되지 않던 문제들도 디자인적 사고를 적용하면 해결할 수 있다고 믿는다. 사회적기업과 비정부기구를 위한 무료 혁신 가이드인 '인간중심 디자인 툴키트(Human-centered Design Toolkit)'는 그 대표적인 예라고 할 수 있다. 툴키트를 활용하면 공동의 아이디어를 모아 혁신을 이뤄내는 방법을 쉽게 모색할 수 있다.

2011년 아이디오는 사회적 참여를 확대하기 위해 사회적 디자인을 추구하는 기구인 오픈아이디오(Open IDEO)를 만들었다. 오픈아이디오는 아이디오가 쌓아온 인간 중심, 디자인 기반의 방법론을 사회 부문으로 확장하여 저소득층의 생활을 개선하고 빈곤이 낳는 사회적 문제를 극복할 해결책을 모색하는 개방형 혁신 플랫폼이다. 전 세계의 개인, 민간단체, 조직 들이 보건, 농경, 식수, 위생, 금융서비스, 성평등 같은 사회문제를 제시하면, 참여자들이 해결책을 고안하고 콘셉트를 도출하고 평가하는 세 단계로 진행된다. 문제 해결을 위해 아이디어 스케치에서 비즈니스 모델까지 다양한 아이디어를 구상하면서 전 세계 참여자들로부터 다양한 의견을 수렴한다.

'기업사회혁신'에 대한 비판들

기업사회혁신은 좋은 뜻에서 진행되는 활동임에도 이에 대한 비판이 적지 않다. 가장 주된 비판의 초점은 '사회혁신'이란 말을 앞세운 기업의 마케팅전략일 뿐이라는 데 맞춰진다. 탐스슈즈(TOMS Shoes)는 소비자가 신발을 한 켤레 구매하면, 신발을 신지 못하는 아프리카나 남미 등지의 아이들에게 한 켤레를 기부하는 '1 for 1' 사업 방식을 적용했다. 이런 기부 방식에 관한 소비자의 반응은 가히 폭발적이었다. 필요에 따라 구매를 하는데도 자연스럽게 기부가 이뤄지니 탐스슈즈는 이내 세계적인 브랜드로 급부상했다. 이런 이유로 탐스슈즈는 코즈마케팅의 성공 사례로도 빈번히 등장한다.

그런데 사실 아프리카 사람 대부분은 다른 나라 사람들과 마찬가지로 시장에서 신발을 산다. 아프리카에 신발 없는 나라는 거의 없다. 더구나 신발과 옷 등을 생산하는 섬유산업은 아프리카의 주요 산업 중 하나이기도 하다. 아프리카 사람들로서는 신발이 없는 게 문제가 아니라 신발을 살 돈이 없다는 게 문제다. 이런 현실을 보지 못하면 기업과 단체가 마케팅 차원에서 헌옷과 신발을 보내는 활동이 실제로는 성장해야 할 아프리카의 산업을 죽이거나 누군가의 일거리를 없애는 결과로 이어져 자칫 빈곤을 재생산하는 일이 될 수도 있다. 이런 논리에 따른다면 탐스슈즈를 비롯해 많은 기업의 사회혁신활동이 실상은 '착한 기업'이라는 이미지 확립을 위해 사용되는 액세서리에 불과하다고 볼 수도 있을 것이다.

하지만 기업이 지속적인 성장을 위해 지역사회가 함께 발전해야 한다는 확고한 인식으로 사회혁신활동을 하고 있다면 굳이 마케팅과 사회혁신활동을 구분하는 일은 무의미하다. 공익적인 측면을 고려해 경영활동을 하면서 축적한 기술과 사업활동의 노하우는 결국 그 기업의 체질을 바꾸게 되고 이는 다시 혁신과 이익 나눔으로 이어진다. 결국 코즈마케팅에서 중요한 것은 상품을 포장하는 기술이 아니라 좋은 취지로 좋은 상품을 만들어 소비자와 사회에 선한 결과를 만들어내는 철학인 셈이다.

기업사회혁신을 또 다른 지점에서 바라보는 비판적인 시각도 있다.

기업사회혁신이 환상일 뿐이고 오히려 기업이나 사회에 잠재적 위험이 될 수 있다는 지적이다. 달리 말하면 이상은 좋은데 현실적인 장벽이 너무 많다는 이야기다. 실제로 공유가치창출(CSV)의 가장 모범적인 사례라고 평가받는 네슬레도 코트디부아르 아동의 노동력을 착취해서 생산된 코코아를 사용했다는 문제가 제기되어 공급사슬관리 측면에서 논란에 휘말린 적이 있다. 네슬레는 아동 근로자를 고용하지 않는다는 공급자 관련 규정을 준수한다고 했지만, 코트디부아르에는 공정한 근로환경을 보장하는 법이 없고 모든 것을 관리자의 '양심'에 맡겨야 하는데 그 과정에서 윤리적이지 못한 행위가 빈번히 일어나고 있다. 그동안 공유가치창출을 위해 열심히 활동한 네슬레로서는 억울한 일일 수 있으나 이러한 문제를 극복하지 못한다면 그간의 기업활동이 그저 착한 척만 하는 이미지 마케팅의 일환일 뿐이라는 비판에서 자유로울 수는 없다. 진정한 혁신을 위해서는 기존의 가치와 기준을 과감히 바꾸어야 한다. 현장에서 생기는 문제점들을 창의적인 방법으로 해결할 때 기업사회혁신은 오히려 더욱 빛을 발하게 된다.

한국형 '기업사회혁신'의 방향

우리나라에서 활동하는 수많은 기업이 사회양극화, 다문화사회, 고령화 등 다양한 사회문제를 해결하고자 나름대로 사회공헌활동을 진행하고 있다. 2010년 한국 500대 기업의 평균 사회비용은 131억 원으로, 양적 규모가 꾸준히 확대되는 추세다. 대다수의 기업은 좋은 이미지를 쌓아 경제적인 이익을 창출하고자 노력하고 있다. 그런데 국내 대기업들이 한 해 2조 원이 넘는 비용을 사회공헌활동에 투자하고 있는데도,

기업사회공헌을 바라보는 일반인의 인식은 그리 긍정적이지 않은 것으로 드러났다. 2012년 《조선일보》의 공익섹션 '더나은미래'가 성인 남녀 1000명을 대상으로 시행한 〈기업사회공헌 일반인 인식 조사〉 결과에 따르면 사회공헌을 가장 활발하게 진행하는 기업을 묻는 항목에 "모르겠다(49%)"와 "없다(11%)"는 응답이 60퍼센트 넘게 나타났다. 또한 기업의 사회공헌활동에 부정적인 응답(63%)이 긍정적인 응답(22%)보다도 많았다.

아울러 사회적 현안에 기업이 적극 참여해야 한다는 목소리가 높아지는 가운데 사회공헌활동의 고도화, 전문화의 필요성이 늘어나고 있다. 2011년 아름다운재단이 국내기업 338곳을 조사하여 발표한 〈한국기업의 사회공헌 활동 실태조사〉에 따르면 89퍼센트의 기업이 사회공헌 방식을 '현금 기부'로 하고 있는 것으로 드러났다. 기업의 사회공헌활동을 바라보는 일반인의 인식이 긍정적이지 않다는 점에서, 이제는 기업이 '단순 기부'가 아닌 '사회혁신'의 방법으로 실천 방향을 전환할 시점이 아닌가 한다.

여전히 많은 기업이 소외계층 전반을 아우르는 사회복지 프로그램을 대표적인 사회혁신 프로그램으로 상정하고 기업의 역량을 투입하고 있다. 특히 아동을 대상으로 한 지원을 선호하는 추세가 이어지고 있으며, 지원방식 또한 임직원의 자원봉사가 대부분이다. 사회혁신을 이야기하지만 현장의 변화를 끌어내지 못하는 전시성 프로그램도 부지기수다. 기업의 비즈니스 특성과 철학을 반영한 사회혁신의 전략적 접근이 부족한 현실이다.

지구촌 시대에 기후변화나 물 부족 같은 환경문제는 모두에게 직면한 도전이다. 세계의 시장은 얽히고설켜 있다. 한 나라의 교육문제, 빈곤문제, 질병문제, 인권문제, 노동문제, 환경문제 등이 그 나라 기업과 경제에만 영향을 미치는 시대는 끝났다. 기업의 사회혁신은 상대적으로 열악한 환경에 처해 있는 나라나 지역에 있는 사람들을 돕는 일에서 시작된다. 사회적으로 꼭 필요하지만 그동안 소홀히 취급한 사안이 무엇인지를 점검하는 과정에서 특별한 맞춤형 제품과 서비스, 새로운 사업모델, 새로운 경영관리 방안의 필요성을 발견할 수 있다. 이런 기업 사회참여활동이 하나하나 쌓이면 그것이 곧 혁신의 소재가 되어 비로소 사회혁신으로 이어진다.

세계 인구의 다수를 구성하고 있는 개발도상국의 빈곤층이 경제적으로 자립할 수 있도록 돕는 일은 많은 기업에게는 새로운 소비 시장을 개척하는 좋은 기회가 될 수 있다. 이때 무엇보다 중요한 것은 자선의 개념을 넘어 사회적 투자 개념으로 기업사회혁신전략으로 접근하는 것이다. 한번 생각해보자. 취약계층 아동을 도움의 대상으로만 생각하고 접근한다면 저소득층을 지원하는 사회공헌사업을 홍보하는 수준을 결코 넘어설 수 없다. 하지만 취약계층 아동을 미래의 인적자원으로 생각한다면 단순한 자선이 아닌 장기적인 투자의 개념으로 접근할 수 있다. 마이크로소프트는 미국 저소득층 젊은이에게 정보통신기술을 교육하고 그중에 우수한 인재를 직접 채용하는 프로그램을 시행한다. 사회적으로는 계층 간의 정보격차를 극복하고 기업으로서는 직접 양성한 우수한 인재를 확보할 수 있는 길이 열린 셈이다.

우리 사회 내부에 있는 다민족, 다문화 문제도 마찬가지다. 단순히 복지적인 관점으로 해결하려 하거나 한국사회에 동화하게끔 접근하기보다는 이중 언어, 이중 문화에 익숙한 인재로 양성할 필요가 있다. 우리 사회 안에 있는 외국 출신자를 기업은 일종의 '테스트 마켓'으로 활용하는 발상의 전환을 할 필요가 있다. 고령화 시대에 노년층을 그저 돌봄의 대상으로 접근하기보다 실버산업 및 헬스케어 시장의 대상 또는 소비층을 접근하면 새로운 시장이 형성되고 기업은 다양한 혁신의 아이디어를 내놓을 수 있을 것이다.

사회혁신을 꿈꾸는 기업은 사회문제를 해결하기 위해 다양한 이해관계자와 더불어 프로그램을 시행해야 한다. 눈에 보이는 빙산의 10퍼센트만 볼 게 아니라 눈에 보이지 않는 90퍼센트를 보는 지혜가 필요하다. 보이지 않는 90퍼센트를 보는 힘, 이것이 바로 기업사회혁신을 성공으로 이끄는 비법이다.

5

사회혁신 브랜드 창조하기

1

소비자가
기업을 바꾼다

소비자는 편익을 찾는다

경제는 생산, 유통, 소비의 과정으로 흘러간다. 참신한 기획과 아이디어로 생산된 제품과 서비스의 최종 종착지는 이를 소비하는 소비자다. 사회혁신 비즈니스 역시 생산, 유통, 소비의 과정을 거치며 지속가능한 생명을 이어나간다. 조선 후기를 대표하는 실학자인 박제가는 《북학의(北學議)》에서 근검절약과 검소함만으로는 나라의 경제를 발전시킬 수 없다면서 소비를 장려해 생산을 촉진하고 상업을 활성화해야 한다는 '소비 미덕론'을 펼쳤다. 이는 조선을 농업이 아닌 상공업과 해외통상 중심의 경제체제로 개혁해야 한다는 주장이었다.

특히 박제가는 부(富)와 재물을 우물에 비유하면서 사용하지 않으면 말라버린다고 했다. 비단옷을 입지 않는 나라에서는 수요가 없으니 아름다운 비단을 짜는 직조기술이 발전하지 못할 테고, 견고하고 쓰임새 있는 물건을 만드는 사람을 칭찬하지 않는 나라에서는 장인과 기술자의 솜씨가 응당 도태될 수밖에 없다. 반면 아름다운 비단옷이나 튼튼하고 쓰임새 있는 물건을 구하려는 소비자가 있으면 누군가는 질 좋은 상품을 만들 테고, 이에 따라 각종 제품의 소비와 생산을 매개하는 상업과 유통이 절로 발달하게 된다. 이처럼 박제가는 소비가 활발해지면 백성의 삶 또한 풍요로워진다고 보았다.

200여 년 전 사회개혁을 꿈꾸었던 실학자 박제가의 말처럼 과연 소비는 미덕일까? 이 문제는 동서고금을 막론하고 오랜 세월 논쟁이 되어왔다. 현대사회에서는 소비가 경제에서 차지하는 비중이 커져 소비 위축은 곧 경제 불황, 투자 위축, 실업으로 이어지는 과정을 보이기 때문에 적절한 소비가 미덕이라는 말은 어느 정도 설득력이 있는 듯하다.

필립 코틀러는 '제품'이란 필요와 욕구를 충족시키고자 획득, 사용, 소비를 목적으로 시장에 제공될 수 있는 모든 것이라고 했다. 특정 형태의 상품, 서비스, 소매상, 인물, 조직, 장소 혹은 아이디어조차 제품이 될 수 있다. 그리고 제품은 무엇이든 본질적인 기능이 있다. 소비자의 관점에서 보면 그 제품을 사용하여 얻고자 하는 편익(Benefit)이 있는 셈이다. 에어컨은 시원하게 잘 나와야 하고, 의사는 병을 잘 고쳐야 하며, 열차는 빠르고 안전하게 승객을 수송해야 한다. 그런데 핵심편익(core benefit)은 제품의 기본적 기능을 넘어 시장의 상황에 따라 변화하기도 한다.

일반적으로 냉장고는 제품을 신선하게 유지하는 게 목적이지만, 요즘 냉장고는 가정의 경제적 능력이나 품위와 밀접한 연관이 있다. 그렇기에 삼성의 지펠, 엘지의 디오스 같은 제품은 소비자의 변화된 편익을 강조하는 광고로 구매욕을 자극한다. 노트북 광고가 기능보다 휴대의 편의성 또는 인터넷 접속 환경의 편리함을 강조하거나, 아디다스가 스포츠용품의 기능을 강조하기보다는 리오넬 매시(Lionel Messi) 같은 스포츠 스타를 기용하여 제품 이미지와 브랜드 인지도 향상을 꾀하는 광고를 내보내는 것도 같은 맥락에서다.

스타벅스 커피를 마시는 사람들은 단순히 커피 그 자체를 소비하는 게 아니라 그 안에 담긴 문화를 향유하는 것이다.[•] 대부분의 화장품회사는 제품을 광고하는 모델이 보여주는 인생을 통해 아름다워질 수 있다는 '욕망'을 판다. 이처럼 기업은 고객이 원하는 핵심편익을 찾아냄으로써 보다 성공적으로 소비자에게 다가갈 수 있다.

소비자, 윤리를 말하다

1916년 '박승직 상점'에서 한국 최초의 근대 화장품인 '박가분(朴家粉)'이 나왔다. 박가분은 기획, 생산, 포장 면에서 이전의 화장품과는 많이 달랐다. 탁월한 미백(美白) 효과와 세련된 포장 디자인으로 여성의 마음을 사로잡아 가내수공업 단계에 머물러 있던 화장품업계에 일대 변혁을 불러왔다. 한창 인기를 끌던 박가분은 판매 확대를 위해 화장품으로는 최초로 《동아일보》와 《조선일보》지면에 광고를 싣기도 했다. 한때 조선 화장품 시장을 주름잡던 박가분은 납 성분의 부작용이 문제가 되어 1937년에 생산을 중단하고 만다. 박가분은 우리나라 소비자들이 제

• 스타벅스는 세계 40여 개국에 1만 6000여 개의 매장을 둔 세계적인 커피 체인이다. 원래 미국에서는 커피는 값싼 음료였지만, 스타벅스의 최고경영자 하워드 슐츠는 도시 남녀가 저마다 하나씩 커피 잔을 들고 다니는 진풍경을 만들어냈다. 그는 "스타벅스는 커피를 파는 게 아니라 문화를 판다"고 말한다. 스타벅스가 성공한 마케팅전략을 이토록 간결하게 설명하기도 쉽지 않을 것이다. 스타벅스는 홀로 조용히 커피를 마시며 자신만의 시간을 누릴 수 있는 공간, 친한 사람들과 소통할 수 있는 편안한 공간, 무료로 인터넷을 사용하며 작업할 수 있는 공간, 책을 읽으며 사색할 수 있는 공간을 제공한다. 깔끔한 인테리어를 기본으로 제공하며 매장의 분위기에 적합한 음악을 선별하여 들려주는 스타벅스는, 번잡한 도시 공간 속에서 쾌적한 휴게시설을 필요로 하는 도시인의 핵심편익을 만족시켰기에 성공 신화를 이룰 수 있었다.

품의 부작용을 호소하여 제품 생산을 중단한 첫 사례로, 한국 소비자운동의 물꼬를 튼 비운의 제품이 되고 말았다.

세계 최초의 소비자운동은 1791년 영국 퀘이커교도가 노예들에 의해 생산된 서인도제도의 설탕 대신 노예들이 생산하지 않는 동인도 지역의 설탕을 구매하자며 벌인 캠페인에서 시작되었다. 이 운동으로 몇몇 지역에서는 서인도산 설탕 소비가 3분의 1이상 줄었고, 2년간 인도산 설탕의 구매가 10배 이상 늘어났다. 이는 오늘날 공정무역(Fair Trade)의 실질적인 출발점이기도 하다. 서인도제도산 설탕 불매 운동은 1807년 노예무역금지법이 통과되는 데 기여한 바가 크다. 노예들에 의해 생산된 설탕을 불매하는 운동은 1820년대 다시 한 번 일어나게 되는데, 이번에는 노예제도 자체를 폐지하자는 기치로 일어난다. 이에 몇몇 무역업자는 자신들이 들여오는 설탕이 노예와는 무관하다며 라벨을 붙이기도 한다. 어떻게 보면 이 라벨이 오늘날 공정무역라벨의 효시라고 할 수 있다.

공정무역 제품을 구매하는 행위를 전문적인 용어로 '윤리적 소비(Ethical Consumption)'라고 한다. 사람과 동물, 환경, 사회에 해를 끼치지 않고 만들어낸 물건을 적극적으로 사서 쓰는 것을 말한다. 2008년 한겨레경제연구소는 한국의 윤리적 소비를 크게 건강, 환경, 사회라는 세 영역으로 분류했다. 우선 건강은 '웰빙' 소비 트렌드가 속하는 영역이다. 당장의 욕구를 충족시키는 근시안적 소비에서 벗어나 장기적으로 자신의 정신적·육체적 건강에 도움이 되는 소비를 해야 한다는 흐름이다. 환경 영역에는 저탄소·저에너지 제품 사용, 재활용 제품 사용, 동물보호 제품 등을 소비하는 친환경 소비가 속한다. 자신의 건강만이 아니라 자연환경 전체의 건강을 생각하며 소비하는 흐름이다. 사회 영역에

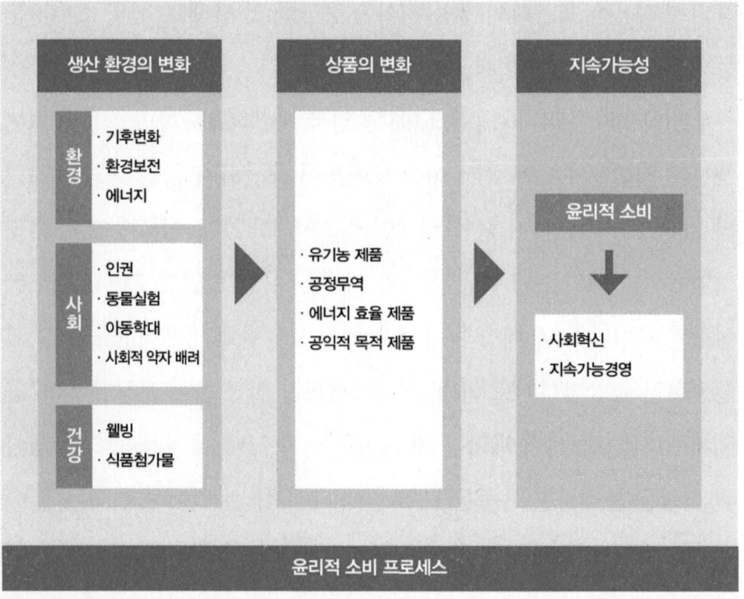

는 공정무역처럼 인권이나 노동문제를 고려한 소비가 포함된다. 자신의 '웰빙'뿐 아니라 이웃의 '웰빙'까지 생각하며 소비하는 흐름이다.

이처럼 한국에서 윤리적 소비의 흐름은 건강 영역에서 제기되었지만, 환경 영역으로 확산하여 사회 영역으로까지 발전하는 중이다. 건강에 도움이 되는 제품을 소비하던 '웰빙'에서 친환경 제품을 소비하는 '로하스(LOHAS, Lifestyle of Health and Sustainability)'와 제3세계 생산자에게 제대로 된 가격을 주고 커피나 초콜릿 등을 수입하는 '공정무역'으로 그 소비 형태가 바뀌고 있는 것이다.

세계적인 컨설팅회사인 맥킨지는 2008년에 〈경쟁의 새 규칙 형성(Shaping the New Rules of Competition)〉이라는 보고서를 내고 이러한 '윤리적 소비자'의 성장을 전망했다. 윤리적 소비자는 기업의 사회적 평판을 기초로 몇 번 이상 따져보고 구매를 결정하는 소비자를 말한다. 맥킨지 보고서는 '가격 대비 품질'을 따지는 합리적 소비의 유형이 환경 보호와 사회발전이라는 사회적 가치를 배려하는 '윤리적 소비'로 발전하고 있음을 보여준다. 이제 윤리적 소비는 새로운 트렌드이면서 하나의 시장 영역이 되고 있다.

소비자가 원하면 기업은 변한다

일반적으로 국가의 발전 정도에 따라 소비의 유형을 크게 네 가지로 분류할 수 있다. 가난한 나라의 소비자는 값이 싸면서도 좋은 상품을 찾는다. 중산층이 많은 나라에서는 타인의 시선을 중요시하는 명품 소비자 그룹이 소비를 주도한다. 패션 명품이 개발도상국에서 가장 많은 이윤을 내는 이유가 여기에 있다. 조금 더 부유한 나라에서는 레저나 인테리어에 돈을 쓰는 편리 소비자 계층이 늘어난다. 선진국이 되면 신념이나 인류애를 위해 소비와 투자를 결정하는 '자기 만족형' 소비자가 주류를 이룬다. 자기 만족형 소비자들은 윤리적 소비자이기도 하다. 이러한 흐름을 반영해 기업들은 사회적 트렌드, 상품에 철학을 반영하는 데 관심을 보이며 브랜드로 그 가치를 표현하려고 한다.

'윤리적 소비'라는 말이 처음 등장했을 때 대부분은 시큰둥하게 여겼다. 많은 기업이 보기에도 윤리적 소비란 현실을 모르는 사람들의 이상적인 외침 정도였을 뿐이었다. 하지만 소비자의 힘과 역할은 서서히 변화를 보이기 시작했다. 프라할라드는 《경쟁의 미래》라는 저서에서 오늘날 소비자는 고립된 개인이 아니라 서로 연결된 개인이고, 다양한 정보에 입각해 결정을 내리는 소비의 주체이며, 적극적으로 기업에 피드백을 제공하는 사람들이라고 말한다.

지금 우리 주위를 돌아보면 과거에 비해 제품 생산과정의 윤리성에 관심을 보이는 소비자가 늘었음을 알 수 있다. 커피 한 잔, 초콜릿 한 조각, 세제 한 방울, 축구공 한 개, 청바지 한 벌에 담긴 윤리적 의미를 다시 생각하기 시작했다는 말이다. 그 때문에 윤리적이지 못하다고 생각하는 회사의 제품을 불매하는 소비자운동이 이제는 낯선 일이 아니다. 나이키의 생산 공정에서 어린이의 노동력을 착취한 일이 알려지자 대대적인 불매운동을 벌이고, 스타벅스 매장 앞에서 공정무역 제품을 구매하라며 피켓시위를 벌이는 주체도 다름 아닌 소비자였다.

이들의 뜻을 따라 나이키는 제품의 생산 공정을 정비했으며, 스타벅스는 공정무역 제품을 구매하는 변화를 보였다. 윤리적 소비에 관한 소비자의 관심과 기대가 높아지자 기업들이 이러한 변화에 편승하면서 윤리적 제품을 개발하고 앞 다투어 판매하기 시작했다. 무엇보다 가장 눈에 띄는 것은 유통업체의 변화다. 사실 유통업이야말로 소비자의 변화에 가장 민감한 업종이 아니던가. 오늘날 친환경 제품이나 공정무역 제품이 유통시장에서 우위를 점하게 된 것도 소비자의 변화에서 그 이유를 찾아야 할 것이다.

윤리적 소비자의 증가는 기업의 관련 상품 출시로 이어지고, 이를 구매하는 소비자가 늘어나면 윤리적 소비에 반응하는 기업이 증가하는 윤리적 소비의 선순환 구조가 형성된다. 2012년 한겨레경제연구소가 시행한 〈국내 대기업의 사회공헌활동에 대한 일반인 인식조사〉 결과를 보면, 제품을 구매할 때 기업의 사회적 책임을 고려한다는 대답(55.7%)이 2009년(43.5%) 조사 때보다 크게 높아졌음을 알 수 있다. 특히 '사회적 책임을 다하는 기업 제품은 구매할 의사가 있다'(55.0% → 59.6%)고 생각하는 소비자보다 '사회적 책임을 무시하는 기업 제품은 구매하지

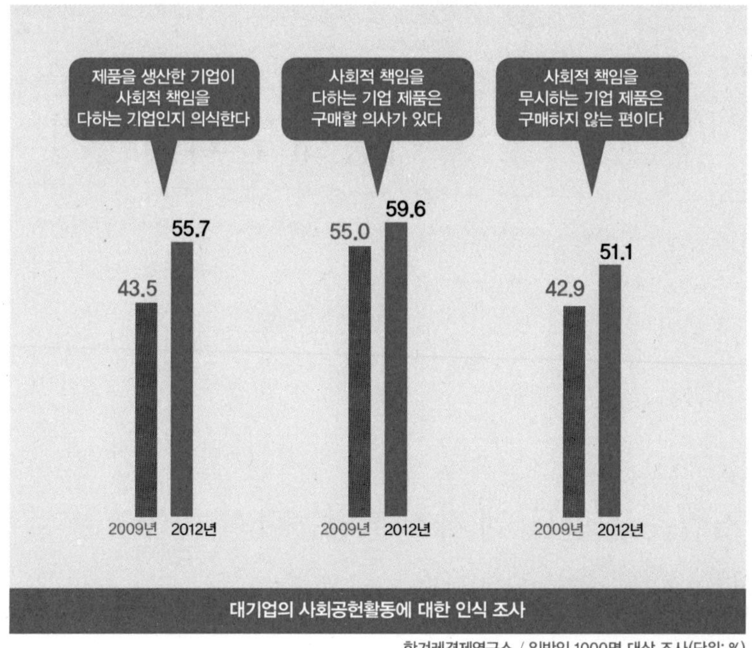

않는 편이다'(42.9% → 51.1%)라고 응답한 소비자의 비율이 큰 폭으로 늘었다.

이는 기업의 사회공헌활동이 실제 경영성과로 이어질 수 있음을 시사할 뿐 아니라 사회공헌활동을 비롯해 사회적 책임에 소홀한 기업은 앞으로의 시장에서 성장하기 어렵다는 사실을 방증한다. 현대사회에서 소비자의 윤리적 소비와 기업의 사회공헌은 서로 맞물려 하나의 시대적 흐름으로 자리를 잡아가고 있다.

2

브랜드는
어떻게 변화하는가

기업은 '브랜드'에 가치를 담는다

누군가를 유혹하려면 먼저 그 사람의 마음을 알아야 한다. 기업도 마찬가지다. 고객의 마음을 알아야 한다. 앞서 살펴봤듯이 기업이 상품만으로 고객을 끌던 시대는 지났다. 고객의 마음을 모르면 실패하고 만다. 수많은 상품과 서비스가 야심만만하게 등장했다가 소리 소문 없이 사라지는 이유가 바로 여기에 있다. 로버트 그린(Robert Greene)은 《유혹의 기술》이란 책에서 물리적인 힘보다는 심리적인 힘을 더 중요하게 생각하면서 이렇게 이야기했다.

"대부분의 사람들은 자기만의 세계에 갇혀 있기 때문에 설득하기가 어렵다. 사람들로 하여금 딱딱한 껍질을 깨고 나와 유혹에 빠지게 하려면 그들의 마음속으로 들어가야 한다. 그들의 규칙에 따라 경기를 하고, 그들이 즐기는 것을 함께 즐기면서 그들의 기분에 적응해야 한다. 그렇게 하면서 그들의 뿌리 깊은 나르시시즘을 어루만지는 한편, 그들의 방어본능을 서서히 허물어뜨려야 한다. 마치 스스로의 모습을 기업은 이익을 내기 위해 소비자가 원하는 제품과 서비스를 제공하려고 노력한다. 고객의 심리를 알고 이에 맞는 마케팅을 전개할 때 사업도 성공할 수 있다. 기업은 고객에게 제공하는 제품과 서비스에 해당 기업만이 가지고 있는 독특한 가치를 담는다. 우리는 이것을 ‘브랜드(brand)’라고 부른다. 마케팅에서 브랜드는 생산자의 제품과 서비스를 다른 생산자의 그것과 구별하기 위한 수단으로써 사용해왔다. 브랜드란 말은 ‘불에 달구어 지진다’는 뜻으로 사용하는 노르웨이 고어 ‘brandr’에서 유래했다. 이것은 가축 소유주가 자신의 가축을 식별하기 위한 표현의 수단으로 찍던 낙인에서 시작된 말이다. 미국 마케팅협회는 브랜드를 ‘판매자 개인이나 단체가 재화와 서비스를 특징짓고, 이것들을 경쟁자의 재화와 서비스로부터 차별화할 목적으로 만든 이름, 어구, 표시, 심벌이나 디자인 또는 이들의 조합’이라고 정의한다. 일반적으로 기업의 마케팅 관리자들은 새로운 제품을 위한 새로운 이름, 로고나 심벌을 만들 때마다 새로운 브랜드를 만들곤 했다.

하나의 제품을 브랜드화하려면, 그 제품의 기능이 ‘무엇’이고, ‘왜’ 소비자들이 관심을 가져야 하는가는 물론 제품을 특징지을 수 있는 이름과 다양한 브랜드 요소를 이용함으로써 소비자에게 그 제품이 어떤 것인지를 전달하는 과정이 필수적이다. 다시 말해서 제품이나 서비스를 브랜드로 만들기 위해서는 소비자가 쉽게 인식할 수 있는 라벨이나 문구를 제시해야 하며, 제품의 특징과 차별성은 무엇이며, 브랜드에 내포된 의미가 무엇인지를 제시해야 한다. 필립 코틀러의 지적처럼 제품이란 물리적 제품, 서비스, 소매상, 인터넷 전자상거래만을 의미하지 않고 사람, 조직, 장소 또는 각종 아이디어와 공익적 이슈 등도 해당된다. 한마디로 모든 것이 브랜드가 될 수 있다.

브랜드를 이루는 세 가지 요소

스티븐 코비(Stephen Covey)는 《성공하는 사람들의 7가지 법칙》이란 책에서 모든 인간은 기본적으로 네 가지 구성 요소로 이뤄져 있다고 설명한다. '신체'와 '사고와 분석이 가능한 지성'과 '감성' 그리고 '영혼'이 그것이다. 이러한 인간의 네 가지 구성 요소는 살아 움직이는 생명력이 있는 브랜드에도 동일하게 적용된다. 신체에 해당하는 브랜드를 창조하고 관리하는 사람들은 브랜드에 지성, 감성의 요소를 끊임없이 주입하고 영혼과 교감하는 콘셉트를 만들고 발전시킨다.

- 세상에서 가장 안전한 자동차, 볼보(지성)
- 커피를 마시는 제3의 장소, 스타벅스(감성)
- 순수한 자연주의 화장품, 바디샵(영혼)

기업은 체계적인 브랜드 관리를 통해 사람들에게 인식되고 지속적으로 기억되는 브랜드를 만들기 원한다. 즉 사람들이 기업이 원하는 의도대로 기업 또는 기업의 제품을 정확하게 인식하고 있느냐가 브랜드 마케팅의 핵심이다. 필립 코틀러는 《마켓 3.0》에서 사람들에게 기억되는 브랜드가 되기 위한 방법으로, 고객의 마음속에 브랜드를 자리매김하는 포지셔닝, 다른 브랜드와 다른 독특한 개성을 표현하는 차별화가 서로 조화를 이루어야 한다는 3각 마케팅을 이야기한다. 여기서 3각은 다음과 같다.

- 브랜드 아이덴티티(identity)
- 브랜드 이미지(image)
- 브랜드 품격(integrity)

사람은 누구나 남들이 나를 어떻게 평가해주기를 바라는 마음이 있다. 때로 다른 사람에게 자신의 모습을 보여주며 "나는 이런 사람이야." 하고 표현하기도 한다. 이것을 기업의 상품과 서비스에 적용하면 '브랜드 아이덴티티'가 된다. 브랜드 아이덴티티는 브랜드의 이념, 목적, 활

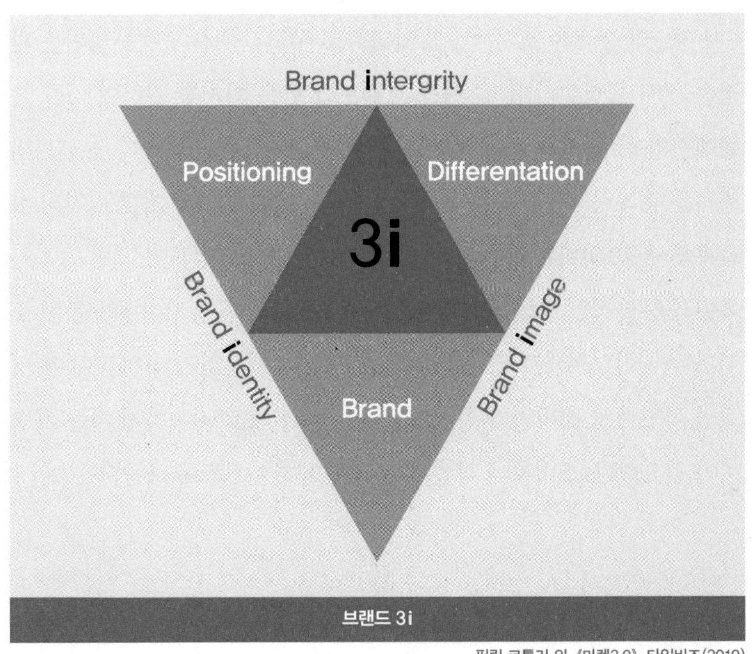

브랜드 3i

필립 코틀러 외, 《마켓3.0》, 타임비즈(2010)

동, 표현 등을 의식적으로 통일하여 브랜드의 개성을 만들어내고 신뢰를 준다. 또한 브랜드 아이덴티티는 '내가 남에게 보이고 싶은 바'를 말하며 소비자들의 지성에 호소하여 브랜드를 적절히 포지셔닝하는 것을 의미한다. 그러므로 브랜드 아이덴티티의 수립은 고객에게 브랜드를 궁극적으로 어떻게 연상하게 할 것인가를 결정하는 과정이다. 이런 브랜드 관리에도 중장기적인 비전이 필요하다.

사람은 의도하든 의도하지 않든 남들로부터 평가를 받는다. 외모, 성격, 인간관계, 인격 등을 종합해서 '저 사람은 저렇구나.' 하는 생각이 굳어진다. 이것을 기업의 상품과 서비스에 적용하면 브랜드 이미지가 된다. 브랜드 이미지란 소비자가 그 브랜드에 대해 느끼는 전체적인 인상을 말한다. 즉 브랜드와 이미지는 브랜드에 관한 감정, 애착, 감정적 유대감 등이 결합되어 형성된다.

브랜드의 품격은 포지셔닝과 차별화로 이뤄진 바를 충족해나가는 과정을 거쳐 형성된다. 품격 있는 브랜드라 함은 의지할 만하며 나를 존중해주며 더 나아가 깊이 신뢰할 수 있는 브랜드를 의미한다. 브랜드의 품격을 충족시켜주는 것은 소비자의 '영혼'이다. 브랜드가 소비자의 마음속에서 그 의미를 유지하게 하려면 지성, 감성, 영혼이 개별 목표가 아니라 통합적인 전략을 세워 접근할 필요가 있다. 포지셔닝을 통해 소비자들이 이성적으로 접근하도록 유도한 뒤 이성적인 차원을 넘어 영적인 차원에서 소비자가 자신의 결정을 확신하고 지속하게 하는 차별화가 필요하다. 소비자의 감성이 그런 실천에 이르도록 해준다.

브랜드는 '사랑'이다

사랑이란 무엇일까? 오래된 유행가의 가사처럼 '눈물의 씨앗'일까? 사랑에는 하나의 답만 있는 게 아니다. 어떤 이는 사랑에 관해 감성적인 답을 달 수 있을 것이고, 어떤 이는 이성적이고 과학적으로 사랑을 분석하려 할지 모른다. 또 어떤 이는 시를 쓰고 어떤 이는 노래를 부르며 어떤 이는 그림을 그릴 것이다. 사랑은 흔하면서도 표현하기 어려운 감정이다. 영화 〈러브 액츄얼리〉를 여는 내레이션은 '사랑'의 의미를 생각하게 하며 잔잔한 감동을 준다.

"세상 일이 우울해질 때마다 나는 히드로 공항의 출구를 생각한다. 일반적으로 우리는 증오와 탐욕이 가득한 세상에서 사는 것처럼 말하지만, 나는 그렇게 생각하지 않는다. 나는 이 세상 어디에나 사랑이 있다고 생각한다. 특별히 존귀하거나 기삿거리가 되는 것은 아니지만, 사랑은 아버지와 아들, 엄마와 딸, 남편과 아내, 남자친구, 여자친구, 오랜 친구 사이에 항상 존재한다고 생각한다. 비행기들이 쌍둥이 빌딩을 덮쳤을 때, 탑승자들로부터 걸려온 전화의 내용은 미움과 복수에 관한 것이 아니라 하나 같이 사랑의 메시지가 담겨 있었다. 당신이 사랑을 찾는다면, 실제로 어디에나 사랑이 있음을 알게 될 것이다."

사랑은 '관계' 속에서 싹이 트고 열매를 맺는다. 브랜드는 소비자의 신뢰를 쌓아 지속적으로 관계를 유지해나가는 것을 최종 목표로 한다. 세계적인 광고대행사 사치앤사치(Saatchi & Saatchi)의 최고경영자인 케빈 로버츠(Kevin Roberts)는 '러브마크(Love Mark)'라는 개념을 이야기했다. 러브마크는 소비자로부터 이성을 뛰어넘는 충성도를 획득한 브랜드를 지칭한다. 고객은 자신만의 러브마크를 가지고 있으며 러브마크와 독특한 관계를 맺고 있다. 러브마크는 고객의 기억을 넘어 가슴속에 남는 브랜드로, 친밀함과 정서적 유대감을 형성한다. 꼬마에게는 애니메이션 캐릭터 '뽀로로'가, 군인 아저씨에게는 '초코파이'가, 가톨릭 신자에게는 고(故) 김수환 추기경이 마음에 남는 러브마크가 될 수 있다. 브랜드를 향한 사랑은 단순한 애정이나 감정을 초월한 절대적 충성이다.

비위생적인 환경 때문에 저개발국가의 아이들은 파상풍에 많이 걸린다. 1회용 아기 기저귀로 유명한 피앤지(P&G) 계열의 팸퍼스는 열악한 환경에 있는 저개발국가 어린이의 건강을 위해 적극적인 마케팅 프로그램을 도입했다. 2006년부터 팸퍼스와 유니세프는 북미와 유럽 지역을 중심으로 기저귀 1팩을 사면 백신 1인분을 기부하는 '원 팩, 원 백신(One pack One vaccine)' 캠페인을 시행했다. 아기 기저귀의 주구매층인 20~30대 젊은이들은 지구촌 저개발국가의 아이와 산모를 돕는 일에 적극적인 공감을 보였다. 팸퍼스는 주부들로 하여금 '내가 산 제품이 나와 비슷한 산모, 그리고 내 아이 또래의 아이를 파상풍에서 구할 수 있다'고 생각하게 했다. 이러한 사랑의 마음이 팸퍼스 아기 기저귀 구매로 이어졌다.

소비자의 신뢰를 얻고 있는가

"사랑해요 사랑해요 사랑해요 엘지~"

"삼성, 또 하나의 가족"

많은 기업이 소비자를 향해 외치고 또 외친다. 사랑한다고, 당신의 행복을 위한 파트너가 되겠다고. 하지만 소비자의 생각은 과연 어떨까? 기업이 적극 추진하고 있는 일명 '착한 마케팅'을 비판하는 용어를 보면 소비자가 어떤 시선으로 기업을 바라보고 있는지 감을 잡을 수 있다.

- **그린워시**(Green Wash) 환경을 오염시키는 기업들이 본질은 외면하고 친환경 이미지를 광고한다.
- **핑크워시**(Pink Wash) 여성적인 감성을 자극해 단지 좋은 느낌으로 부정적인 문제를 덮으려 한다.
- **블루워시**(Blue Wash) 현실의 문제를 해결하려 하기보다 미래가치와 다음세대만을 외친다.
- **필란트로피 웨건**(Philantrophy Wagon) 남들이 자선사업을 하니 나도 한다.

착한 마케팅은 공익적인 좋은 취지에서 비롯된 마케팅임에도 기업을 둘러싸고 있는 이해관계자들이 곱지 않은 시선으로 보는 일이 적지 않다. 가장 주된 비판은 자선사업을 장사 수단으로 활용하고 있다는 논리다. 나쁜 일을 가리기 위해 적당히 착한 시늉을 내는 것이라는 비판적인 시각이 적지 않다. 우리나라의 경우 각종 스캔들에 연루된 기업은 하나같이 재산의 사회 환원을 들먹인다. 수백에서 수천억 원대의 사재 출연으로 나쁜 이미지를 쇄신해보려 하지만, 소비자들은 이제 이런 눈가림을 긍정적으로 받아들이지 않는다. 사회적기업 브랜드를 바라보는 인식도 마찬가지다. 사회적 가치 창출을 목적으로 수많은 브랜드가 생겨나긴 했지만, 소비자가 볼 때 취지는 좋지만 '품질' 면에서 의심이 가는 브랜드가 하나둘이 아니다. 그 때문인지 몇몇 사회적기업은 사회적기업임을 표방하지 않기도 한다. 일부이긴 해도 어떻게 보면 사회적

기업이 사회를 이야기하지 않고, 일반기업이 마지못해 사회를 강조하는 기막힌 일이 벌어지고 있는 셈이다. 하지만 기업의 브랜드 가치를 진정으로 높이려면 끊임없는 노력이 필요하며, 소비자 및 사회와 소통하면서 신뢰관계를 형성하는 것이 최우선의 과제다. 이런 의미에서 사회혁신 브랜드전략은 기업의 진정성을 어필하고 이를 실천하는 좋은 도구가 된다.

'진실의 순간'을 추구하는 사회혁신 브랜딩

우리나라의 많은 기업이 사회혁신에 관심을 두고 미국과 유럽을 비롯한 외국 사례를 벤치마킹하면서 새로운 시도를 하고 있다. 하지만 구체적인 차별성이 없거나 기존의 사업에 묻혀 그 가치를 제대로 적용하지 못하고 있는 실정이다. 또한 사회혁신보다는 자선사업 위주의 사회참여를 생각하는 경영자가 더 많기에 사회혁신전략이 뿌리를 내리지 못하고 있다. 한국사회 특유의 반(反) 기업 정서가 기업들이 사회혁신에 나서는 데 걸림돌이 되기도 한다.

하지만 돌파구는 있다. 기업의 사명과 비전, 가치와 연관된 부분부터 공익적 마인드를 찾아 실행하면서 사회문제를 해결하고 변화의 물꼬를 트는 '사회혁신 브랜딩' 과정을 거치면 기업은 소비자 그리고 사회와 신뢰관계를 형성할 수 있다. 스페인에서는 투우사가 황소를 상대로 자신의 재주와 기량을 마음껏 뽐내다가 마지막에 소의 급소를 찌르는 순간을 가리켜 '진실의 순간(MOT, Moment of Truth)'이라고 부른다. 황소의 삶과 죽음을 가르는 찰나가 진실의 순간인 것처럼, 우리도 일상 속에서 중요하고도 결정적인 진실의 순간을 경험하며 살고 있다.

'진실의 순간'이라는 용어는 마케팅에서도 빈번히 사용되는데, 고객
이 조직의 어떤 일면과 접촉하는 모든 순간을 말한다. 예를 들어 고객
이 기업의 시설이나 제품과 접촉하는 순간, 종업원과 대면하는 순간,
기업 광고를 보는 순간, 대금청구서를 받는 순간, 정보를 얻으려고 전
화를 한 순간, 서비스를 받기 위해 순서를 기다리는 순간 등, 매 순간이
곧 진실의 순간이다. 기업은 이런 과정 하나하나가 그 자체로 하나의
상품임을 인식해야 한다. 개인이 경험하는 진실의 순간이 고스란히 쌓
여 고객만족, 좋은 이미지, 재방문, 재구매와 같은 긍정적인 마케팅 결
과로 이어지기 때문이다. 기업은 고객과 접촉하는 모든 순간의 가치를
재발견해야 한다.

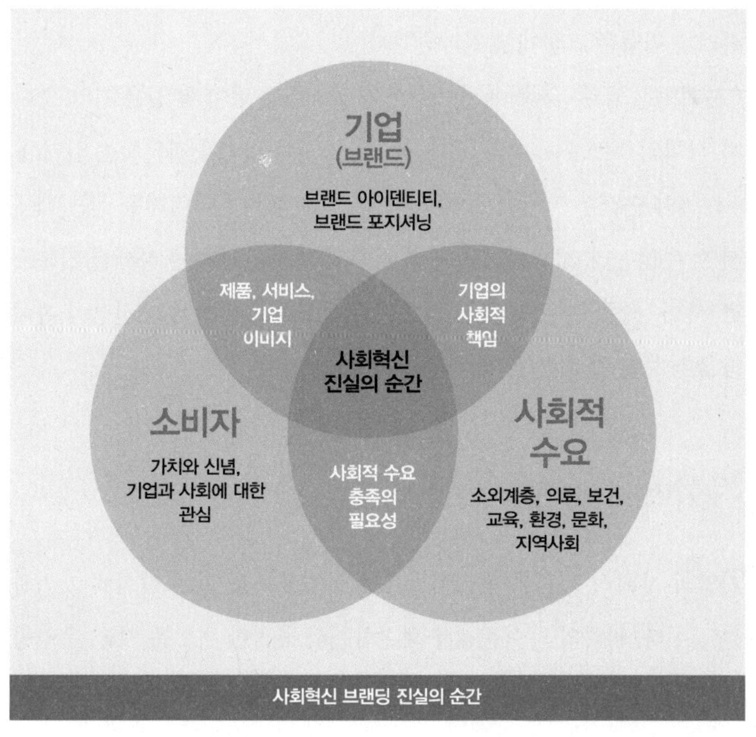

사회혁신 브랜딩 진실의 순간

브랜드의 수준과 위상은 브랜드를 사랑하고 아껴주는 고객에 의해 결정된다. 브랜드가 '나'의 가치를 제대로 인정해주고 있다고 깨닫는 순간이 브랜드와 고객인 '나' 사이의 결정적인 진실의 순간이다. 사회혁신 브랜딩에서 '진실의 순간'은 기업, 사회, 소비자의 다양한 가치가 공유되는 접점, 즉 공통의 '필요'가 만나는 지점에 '스위트스폿(Sweet Spot)'이 형성된다. 테니스나 배드민턴, 탁구같이 라켓으로 하는 운동에서는 스위트스폿이 중요하다. 노련하지 않은 선수는 공을 무조건 세게 치려는 경향이 있다. 그러면 몸에 힘이 들어가 부자연스러운 스윙으로 이어진다. 과도한 움직임으로 몸에 무리가 따르기도 한다. 하지만 스위트스폿에 맞춰 타격하면 적은 힘으로도 공을 멀리 보낼 수 있다. 많은 기업이 사회혁신을 추구하면서 애를 쓰지만 스위트스폿을 찾아 실행하려는 기업은 그렇게 많지가 않다.

사회혁신 브랜딩전략에서 기업이 우선순위를 둬야 할 일은 기업, 소비자, 사회의 '니즈(needs)'와 '원츠(wants)'를 찾아 접점을 파악하는 일이다.

진실의 순간은 기업이 소비자에게 단순히 '착한' 이미지를 심는 데에서 오지 않는다. 사회와 소통하며 사회적 책임을 다하는 자세를 기본으로, 사회 구성원인 소비자의 필요를 보듬어주고 일방적인 전달이 아니라 소통하려 할 때 진실의 순간이 열린다.

사회혁신 비즈니스의 새로운 날개, 브랜드

기업의 사회적 목적은 핵심역량으로 사업활동을 벌여 사회에 기여하는 것이다. 하나의 사회문제를 해결하면서 축적한 새로운 기술, 운영방식, 경영전략을 이용한 혁신으로 생산성을 개선하여 시장을 확대할 수도 있다. 이 과정에서 기업은 '경제적 가치'와 '사회적 가치'를 추구함과 동시에 나름의 '전략적 사고'와 '독창적 사고'를 취한다.

아래 표처럼 '사회적 가치'와 '경제적 가치'를 세로축으로 놓고 '전략적 사고'과 '독창적 사고'를 가로축으로 놓고 분석해보면, 경제적 가치와 전략적 사고가 만나는 지점에 기업의 경쟁력을 강화하여 최고의 성과를 내게 하는 '핵심역량'이 있다. 사회적 가치와 전략적 사고가 만나는 지점에는 '사회혁신전략'이 있다. 사회적 가치와 독창적 사고가 만나는 지점에는 기존의 생각과 다른 방식으로 사회문제를 해결하려고 하는 '사회적기업가정신'이 있다. 그동안 사회혁신 비즈니스는 '사회혁신전략' '핵심역량' '사회적기업가정신'을 바탕으로 진행되어왔다. 하지만 경제적 가치와 독창적 사고가 만나는 '브랜드'에 관해서는 상대적

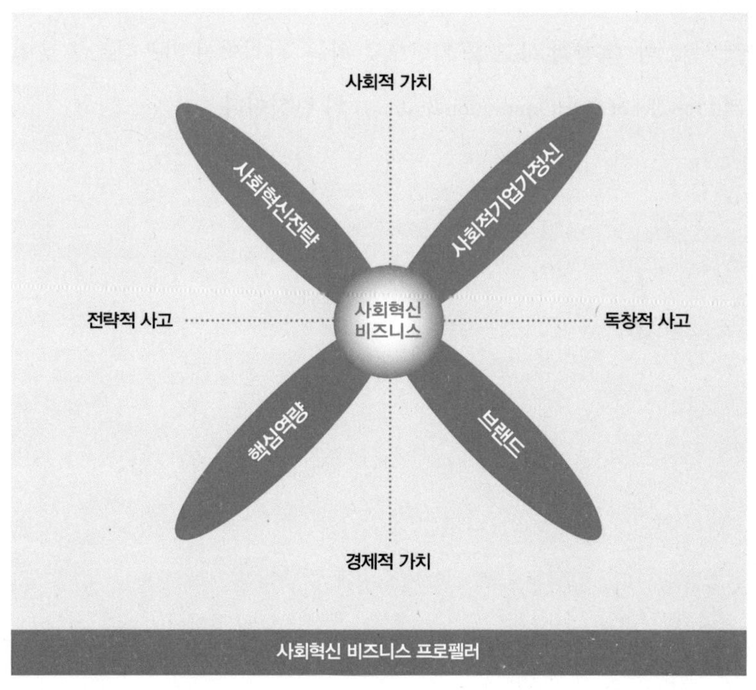

사회혁신 비즈니스 프로펠러

으로 관심을 기울이지 못했다.

브랜드는 앞서 살펴봤듯이 기업과 소비자의 가치가 공유되는 접점이다. 일반적으로 소비자는 사회혁신 비즈니스에 우호적인 태도를 보인다. 담배회사나 주류회사가 '금연'이나 '금주' 캠페인을 펼치는 약간 예외적인 상황도 있긴 하지만 일반적으로 기업은 사회혁신활동을 통해 소비자로 하여금 브랜드를 향한 강한 애착과 일체감을 형성하게 함으로써 긍정적인 기업 이미지를 구축할 수 있다.

그런데 그동안 사회혁신 비즈니스에서 브랜드는 이전의 세 영역과 조화를 이루지 못하고 주로 마케팅적인 차원으로만 활용되어 왔다. 앞으로 일관적이고 체계적이며 지속가능한 사회혁신을 위해서는 사회혁신전략, 핵심역량, 사회적기업가정신에 브랜드라는 날개를 추가한 새로운 접근이 필요하다. 곧 '경제적 가치'와 '사회적 가치' 그리고 '전략적 사고'와 '독창적 사고'를 기반으로 하는 '사회혁신 비즈니스 프로펠러(Propeller of Social Innovation Business)'의 완성이다.

3

사회혁신을 만드는 영혼의 브랜딩
S/O/U/L/M/A/T/E

브랜드의 혼(魂)·창(創)·통(通)

고대 그리스 철학자 아리스토텔레스는 《수사학》에서 설득의 수단으로 세 요소를 구분했다. 설득의 요소를 요약하자면, 믿을 만한 사람이 신뢰할 수 있는 내용을 전달하여 수신자의 공감을 얻을 때 설득이 이뤄진다는 것이다.

- **에토스**(Ethos) 공신력, 평판
- **로고스**(Logos) 논리성
- **파토스**(Pathos) 정서적 공감

약 2400년 전에 아리스토텔레스가 제시한 설득의 수단이 오늘날의 브랜드 커뮤니케이션 수단과 크게 다르지 않다. 브랜드의 평판과 공신력은 소비자의 태도에 큰 영향을 미친다. 브랜드가 소비자에게 줄 수 있는 편익을 논리적으로 잘 설명하는 것만으로도 소비자의 정서적 공감을 불러일으킬 수 있다.

아리스토텔레스가 이야기한 설득의 세 요소를 우리 문화에 맞춰 쉽게 설명한 개념으로 '혼(魂)·창(創)·통(通)'이 있다. 《조선일보》 이지훈 기자는 초일류 기업의 최고경영자와 경제경영학의 석학을 두루두루 심층 취재한 내용을 정리해 《혼·창·통 – 당신은 이 셋을 가졌는가》라는 책을 썼다. 여기에서 모든 성공과 성취의 비결이 되는 세 가지 공통점이 바로 혼·창·통에 있음을 알려준다.

- **혼(魂)** 브랜드가 가진 철학과 가치. 일의 목적에는 혼(철학)이 깃들어 있다. 혼은 곧 비전(Vision).
- **창(創)** 혼을 노력과 근성으로 바꿔주는 작업. 열매를 맺기 위한 노력. 창은 곧 창조성(Creativity).
- **통(通)** 큰 뜻을 공유하는 것. 마음을 열고 서로의 차이를 존중함. 통은 곧 소통(Communication).

새로운 '비전'을 '창조'하고 '소통'하는 혼·창·통은 사회혁신 브랜딩에도 중요한 핵심요소다. 사회혁신 브랜딩을 위해서는 먼저 브랜드의 혼, 즉 철학과 가치를 바탕으로 비전을 설정해야 한다. 이후 그것을 실행할 프로그램을 만들어야 하며, 프로그램의 대상인 소비자 그리고 사회와 소통해야 한다. 이로써 기업은 소비자에게 사랑받고 사회를 변화시키는 긍정적인 브랜드로 거듭나게 된다. 그렇다면 어떻게 사회혁신을 브랜딩할 수 있을까? 여기에서 사회혁신 브랜드 구축전략인 영혼의 브랜딩 'S/O/U/L/M/A/T/E'를 제시하고자 한다.

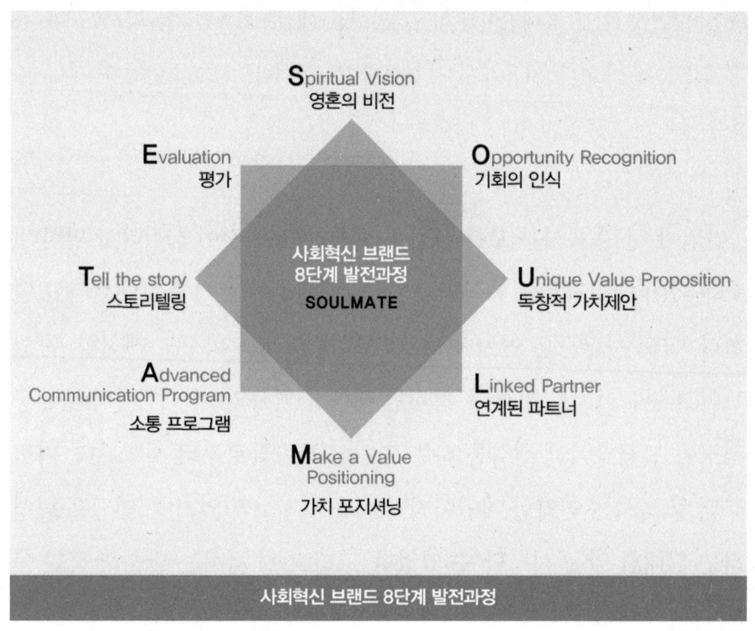

영혼의 비전을 가져라(Spiritual Vision)

노벨평화상을 수상한 마틴 루터 킹(Martin Luther King Jr.) 목사는 1963년 미국 공민권 운동(Civil Rights Movement)의 정점인 워싱턴대행진에서 "나에게는 꿈이 있습니다(I have a dream)"라는 유명한 연설을 한 바 있다.

나는 지금 꿈을 가지고 있습니다. 인간이 모두 형제가 되는 꿈입니다. 나는 이런 신념을 가지고 나서서 절망의 산에다 희망을 터널을 뚫겠습니다. 나는 이런 신념을 가지고 여러분과 함께 나서서 어둠의 어제를 광명의 내일로 바꾸겠습니다. 우리는 이런 신념을 가지고 새로운 내일을 만들어낼 수 있습니다. 하나님의 모든 아이들이 흑인이건 백인이건, 유태인이건 비유태인이건, 개신교도이건 가톨릭교도이건, 손을 잡고 "자유가 왔다! 자유가 왔다! 하나님 감사합니다!" 하고 흑인영가를 부를 수 있는 날을 만들 수 있습니다.

마틴 루터 킹 목사는 모든 사람이 형제가 되는 것이 꿈이라고 말한다. 모든 아이들이 자유를 이야기할 수 있는 세상이 오기를 고대한다고 말한다. 어떤 사람들은 연설 하나로 어떻게 미래를 바꾸고 개척할 수 있느냐고 반문할지도 모른다. 하지만 위대한 역사의 이야기는 의외로 긍정적이고 적극적인 생각을 하는 평범한 사람들로부터 시작된다. 마틴 루터 킹 목사는 연약한 개인이지만 꿈을 가지고 있었기에 '민권운동'이라는 위대한 일을 시작할 수 있었다. 그리고 킹 목사는 단순히 꿈만 꾼게 아니라 매일 꿈을 바라보고 그 꿈을 위해서 변화하기로 선택하고 결정했기에 위대해졌다. 킹 목사의 '모든 사람들이 형제가 되는 꿈'은 그것을 이루려는 사람들 덕분에 변화의 동력이 되었다. 킹 목사의 위대한 꿈은 아직 완전히 이루어지지 않았지만, 지금도 그 꿈을 이루려는 사람들의 도전이 계속되고 있다. 위대한 영혼의 비전은 비즈니스를 비롯한 다양한 영역에서 실천으로 옮겨지고 있다.

무하마드 유누스의 꿈

산업혁명을 거치며 경제 규모가 커진 서유럽 국가들은 생산에 필요한 원료와 생산된 제품의 소비처를 찾아 나섰다. 영국은 면공업에 필요한 원료를 공급받는 한편 생산한 면제품을 판매하고자 모든 나라에 자유무역을 확대하도록 강력히 요구했다. 영국을 위시해 산업화된 나라들은 경쟁적으로 아프리카, 아시아 등지에 식민지를 세우고 영토를 확장해나갔다. 1914년 지구상에 존재하는 나라의 85퍼센트가 식민지로 전락하면서 제국주의 경쟁은 절정에 이르렀다.

1945년 제2차 세계대전이 막을 내리고 세계 질서가 재편되는 사이 식민지에서 벗어나 독립하는 나라가 하나둘 늘어났다. 하지만 외형적 독립만 이루었을 뿐 독자적으로 국가경제를 운영할 수 있는 나라는 거의 없었다. 서구 선진국이 주도하는 대규모 경제원조와 각종 개발협력 프로그램이 있긴 했지만, 성숙하지 못한 정치·경제 시스템 때문에 효율적인 운영이 이뤄지지 못해 그 효과는 미미했다. 국제경제의 부익부 빈익빈 상황은 날로 더 심각해졌다.

그러던 중 1960년대 이후 서구 사회에서 인권, 여성, 평화와 관련된 문제가 본격화되고 시민세력이 형성되면서 제3세계의 빈곤문제를 다시금 돌아보는 논의가 활발히 일어났다. 선진국으로 유학한 제3세계 엘리트 중에도 귀국하여 빈곤문제 해결에 도전하는 사람들이 생겨났다. 그 대표적인 인물이 방글라데시 그라민 은행의 설립자 무하마드 유누스(Muhamad Yunus)다.

무하마드 유누스는 1940년 방글라데시 제2의 도시 치타공 시에서 태어났다. 다카 대학교 경제학과를 졸업한 뒤 풀브라이트 장학금을 받고 미국 밴더빌트 대학교로 유학해 1969년 경제학 박사학위를 받았다. 1972년까지 미들테네시 주립대학교에서 경제학과 조교수로 재직하다 모국으로 돌아와 치타공 대학교 경제학과 교수가 되었다. 유누스는 돈이 없어 고리대금업자의 횡포에 시달리는 인근 주민에게 주머닛돈을 빌려주었다. 처음엔 담보 없이 사비를 빌려주다가 1976년 은행에서 자신의 신용으로 대출을 받아 가난한 이웃들에게 소액대출을 해주는 '그라민은행 프로젝트'를 시작했다. 적은 돈이지만 꼭 필요한 사람들이 종

그라민 은행 설립자 무하마드 유누스

잣돈 삼아 점차 자립하는 모습을 보면서 사업을 본격화할 마음으로 1983년 그라민 은행을 법인으로 전환했다.

'빈곤은 개인 스스로 만드는 것이 아니라 사회구조에 기인한다'는 생각에서 시작된 마이크로크레디트 운동은 빈곤퇴치 운동의 모범이 되어 세계 각국으로 확산되었다. 유누스 박사는 빈곤퇴치의 공로를 인정받아 자신이 총재로 있는 그라민 은행과 더불어 2006년도 노벨평화상 공동 수상자로 선정되었다. 유누스 박사는 가난한 사람이 없는 세상을 꿈꾼다. 자본주의 사회에서 빈곤은 필연적으로 발생하는 구조적 문제이기 때문에 완전한 해결이 불가능하다고 생각할지 모르지만, 유누스 박사는 가난 없는 세상이 사람들의 생각보다 이르게 도래할 것으로 확신한다. 그는 2030년을 목표로 다음과 같은 비전을 제시했다.

- 혼자 가난하게 사는 사람이 없는 세상

- 바다, 강, 시내 및 우주에 오염이 없는 세상

- 배고파서 잠드는 아이들이 없는 세상

- 불가피한 질병으로 너무 이른 시기에 죽는 사람이 없는 세상

- 전쟁이 없는 세상

- 사람들이 국경을 초월해서 자유롭게 여행할 수 있는 세상

- 새로운 기적의 기술을 통해 모든 사람이 쉽게 교육을 받는 문맹이 없는 세상

- 모든 사람이 세계문화의 풍요로움을 즐길 수 있는 세상

사회혁신을 위한 영혼의 비전

기업과 조직 구성원이 견지한 가치관은 전략 수립의 기초가 된다. 가치관은 기업 행동의 기준이 되며 의사결정, 정책 등에 영향을 미쳐 '기업이 무엇을 추구하고 어떤 방향으로 발전할 것인가?'를 정의하는 비전으로 나타난다. 사회혁신 비즈니스에는 무엇보다 명확한 비전이 요구된다. 그것을 바탕으로 핵심 제품, 시장, 기술 간에 어떠한 영향이 미치는지를 분석하고, 기업공동체 내에서 가치를 공유해야 한다.

"우리는 항상 고객과 직원을 섬기며, 안전하고 깨끗한 제품을 제공해 지역사회에 공헌하고, 나아가 깨끗하고 아름다운 세상을 만드는 데 기여한다. 아울러 사회적으로나 환경적인 방법으로 회사의 이익을 창출하는 윤리경영을 한다."

인용한 글은 천연세제와 치약 등을 생산하는 미국의 친환경 생활용품 회사인 '톰스오브메인(Tom's of Maine)'의 '사명 선언서'에 담긴 내용이다. 1970년 미국 메인 주에서 자본금 5000달러로 출발한 이 회사는 일찍부터 사회혁신 브랜딩을 펼쳐 비약적으로 성장했다. 해마다 세전

이익의 10퍼센트를 사회사업비로 책정해 환경보존에 쓰거나 교육·예술 단체 등에 기부해왔다. 또 직원의 업무 시간 중 5퍼센트를 사회공헌 활동에 쓰도록 의무화했다. 이 회사는 환경을 보호하기 위해 천연원료를 고집하고 제조공정을 친환경적으로 구축해 제품 값이 다른 업체보다 다소 비싸지만 고객은 날로 증가하고 있다.

사회혁신 브랜딩으로 성공하고 성장한 기업들을 보면 톰스오브메인처럼 먼저 회사의 미션이 무엇이고 비전이 무엇인지 고민했음을 알 수 있다. 벤앤제리(Ben & Jerry's)와 더바디샵(The Body Shop) 등은 사업을 시작할 때부터 공익을 목적으로 이러한 과정을 거쳤다. 벤앤제리는 1988년 회사의 사명을 담은 미션 성명을 발표했다. 이익 추구를 넘어 지역사회, 소비자, 환경, 사회문제에 관심을 두고 이해관계자들과 동반 성장해나가는 '연계번영(linked prosperity)'이라는 새로운 개념을 개발하여 제품, 사회, 경제에 관한 비전을 밝혔다. 1976년 사회운동가 출신 아니타 로딕(Dame Anita Roddick)이 설립한 더바디샵은 동물실험 반대, 공정무역 지원, 자아존중 고취, 인권보호, 지구환경 보호라는 5가지 가치를 적극 실천해왔고, 이러한 노력은 한 세대에 걸쳐 소비자들의 지지와 공감을 이끌어내며 사업활동으로 세상에 긍정적인 변화를 만드는 것을 비전으로 하고 있다.

이렇듯 사회혁신 브랜딩에 성공한 기업들은 하나같이 회사의 사명과 비전에 공익적인 목표를 두고 브랜드전략을 세웠다. 이들 기업은 공익적 가치가 특별한 사업 기회가 된다는 확신 속에서 이익도 중요하지만 기업의 궁극적인 목적이 우리 모두의 삶을 향상하는 데 있다는 철학에 기초하여 사업을 기획했다.

'사업보국'과 '고객만족' 뛰어넘기

한국경제의 발전을 상징하는 도시 울산의 관문인 공업탑 로터리에 '울산공업센터 건립 기념탑'이 서 있다. 기념탑 아래에는 다음과 같은 건립 치사문이 적혀 있다.

> … 제2차 산업의 우렁찬 수레소리가 동해를 진동하고 공업생산의 검은 연기가 대기속에 뻗어나가는 그날엔 국가민족의 희망과 발전이 눈에 도래하였음을 알 수 있는 것입니다…
>
> — 1962년 6월 3일, 국가재건최고회의 의장 육군대장 박정희

이 비문의 문구는 산업화의 비전과 꿈을 담고 있다. 하지만 환경을 파괴하는 공해인 '검은 연기'는 미래를 위한 투자 그 이상도 그 이하도 아니었다. 지난 50여 년간 한국은 개발 중심의 경제발전에 모든 초점을 맞추고 있었다. 산업화를 통해 한국은 최빈국에서 세계가 주목하는 선진국가로 발돋움했다. 경제 전문가들은 한국이 이뤄낸 고도 경제성장에 관해 다양한 관점에서 찬사와 비판을 쏟아냈지만, 성장의 이면에 있는 환경문제, 기업의 사회적 책임의 관점에서는 논의 자체가 전무했다고 해도 과언이 아니다.

국가 주도의 경제개발 시대에 기업의 역할은 경제적 수익을 내고 일자리를 만들면 그것으로 족했다. 저개발국가인 한국의 상황상 기업이 공익활동을 할 여건이 형성되지 못했다고 보았고, 대다수의 국민은 분배나 복지의 문제를 뒤로 미룬 채 그저 다 같이 잘살아보자는 사회 분위기 속에서 자신을 희생해왔다. 고도 성장기에 기업은 사업으로 나라를 일으킨다는 '사업보국(事業保國)'에 활동의 초점을 맞추고 있었다. 그

러다 1980년대 이후에는 대부분 고객만족에 초점을 두고 마케팅을 진행했다. 고객이 원하는 제품과 서비스를 판매하는 일이 사업의 유일한 목적이었다. '고객 제일', '고객 우선'이라는 개념도 이때부터 도입되었다. 그러나 이후 한국경제의 규모가 커지고 세계 유수의 기업과 어깨를 나란히 하게 되면서 이제 우리 기업들도 사회와 공생하며 기업의 사회적 책임을 다해야 한다는 시대적 요구에 부응해야 하는 시점이다. 많은 기업이 환경을 생각하고 기업의 핵심역량을 사회공헌활동에 집중하고 있다. 하지만 무엇보다 중요한 일은 사회와의 적극적인 소통에 기업의 '혼(魂)'을 담기 위해 끊임없이 노력하는 것이다.

기회를 인식하라(Opportunity Recognition)

1971년 세계 최초로 저가항공 시대를 연 미국 사우스웨스트 항공사는 텍사스 주의 댈러스와 샌안토니오를 연결하는 항로로 사업을 시작했다. 당시 같은 항로를 오가는 선두 항공사의 티켓 가격은 100달러 안팎이었고, 가장 저렴한 항공사는 62달러였다. 만약 당신이 사우스웨스트 항공사의 경영자라면 티켓 가격을 얼마로 책정하겠는가? 놀랍게도 당시 사우스웨스트 항공사가 결정한 항공료는 겨우 15달러였다. 가격에 대한 경영자의 생각은 명확했다.

"우리는 다른 항공사와 경쟁하는 것이 아니라 그레이하운드(미국 전역 교통망을 보유한 고속버스)와 경쟁합니다!"

사우스웨스트 항공사는 비행기와 버스로 나뉘어 있던 기존 여행 시장의 경계를 허물고, 다른 항공사가 아닌 육로 운수업체를 경쟁 상대로 보았다. 사우스웨스트 항공사는 단순히 저렴한 항공료로 다른 항공사의 승객을 빼앗으려 하지 않았다. 대신 비싼 항공료를 의식해 저렴한 고속버스를 이용해왔던 소규모 자영업자나 학생들을 새로운 고객층으로 인식하고 그들을 만족시키기 위해 파격적으로 저렴한 운임을 책정했다. 경쟁력을 확보하기 위해 여러 가지 혁신적인 방안도 도입했다. 항공기 회항시간을 단축하고자 자유좌석제를 도입하고, 유지·관리비 절감을 위해 보잉737 기종으로 항공기를 통일했다. 또한 고객에게 항공여행의 즐거움을 주기 위한 편경영(Fun Management)* 등의 전략도 수립했다. 즐거운 조직문화가 정착되자 직원들은 여유가 넘쳤고 승객들이 사우스웨스트 항공기를 타는 일을 즐기게 되었다. "기내에서는 금연입니다. 담배를 피우고 싶은 분이 계시다면 문을 열고 밖으로 나가 날개 위에서 피시면 됩니다. 오늘 흡연하면서 감상하실 영화는 〈바람과 함께 사라지다〉입니다." 이런 유쾌한 기내방송은 편경영의 대표적인 사례로 널리 알려진 바 있다.

　누구를 경쟁자로 보고, 고객의 필요가 무엇인지 살피는 일은 기업이 전략을 수립하는 데 매우 중요하다. 이것이 바로 사업 기회의 인식이다.

사회문제가 곧 기회다

사회혁신 비즈니스는 사회적 문제와 이로 말미암아 채워지지 않은 욕구에서 사업의 기회를 찾는다. 사회혁신은 아이디어 창출과 기회 인식

* 직원들에게 활력을 주고 즐겁게 일할 수 있도록 하는 경영자의 리더십은 재미를 삶의 에너지로 바꿔 직원들의 자발적인 참여와 헌신, 창의력을 이끌어낼 수 있다. 사우스웨스트 항공사 켈러허(Hebert D. Kelleher) 전 회장은 고객을 웃게 하려면 직원부터 웃게 만들어야 한다고 믿었다. 그 덕분에 사우스웨스트 항공사는 《포춘》이 정한 '미국에서 가장 일하기 좋은 100대 기업'에 선정되었다.

이라는 창의적인 행동에서 시작된다.

- 우리가 만든 제품과 서비스가 시장과 사회에서 인정받을 것이다.
- 이 문제를 해결할 수만 있다면 고객과 사회적 가치를 창출할 것이다.

기회를 인식하면 아이디어를 조심스럽게 만들어나간다. 아이디어는 크게 '지향적 아이디어'와 '교차적 아이디어'로 나눌 수 있다. 지향적 아이디어는 목표로 정한 방향에서 뚜렷한 특징에 따라 비교적 예측 가능한 단계를 밟아 제품을 개발해나간다. 지향적 아이디어의 사례로는 기존의 과정을 합리적으로 개선하여 능률을 높이는 회사, 한 도시의 성공적인 정책 프로그램을 다른 도시에 적용하는 정책 벤치마킹 등이다. 이런 비즈니스는 기존 아이디어를 개선하고 발전시키는 것이 목적이다. 그렇게 하면 결과를 합리적으로 예측할 수 있고, 비교적 빨리 성과를 얻을 수 있기 때문이다.

한편 다양한 가치가 융합된 교차적 아이디어는 한층 더 혁신된 결과를 만들기도 한다. 교차적 아이디어는 지향적 혁신만큼 높은 전문지식을 요구하지 않기 때문에 비교적 쉽게 실행할 수 있다. 지향적 아이디어의 사례로는 세계 3대 시멘트 회사인 멕시코의 세멕스(CEMEX)를 들 수 있다.

세멕스는 사업 초창기에 빈민층을 공략하려고 시멘트를 소용량으로 포장해 저렴하게 판매했지만 시장의 반응이 좋지 않았다. 그 이유를 조사한 결과 금융권에서 빈곤층에 돈을 빌려주지 않아 집을 짓기가 어렵다는 결론에 도달했다. 시멘트를 구매할 사람들이 집을 지을 돈이 없으니 사업이 번창할 리 없었다. 그래서 세믹스는 집을 짓기 원하는 사람

패트리모니오 호이 프로그램으로 지은 집

Edgar Cataño Sánchez

들이 저축계를 조직해 매주 일정 금액을 지불하면 집을 짓는 데 필요한 시멘트와 벽돌을 제공하는 '패트리모니오 호이(Patrimonio Hoi)'라는 프로그램을 만들었다. 세멕스는 재료의 공급뿐 아니라 자금대출, 건축 컨설팅 등의 서비스를 통해 각 가족에 필요한 주택을 설계해주기도 했다. 이 프로그램을 활용한 사람들은 일반 주택건축 대비 35퍼센트 저렴한 건설비용과 60퍼센트 짧은 기간에 집을 마련할 수 있었다. 세멕스는 멕시코 저소득층의 주택문제를 해결하는 효율적인 방안을 제시해주었다. 사회문제와 비즈니스의 교차점에서 새로운 시장을 형성하는 기회를 인식했기에 가능한 일이었다.

강점과 기회를 파악하라

사회혁신 비즈니스의 기회를 인식하기 위해서는 기업 내부 및 외부의
환경을 관찰할 필요가 있다. 기업은 자체의 강점과 약점을 판단해야 하
고 자원시장, 판매시장, 대체제시장 등의 상황은 물론 기업이 활동하는
분야의 정치, 사회, 기술의 흐름 같은 외부 요인에도 관심을 기울여야 한
다. 하버드 비즈니스 스쿨은 기업의 경영전략 수립을 위해 스왓(SWOT)
분석 기법을 개발했다.

❶ 어떤 **강점**(Strength)을 바탕으로 전략을 세울 것인가?

❷ 전략적 관점에서 봤을 때 어떤 **약점**(Weakness)이 방해 요소로 작용할 것인가?

❸ 어떤 매력적인 **기회**(Opportunity)가 제공되는가?

❹ 어떤 **위협**(Threaten)이 전략의 성공을 방해할 가능성이 있는가?

스왓분석을 활용하면 기업 내부의 강점과 약점 그리고 기업 외부의
기회와 위협 요인을 파악할 수 있다. 기업이 당면한 환경과 상황을 인
식하고 자체의 능력을 파악하여 대응방안을 모색하는 데 용이하다. 스
왓분석은 시장의 변화는 물론 기업을 둘러싸고 있는 법적, 사회적, 기
술적, 환경적 트렌드도 확인하고 평가한다. 기업 내부의 전략, 구조, 체
계 등에 대해서도 자체적으로 평가한다. 이렇게 내부와 외부를 판단한
이후에는 어떤 강점이 어떤 기회에 맞는가 혹은 위협을 피하기 위해 어
떤 강점을 활용해야 하는가를 판단하게 된다. 강점과 기회 파악은 다음
과 같은 의미로도 해석할 수 있다.

• 아이디어가 제 효과를 발휘할 것인가?

- 회사가 아이디어를 실행할 기술적 노하우를 갖추고 있는가?

- 고객이 아이디어의 가치를 인정해줄 것인가?

- 아이디어가 회사 전략에 들어맞는가?

- 원가나 인적자원 측면에서 실행가능한 아이디어인가?

이에 대해 긍정적인 답변을 얻고 이해관계자의 지지를 획득한다면 충분히 사업화 단계로 넘어갈 수 있다.

비즈니스와 연관된 사회적 문제 파악하기

사회혁신 비즈니스 활동은 소비자뿐 아니라 사회와 새로운 '신뢰' 관계를 형성하게 한다. 그 결과 브랜드에 관한 긍정적인 인식이 생기면서 실질적인 구매가 늘어나고 브랜드 자산가치가 상승하는 효과를 보게 된다. 하지만 많은 기업이 사회혁신 브랜딩의 필요성과 긍정적인 효과는 인정하면서도 다른 기업과 차별화되고 선점이 필요한 사회문제를 찾는 데 실패하고 있다.

사회혁신 비즈니스를 시작하는 기업은 먼저 브랜드가 속해 있는 산업의 생태계에서 일어나는 주요 문제를 살펴볼 필요가 있다. 사회의 핵심 문제를 정부와 기업의 공통 문제로 인지하고 정부기관 및 비영리단체와 협력해 이를 해결함과 동시에 새로운 비즈니스 영역을 개척하기 위해서는 전사적 어젠다가 필요하다.

외부의 사회적, 환경적 문제 중에서 기업과 사회에 실질적인 영향(Impact)을 주는 공유가치 이슈를 체계적으로 선정하고 구체적인 실행을 위해 우선순위를 정하는 과정을 거쳐야 한다. 기업이 속한 각 산업군은 독특한 이해관계 속에서 거대한 산업 생태계를 형성하고 있을 뿐 아니라 지속가능한 발전을 위해 고민하고 있다. 예를 들어 의류 분야에 속하는 유수의 기업은 디자인을 자국 중심으로 하지만 대부분의 하청 제조공장이 개발도상국에 자리 잡고 있어 노동문제나 환경문제로부터 자유롭지 못하다. 에너지 분야에 속하는 기업들은 지구온난화 문제로 많은 고민을 하고 있고, 금융 분야에 속하는 기업들은 소외계층이라는 부담을 안고 있다.

산업과 연관된 사회적 문제를 인식하고 사회혁신 비즈니스 활동을 실현하는 좋은 사례가 있다. 프랑스의 식품회사 다논(DANONE) 그룹은 세계적인 기업답게 공헌활동에 열심이다. 다논은 아이들의 건강증진을 도모하고, 빈곤을 퇴치하겠다는 야심찬 기업 목표 아래 그라민 은행과 연계하여 '그라민 다논 푸드(Grameen Danone Food)'라는 합작회사

| 산업과 연관된 사회문제 |

산업	산업 관련 사회 이슈
제약 분야	의약품 수급이 어려운 저개발국가 사람들, 의약품 부작용
농업과 생명공학 분야	식품 종자와 조직의 유전자 변형, 물 부족
펄프 및 제지 분야	환경파괴, 무분별한 벌목
컴퓨터, 통신 분야	정보격차, 전자제품 폐기물, 새로운 미디어 환경
의류 분야	저임금 노동문제, 환경오염, 빈약한 공급사슬관리
자동차 분야	배기가스로 인한 대기오염, 높은 유가
에너지 분야	지구온난화, 새로운 에너지원 개발
금융 분야	금융 소외계층, 신자유주의 금융시스템에 대한 회의론
광업 분야	채굴로 인한 환경오염, 저개발 국가의 노동력 착취
식품 분야	비만, 환경, 유전자변형식품, 외국산 식품 수출입, 저개발 국가의 기아

를 설립하고 방글라데시 현지에 요구르트 공장을 지었다. 그라민 다논 푸드는 방글라데시 저소득층 어린이의 영양학적 요구를 충족시키기 위해 특별히 개발한 요구르트를 5다카(약 81원)라는 저렴한 가격으로 공급하고 있다. 다논은 판매 수익금을 다시 요구르트 공장을 짓는 데 투자할 계획이다.

상식 뒤집기

비즈니스 이슈를 선정할 때 고정관념에 도전하는 방법으로도 효과를 볼 수 있다. 마이클 미칼코(Michael Michalko)가 쓴 《100억짜리 생각》이란 책에서 참고한 다음의 내용은 특정한 아이디어를 얻는다기보다 우리의 마음을 뒤흔들어 선입견을 없애고 기존의 상식과 생각을 반전시키는 데 유용하다.

❶ 먼저 자신이 직면하고 있는 문제와 관련한 상황, 제품, 개념 등을 생각하라. 그리고 그 상황과 관련한 가설을 생각하라.

❷ 다음에는 가설을 적고 그것을 뒤집어라.

❸ 끝으로 그 반전을 의미 있게 만드는 방법을 생각하라.

예를 들어 식당을 새로 개업하는데 참신한 아이디어를 떠올리기 어려운 상황을 가정해보자. 먼저 식당 운영과 관련된 일반적인 내용을 적은 뒤 그 내용을 하나하나 뒤집어보자.

식당에 메뉴가 있다. ↔ 식당에 메뉴가 없다.

식당은 음식에 요금을 청구한다. ↔ 식당은 음식에 요금을 청구하지 않는다.

식당에서 음식을 내놓는다. ↔ 식당에서 음식을 내놓지 않는다.

음식 메뉴가 없는 식당	· 주방장이 시장에서 구입한 재료를 고객에게 알려줌. · 고객이 먹고 싶은 음식을 선택하면 주방장이 즉석으로 조리함.
음식에 요금을 청구하지 않는 식당	· 먹은 음식이 아니라 식당에서 '보낸 시간'을 기준으로 요금을 청구함.
음식이 나오지 않는 식당	· 손님이 직접 음식을 장만하여 가져오고 자리 값만 지불함.

　정상적인 상황을 뒤집어본 사업 모델이 매력적이라고 생각한다면 적극적으로 추진 방안을 검토해볼 수 있다. 사실 많은 사회혁신 비즈니스 모델이 사고의 혁신에서 나왔다. 무하마드 유누스는 돈을 빌리기 어려운 가난한 사람을 대상으로 기존의 금융권 상식을 뒤집었으며, 키바는 여기에 정보기술을 접목시켜 지역적 한계를 극복했다. 보통 사람들은 이런 문제를 진지하게 생각하지 않지만, 사회혁신 비즈니스를 생각하는 기업가들은 사회문제와 비즈니스의 교차점에서 특유의 통찰력으로 기존에 없었던 새로운 비즈니스 모델을 구축했다.

독창적인 가치제안(Unique Value proposition)

1980년대부터 식음료업계에 블라인드 테스트가 유행했다. 한 그룹은 브랜드의 이름을 알려주지 않은 채 제품을 시음하게 하는 반면 또 다른 그룹은 브랜드 이름을 알려주고서 제품을 시음하게 한다. 눈을 가린 채 동일한 제품을 시음했음에도 브랜드의 이름을 아느냐 모르느냐에 따라 그룹 간 차이가 발생하게 되어 있다. 기업의 마케팅 활동에 따라 소비자의 브랜드에 관한 인식이 마음속 깊이 자리 잡고 있기 때문이다. 이는 제품의 성능과 질을 바라보는 소비자 인식에 브랜드 이미지가 크게 영향을 끼치고 있음을 보여준다. 다시 말해서 특정 브랜드의 영향 때문에 옷이 더 잘 어울린다고 느끼거나, 특정 브랜드의 자동차가 좀 더 부드럽게 굴러간다고 느끼거나, 특정 은행에서 대기하는 시간을 좀 더 짧게 느낄 수 있다는 얘기다.

소비자의 마음을 잡기 위해서는 소비자의 기본적 욕구와 2차적 욕구를 이해하고 소비자에게 만족을 주는 제품과 프로그램을 개발하는 것이 핵심이다. 이를 위해 기업은 제품과 서비스, 이에 동반된 마케팅 프로그램 등을 통해 기업이 전하기 원하는 형태의 경험을 고객에게 줘야 한다. 이로써 기업은 바람직한 생각, 느낌, 이미지, 신념, 인식, 의견 등을 브랜드와 연결시킬 수 있다.

기업에게 소비자는 단순한 마케팅의 대상이 아니라 지속가능한 성장 전략의 처음이자 끝이다. 지속가능한 성장을 위해서는 소비자가 원하는 가치를 어떻게 얼마나 제공하는지가 핵심이다. 고객이 원하는 바를 찾기 위해서는 기업은 끊임없이 고객과 친밀감을 유지해야 한다. 고객 관점에서 원하는 것을 보면 기업은 새로운 시장을 찾을 수 있고 지속적인 성장을 구가할 수 있다. 사회혁신 비즈니스에서 고객과의 친밀감은 그들이 마음속에 두고 있는 사회적 문제를 살피거나 지역사회를 위해 배려하는 데에서 형성된다. 한 발 더 나아가 고객이 미처 생각하지 못한 사회적 가치를 앞서 제기할 수도 있다.

고객 가치제안

어떤 고객에게 무엇을 줄 것인지 정하는 것을 '고객 가치제안'이라 한다. 고객 가치제안은 어떤 회사가 없어지면 아쉬움을 느끼는 이유라고 정의되기도 한다. 월마트는 저렴한 가격의 경제성이라는 핵심혜택을 고객에게 판매한다. 페덱스는 특급배송 서비스를 판다기보다는 고객의 불필요한 걱정을 덜어주는 안락함을 판매한다. 롯데월드는 모험과 환상의 판타지를 제공한다.

과거와 달리 오늘날 고객의 니즈는 다양하고 까다로워지고 있다. 과거 은행업은 몇 개의 은행이 과점 형태로 운영되었기에 마케팅이 거의 필요 없는 업종이었다. 고객이 알아서 돈을 들고 찾아왔으니 고객 편의는 뒷전이었다. 하지만 요즘 은행은 증권사, 보험사와 경쟁하고 있다. 보통예금을 이용하던 고객이 증권회사의 시엠에이(CMA) 상품으로 이동하면서 증권사와 경쟁을 벌이고, 방카쉬랑스(Bancassurance)의 도입으로 보험사와 은행 간의 경쟁도 날로 치열해지고 있다. 경쟁이 심해질수록 기업의 마케팅 활동은 더욱 강렬해진다. 시대의 변화에 발맞춰 다양한 마케팅 기법이 나오고 화려한 미사여구로 포장된 프로모션이 진행되지만 마케팅의 정석은 오직 하나다. 바로 '고객의 입장에서 생각하고 고객이 생각하는 만족 그 이상을 제공해주는 것'이다.

상품은 단순한 하나의 개념이 아니라 고객의 머릿속에서 여러 개념이 합쳐져 복합적으로 인식된다. 고객이 제품과 서비스에 느끼는 가치를 산정하기 이전에 기업이 먼저 고객에게 어떤 가치를 제안하고 있는가를 고민하는 과정은 매우 중요하다.

많은 경영자에게 '귀사가 팔고 있는 제품이 무엇입니까?' 하고 물어보면 대부분이 "우리 회사는 과자를 팝니다." "우리 회사는 학습지를 팝니다." "우리 병원은 환자의 병을 고쳐줍니다." 하는 식으로 대답한다. 이러한 대답은 기업이 팔고 있는 '실제상품'을 의미할 뿐이다. 고객

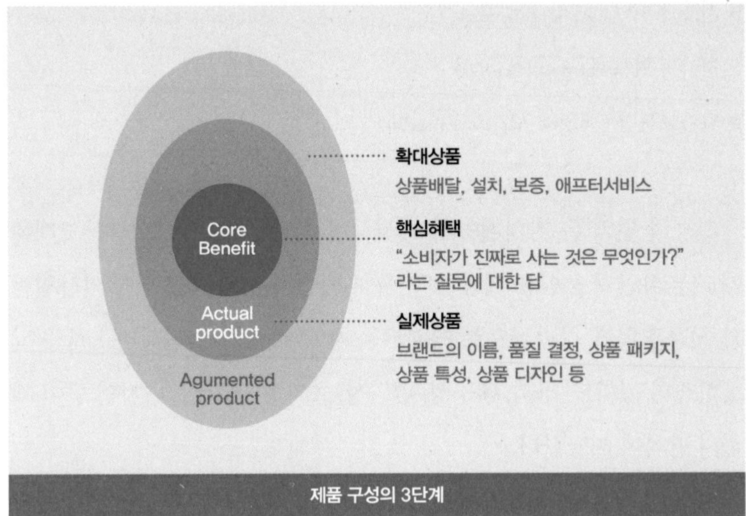

Kotler and Armstrong, 《Princeiples of Marketing》, 13th International Ed, Prentice Hall(2009)

은 하나의 제품 그 이상을 원한다. 넓게는 상품의 배달, 설치, 보증, 애프터서비스(A/S)를 포함한다. 윤리적 소비자들은 여기에 사회적 가치를 추가한다. 이것이 '확대상품'에 해당하는 개념이다. 고객은 실제상품과 확대상품 개념을 포함하여 하나의 상품과 서비스를 인식한다는 점이 중요하다.

소비자가 브랜드를 사는 이유

그렇다면 소비자가 실제로 원하는 것은 무엇일까? 필립 코틀러 교수가 이것을 핵심편익이라고 표현했음을 앞서 언급한 적이 있다. 편익은 '고객이 왜 내가 상품을 사야 하는가?'에 관한 기업의 답변이라고 할 수 있다. 그런데 브랜드 분야의 대가 데이비드 아커(David A. Aaker)는 브랜드의 가치제안에 다음과 같은 편익이 있다고 이야기한다.

- 기능적 편익(Functional Benefits)

- 정서적 편익(Emotional Benefits)

- 자아표현적 편익(Self-Expressive Benefits)

'기능적 편익'은 가치제안의 가시적이고 일반적인 기초이며, 고객에게 기능적인 유용함을 제공한다. 특히 기능적 편익은 고객의 의사결정과 사용경험에 직접적으로 연결되는 제품 속성과 연관된다. 제품 및 서비스의 신뢰도, 가격, 내구성, 편의성, 효과성, 공감성, 디자인 등이 제품의 편익에 해당한다.

'정서적 편익'은 특정 브랜드를 구매하거나 사용할 때 고객에게 전달되는 긍정적인 느낌으로, 브랜드 사용과 소유의 경험에 풍부함과 깊이를 더해준다. 제품이나 서비스의 고유한 특징을 말하는 브랜드 성과와 브랜드에 관해 무형적이고 추상적인 면을 생각하게 하는 연상이미지로 구성되어 있다. 특히 소비자가 다양한 커뮤니케이션을 통해 얻은 브랜드 연상이미지는 사회혁신 브랜딩에 영향을 미친다. 예를 들어 환경보호, 사회적 약자를 위한 배려, 인권존중, 봉사, 정직함, 건전한 기업 이미지 등은 브랜드의 긍정적인 연상으로 이어진다.

'자아표현적 편익'은 브랜드를 구매하고 사용함으로써 소비자 개인의 자아를 표현하는 가치다. 소비자는 저마다 신념이 있고, 브랜드는

- 세계 최초로 '브랜드 자산(brand equity)'이라는 용어를 개념화하고 측정 가능성을 제시한 인물이다. 브랜드전략과 브랜드 자산 경영 분야에서 세계 최고의 권위자로 인정받고 있으며 미국, 유럽, 일본 등을 무대로 활발한 강연과 브랜드전략 컨설팅 활동을 펼치고 있다. 아커 교수는 마케팅 및 브랜드 이론과 전략을 학문적으로 체계화하고 발전시킨 공로로 폴 컨버스 상과 비제이 마하잔 상 등을 받았으며, 미국 경영학회 및 세계 최고의 권위를 자랑하는 《하버드 비즈니스 리뷰》 등에서 수여하는 '올해의 최고 논문상'을 여러 차례 받았다.

그러한 자아를 표현하려는 욕구를 실현시켜주는 하나의 매개체라고 할 수 있다. 기업은 고객의 적절한 반응을 끌어내고자 다각적인 커뮤니케이션을 시도한다. 볼보의 안전성, 디즈니의 즐거움, 나이키의 혁신과 같은 독특한 브랜드 연상이 대표적인 예다.

브랜드 반응은 머리(이성)로 오느냐, 가슴(감성)으로 오느냐에 따라 브랜드 판단과 브랜드 감정으로 구분할 수 있다. 특히 브랜드에 관한 정서적 반응은 따뜻함, 재미, 흥미, 안전, 사회적 승인, 자존심과 같은 형태를 띠고 있는데 사회혁신 브랜딩에 있어 소비자로 하여금 공익적 가치에 정서적으로 반응하도록 이끌어낼 수 있다. 윤리적 소비를 함으로써 사람들로부터 윤리적 소비자로 인정받거나, 자신의 소비를 통해 지금보다 더 나은 세상을 만들 수 있다는 자부심을 느끼거나, 공익적 이미지를 띤 브랜드에서 따뜻함을 느끼는 것 등이 여기에 해당한다.

이러한 브랜드 가치제안을 근거로 브랜드는 고객과 관계(Brand Relationship)를 구축할 수 있다. 브랜드와 고객 간의 관계구축은 브랜드가 지향하는 궁극적인 목표가 되며, 제품으로서의 브랜드보다는 기업으로서의 브랜드, 사람(개인)으로서의 브랜드로 고려될 때 더욱 효과적이다. 브랜드와 고객 간의 관계는 가치제안적 측면으로 정확하게 개념화할 수 있는 긍정적인 느낌의 축적에 기반을 둔다.

사회혁신 비즈니스 가치제안

사회혁신 비즈니스에 참여하는 기업들은 '내가 왜 경쟁사가 아닌 당신의 회사를 이용해야 하는가?'라는 고객의 질문에 명확히 답해야 한다. 이는 사회혁신 비즈니스의 가치제안이며, 그 답변에 '사회적 가치'가 배어 있기 때문이다. 질문에 명쾌히 대답할 수 없다면 고객은 설득되지 않는다. 물론 사회혁신 비즈니스는 산업의 특성과 내용 면에서 각기 다를 수 있다. 예를 들어 어떤 기업은 '친환경'을, 어떤 기업은 '취약계층 고용'을, 또 다른 기업은 '사회 양극화 해소'를 핵심가치로 제안할 수 있다. 핵심가치가 명확해야만 이를 근거로 실제상품을 만들고 확장된 확대상품을 만들 수 있다.

그런데 많은 기업이 상품과 서비스의 차별화로 고민하느라 '핵심적인 가치'를 고민하는 과정이 부족한 게 현실이다. 그러므로 제품과 서비스를 설계하기 전에 고객에게 제안할 가치의 종류와 내용을 먼저 결정한 뒤 이에 따라 제품과 서비스를 구체화해야 한다. 그다음으로는 제품과 서비스의 생산 및 전달방식을 결정해야 한다. 가치제안 및 제공과정을 정리하면 다음과 같다.

고객정의 → 가치정의 → 상품(제품/서비스) 정의 → 상품의 생산 및 전달방식 정의

고객가치를 정의하기 이전에 가치를 제공할 대상인 고객이 과연 누구인지를 먼저 정의해야 한다. 수익성과 사회적 필요를 기준으로 다양한 고객 그룹 가운데 우선순위를 정의해야 하며, 현재의 고객 뿐 아니라 미래의 잠재 고객까지도 동시에 고려해야 한다. 목표 고객이 정의되었다면 고객별로 제공할 가치를 정의하고, 고객가치의 구성요소가 어떻게 바뀔 것인지 정의한다.

- 상품의 가치를 구성하는 요소는 무엇인가? 이로 인한 고객과 사회의 혜택은 무엇인가?
- 목표 고객이 중시하는 가치는 무엇인가? 만약 목표 고객이 사회적 가치를 덜 중

요시한다면 어떻게 할 것인가?

- 고객이 중시하는 가치의 우선순위는 어떻게 변하고 있는가? 고객에게 사회적 가치가 강화될 것인가 아니면 약화될 것인가?

- 경쟁회사가 제공하는 가치의 우선순위는 무엇인가? 경쟁사는 사회적 가치를 어떻게 생각하고 실행하고 있는가?

- 자사가 상대적으로 더욱 만족시켜줄 수 있는 가치의 우선순위는 무엇인가? 업그레이드된 사회적 가치를 제시해줄 수 있는가?

고객의 가치가 정해졌으면 이를 제품과 서비스로 담아내기 위해 고객의 구매행동 전 과정을 검토해본다.

- 제품/서비스 제품 제공, 서비스 제공, 제품-서비스 혼합, 솔루션
- 고객화 표준화, 일부 고객화, 고도의 고객화
- 제품/서비스 라인의 범위 소품종, 중품종, 다품종, 카테고리 킬러
- 제품/서비스 라인의 깊이 깊은 관여, 중간 관여, 낮은 관여
- 제품/서비스의 구성 제품에 대한 접근권, 제품 자체, 다른 기업 제품과 연계
- 생산 자체 생산 또는 자체 서비스, 외주, 공동 생산, 라이선싱, 재판매, 부가가치 재판매 등
- 유통 직접 유통, 간접 유통

'맥도널드'가 새로운 사업에 진출한다면

경영전략가 게리 하멜(Gary Hamel)˙은 경쟁이 존재하는 시장에서는 상황에 적합한 생각의 전환이 필요하다며 '전략적 확장' 개념을 제시했다. 이는 말 그대로 일상적인 것, 익숙한 것, 잘 알고 있는 것을 넘어서

핵심역량을 바탕으로 새로운 전략적 상상력을 갖는 것을 의미한다.

예를 들어 맥도널드는 높은 브랜드 인지도, 표준화된 품질관리, 공급 체인 관리역량, 핵심 상권에 입지한 매장으로 충분한 경쟁력을 갖추고 있다. 런던 비즈니스 스쿨(London Business School)의 최고경영자과정 프로그램에서 경영자들을 대상으로 맥도널드가 새로운 사업 분야에 진출한다면 어느 분야가 가장 적합하다고 보는지 질문했다. 여러 업종이 있겠지만 보기의 예와 그에 따른 결과는 다음과 같다.

❶ 냉동식품 — 30%

❷ 사진현상 — 30%

❸ 테마파크 — 40%

응답자들의 국적과 소속업종, 전공분야 등에 따른 편차를 감안한다면, 사실상 세 분야 모두 나름의 타당성이 있다. 테마파크 분야는 맥도널드의 주고객인 어린이에게 즐거움을 준다는 의미에서 햄버거와 연관성이 있고, 냉동식품 분야는 수만 개에 이르는 전 세계 매장에 공급하는 햄버거 재료의 신선도를 잘 관리해왔다는 면에서 충분한 역량을 갖추었다. 그리고 사진현상은 유동인구가 많은 주요 도시 곳곳에 매장을 갖고 있다는 점에서 이점이 있다.

그런데 테마파크 분야가 가장 높게 나온 것은 맥도널드 특유의 고객

• 세계적으로 손꼽히는 경영전략가의 한 사람으로, 1983년부터 런던 비즈니스 스쿨에서 전략 및 국제경영 담당 교수로 재직하고 있다. 런던 비즈니스 스쿨 부설 경영혁신연구소와 컨설팅회사 스트라테고스(STRATEGOS)의 설립자다. 게리 하멜은 기업의 성공적 전략 수립을 위해 외부의 조언을 많이 듣고, 새로운 사고방식을 갖고, 임직원의 열정을 유도하라고 강조한다.

가치제안 때문이다. 사진현상과 냉동식품은 맥도널드가 갖춘 기능적인 강점에 해당하긴 하지만 고객 가치제안의 연장선상에서 우선순위는 아니다. 사회혁신 비즈니스의 가치제안도 맥도널드와 어울리는 신사업 선정과 별반 다르지 않다. 기업이 가장 잘할 수 있고 기업의 역량을 가장 잘 발휘할 수 있는 분야를 찾는 과정이 중요하다.

연계된 파트너(Linked Partner)

세상일에는 크든 작든, 영리기업이든 비영리기업이든 협업하는 동반자가 필요하다. 뜻을 이루기 위해서는 동행하는 이들이 있어야 한다. 서로의 강점을 인정해주고, 서로의 약점을 보완해가면서 성취를 이뤄나가는 관계가 동반성장하고 승리하는 파트너십이다. 《윈윈 파트너십》의 저자 스티븐 스토웰(Steven J. Stowell)은 목표 달성을 위해 상대방을 밟고 올라가기보다 지속적인 성과를 창출하는 코칭이 효과적이라고 본다.

확신에 차 있다는 것은 자신의 약점과 강점을 알고 있음을 의미한다. 그래서 확신에 찬 사람들은 자신의 강점을 키우고 상대방도 그럴 수 있게 만든다. 그들은 상대방의 강점을 위협이 아닌 자신의 재산으로 여긴다. 확신에 찬 사람은 상대방을 수용하고 자신과 같이 변화하라고 강요하지 않는다. 상대방도 이 세상에서 자신만큼 가치가 있다는 것을 인정한다.

사회혁신 비즈니스를 추구하는 기업은 생산 – 소비 – 유통과정에서 다양한 파트너와 연계되어 있다. 기업들은 환경에 끼치는 영향, 근로자의 안전, 지역공동체와의 관계, 각종 사회문제에 접근하면서 다양한 파트너와 함께한다. 사회혁신 비즈니스에서 파트너십은 크게 세 가지로 구분할 수 있다.

- 가치사슬에서의 파트너십
- 이해관계자와의 파트너십

• 마케팅에서의 파트너십

가치사슬에서의 파트너십

마이클 포터가 이야기한 가치사슬은 부가가치 창출에 직접 또는 간접적으로 관련된 일련의 활동·기능·프로세스의 연계과정이다. 가치사슬은 주활동과 지원활동으로 나눠볼 수 있는데, 주활동은 제품의 생산·운송·마케팅·판매·물류·서비스 등과 같은 현장 업무를 의미하며, 지원활동은 구매·기술개발·인사·재무·기획 등 현장 업무를 지원하는 제반 업무를 의미한다. 주 활동은 부가가치를 직접 창출하는 부문을, 지원활동은 부가가치가 창출되도록 간접적인 역할을 하는 부문을 말한다. 가치사슬을 통해 기업은 사회에 미치는 영향을 전반적으로 이해해보고, 지역공동체의 주요 사회문제에 참여하거나, 소매업자나 지역의 공급자로부터 원재료를 공급받는 과정에 문제점이 없었는지 살펴볼 필요가 있다.

• 제품 제조과정에서 화학물질 또는 폐기물을 어떻게 취급하고 있는가?

• 동물을 대상으로 제품을 실험할 경우, 그 방식은 어떠한가?

• 제품을 생산하거나 서비스를 제공하는 과정에서 환경오염을 야기하는 물질을 배출하지 않는가?

• 현장에 노동문제나 인권문제가 존재하는가?

　기업이 핵심기술에 토대를 둔 사업에 집중하고 부가가치가 낮은 활동을 외부의 전문 기업에 맡기는 흐름은 대세가 되었다. 이에 따라 기업들이 공급사슬관리를 더욱 확대할 것으로 보인다. 경쟁이 치열하다

보니 완제품 생산업체가 혼자만 잘하는 것으로는 한계가 있다. 하나의 공급사슬을 놓고 보면 대기업은 대체로 최종재 생산이나 유통에 해당하는 위치에 있다. 따라서 전체적인 협력과 조화를 이루는 일은 대기업을 중심으로 이루어지기 마련이다. 공급사슬 전체를 관리하여 가격경쟁력에서 우위를 보이거나 새로운 상품을 개발하거나 새로운 서비스 방법을 찾아내는 것은 대기업의 역할과 책임이다. 아웃소싱과 공급사슬관리는 가치창출을 위해 떼려야 뗄 수 없는 관계다. 상생과 혁신으로 가치를 창조하기 위해 기업은 스스로 몸집을 줄이고 공급사슬상에 있는 협력업체들을 지원하여 관계를 강화할 필요가 있다.

이해관계자와의 파트너십

기업의 비즈니스 환경은 유례없는 속도로 변화하고 있다. 가장 큰 특징은 경쟁의 심화다. 지나친 경쟁압력이 서로를 도태시키는 경쟁에 몰입하게 한다. 하지만 환경이 바뀌었다고 해서 경쟁이 유일한 해결책은 아니다. 예전에 대립하던 이해관계자들이 경쟁환경에서 오히려 협력관계로 바뀌는 일이 일어나기도 하기 때문이다. 지속가능경영을 모색하는 기업과 이해관계자들은 이해관계자 네트워크를 형성하여 서로의 경계를 허물어뜨리고 있다. 또한 오늘날 기업은 하나의 사회 구성원으로 인식되고 있으며, 사회와의 실질적 상호관계에서 벗어날 수 없다는 점이 부각되고 있다. 비즈니스 환경의 변화에 따라 경쟁과 협력의 관계가 기업 대 기업에서 네트워크 대 네트워크로 확대되는 추세다. 협력을 통해 기업은 자원, 노하우, 제품개발, 비용, 시장 등 다양한 영역에서 장점을 얻을 수 있다. 사회혁신 분야에서도 기업과 이해관계자와의 상호관계가 다음과 같은 뚜렷한 움직임으로 나타나고 있다.

❶ 기업과 사회가 직면한 지속가능한 발전의 문제를 해결하기 위한 방안 도출.

❷ 지속가능한 발전을 위한 도전 과제들이 점점 더 복잡해지고 상호 연결됨.

❸ 믿을 수 있는 브랜드 기업 혹은 비즈니스 파트너가 공공의 리더십을 보이며 신뢰를 줌.

유통업체 홈플러스는 기업의 이해관계자를 크게 10개 영역으로 분류했다. 이해관계자는 특성에 맞는 각각의 관심사가 있으며 홈플러스는 다양한 이해관계를 결집해 나름의 가치를 창출해나간다.

기업은 분야별 이해관계자를 하나라도 소홀히 해선 안 된다. 기업이 파트너십을 어떻게 유지하느냐에 따라 장단기 그리고 직간접적으로 이익을 얻을 수도 있고 손해를 입을 수도 있다. 그러므로 이해관계자와

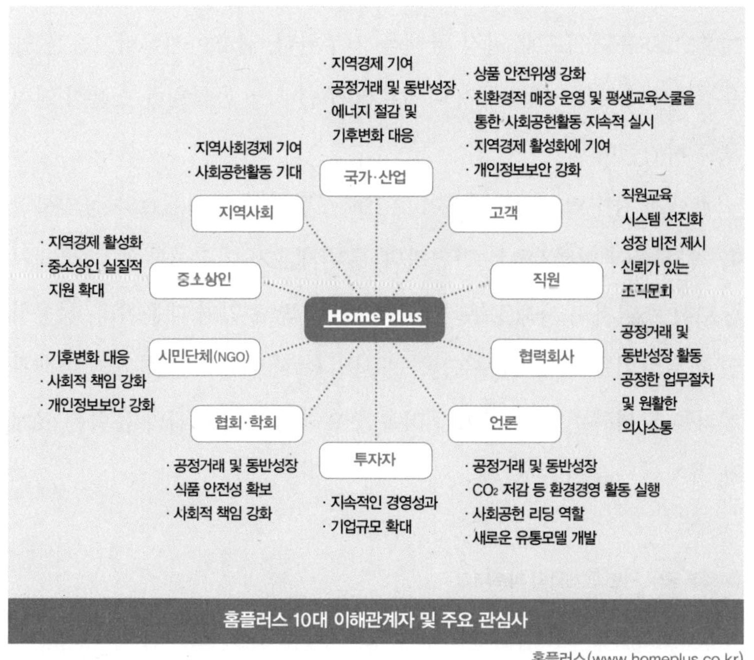

홈플러스(www.homeplus.co.kr)

의 파트너십은 지속가능경영의 핵심이다. 모든 이해관계자가 다 중요하지만, 사회혁신 비즈니스는 소비자, 직원, 협력회사, 시민단체, 지역사회가 직접적으로 연계되어 있다.

마케팅에서의 파트너십

프랑스의 비오템(Biothem)은 자사의 깨끗한 물 이미지를 유니세프의 식수환경 개선사업과 연계하여 후원금을 전달하는 마케팅을 전개하고 있다. 스웨덴의 이케아는 자사의 곰인형(Brum Teddy Bear)이 판매될 때마다 1유로를 유니세프에 기부한다. 스페인의 명문 축구구단 에프시(FC) 바르셀로나는 유니세프 로고를 디자인한 유니폼을 착용하여 유니세프를 후원함과 동시에 축구단의 이미지 제고에 큰 효과를 거두기도 했다. 폭스바겐코리아는 자사의 자동차가 판매될 때마다 구입 고객의 이름으로 유니세프에 일정 금액을 기부한다. 금호아시아나그룹은 뉴욕필하모니오케스트라의 유니세프 60주년 기념 음악회를 스폰서 형식으로 지원했다.

왜 세계 유수의 기업, 심지어 프로축구팀까지 유니세프와 공익사업을 하고 싶어 할까? 답은 간단하다. 유니세프가 어린이를 돕는 국제기구로서 소비자와 사회로부터 깊은 신뢰를 받고 있기 때문이다. 성공적인 파트너십을 위해서는 추진하는 사업과 잘 어울리는 최고의 이해관계자를 모색하는 일이 그래서 더욱 중요하다. 파트너십의 유형은 크게 세 가지로 구분할 수 있다.

❶ 외부 공익 관련 단체와의 파트너십

특정 사회문제에 관련된 단체와 제휴를 맺어 사업을 진행하는 방식이다. 소비자가 제품과 서비스를 구매하면 기업이 수익의 일정 부분을 기부하는 프로모션 전략(Transaction-based Promotion)의 일환인 공익연계마케팅(Cause-related Marketing)이 바로 이런 방식으로 진행되고 있다. 현재 우리나라에서 많은 금융사와 유통회사가 이같은 형태로 마케팅을 하고 있다.

❷ 특정 프로젝트 사업을 위한 공동브랜딩

기업과 비영리단체(NPO)가 함께 제품이나 홍보물의 배부 또는 광고의 방법으로 사회문제해결에 참여하는 방식이다. 공동 이슈 프로모션 전략(Joint Issue Promotion)이라고 하며 에이번(Avon)의 유방암 캠페인(Breast Cancer Awareness Crusade)과 시어스홀딩스(Sears Holdings)의 퇴역 군인들을 위한 프로그램(Heroes at Home)이 대표적인 공동브랜딩이다.

❸ 기업이 공익사업을 위해 만든 공익재단

기업이 사회공헌을 위해 출자한 재단을 통해 기업의 각종 공익사업 및 모기업의 공익마케팅이 이루어지고 있다. 미국의 석유재벌 록펠러가 세운 록펠러재단과 철강왕 카네기가 세운 카네기재단이 이러한 공익재단의 원조다. 우리나라에는 삼성, 현대자동차, 에스케이(SK) 같은 재벌기업을 비롯해 중견기업들이 이러한 공익재단을 통해 공익사업을 하고 있다.

'가치' 포지셔닝을 하라(Make a Value Positioning)

1998년 아이엠에프(IMF) 외환위기 당시 우리 국민의 대표적인 정서는 애국심이었다. 금모으기 운동, 에너지 절약 운동 등 경제에 도움이 될 만한 일에는 모두가 솔선수범하는 자세로 나섰다. 이때 이전과는 다른 새로운 콜라가 하나 나왔다. 이름 하여 '콜라독립 815'였다. 콜라독립 815는 나오자마자 선풍적인 인기를 끌었다. 브랜드 이름에 '광복절'이자 '정부수립 기념일'인 '8월 15일'을 나타내는 숫자를 넣었을 뿐 아니라 '독립'이라는 이름을 붙여 '한국의 콜라'라는 이미지를 강조했다. 애국심을 강조하는 사회 분위기 속에서 이 콜라는 세계적인 자본의 상징인 제국주의 콜라(?)가 아닌 '한국인의 콜라'라는 이미지로 접근했다. 애국심 마케팅에 심취해 사람들은 콜라독립 815를 마시기 시작했다. 사람들이 모이는 곳이라면 자연스럽게 콜라독립 815가 대량으로 뿌려지기도 했다. 1999년 콜라독립 815는 코카콜라와 펩시콜라의 틈바구니에서 시장점유율 13퍼센트를 기록하며 콜라 시장의 새로운 강자로 떠올랐다.

하지만 '콜라독립 815'의 유명세는 거기까지였다. 애국심 열기가 식어가자 새롭게 내세울 마케팅전략이 없었다. 기존 콜라와 비교할 때 맛의 차별성이 있는 것도 아니어서 코카콜라와 펩시콜라의 물량 공세를 따라잡을 경쟁력이 없었다. 소비자들이 콜라독립 815를 찾지 않게 되자 이내 매장에서 사라졌다. 그리고 몇 년 후 생산이 중단되어 버렸다. 콜라독립 815는 대의명분에 호소하며 일시적으로 성장했지만, 분위기가 가라앉자 차별적인 전략을 만들지 못하고 역사 속으로 사라진 대표적인 브랜드 사례다.

반면 우리나라에 오래도록 이어진 공익캠페인도 있다. 유한킴벌리의 '우리강산 푸르게 푸르게'는 1984년 이후부터 지금까지 이어오고 있다. 에이본과 에스티로더(Estee Lauder)의 유방암 캠페인은 1993년 이래로 여성들의 사랑을 받으며 지금까지 진행되고 있다. 유니레버(Unilever)의 리얼 뷰티 캠페인은 아름다움에 관한 새로운 시각을 제시

유니레버의 리얼 뷰티 캠페인

했다. 성공적인 캠페인은 사회문제를 선택할 때 일시적인 유행보다는 지속가능하고 소비자가 공감할 만한 사항을 선택했고, 경쟁기업들이 시도하기 전에 관련 분야를 선점했다. 미국에서 유방암 하면 에이본과 에스티로더를, 뷰티 캠페인 하면 유니레버를, 한국에서 환경 하면 유한 킴벌리를 떠올리듯이, 소비자가 공감하는 지속가능한 이슈의 선점과 포지셔닝은 매우 중요하다.

포지셔닝을 위한 지각도

'브랜드 포지셔닝'이란 소비자의 마음속에 브랜드의 바람직한 위치를 형성하기 위하여 브랜드 편익을 개발하고 커뮤니케이션하는 활동을 말한다. 간단히 말하자면 경쟁시장에서 차별적 우위를 얻기 위해 브랜드에 독특한 틈새를 형성하는 전략을 의미한다.

사회혁신 브랜딩 과정에서 포지셔닝을 위해서는 사회적 참여도와 전략적 차별화를 잘 파악해야 한다. 즉 사회와의 소통을 얼마나 차별화되게 하느냐가 관건이다. 사회적 참여도와 차별화 전략을 다음과 같이 도

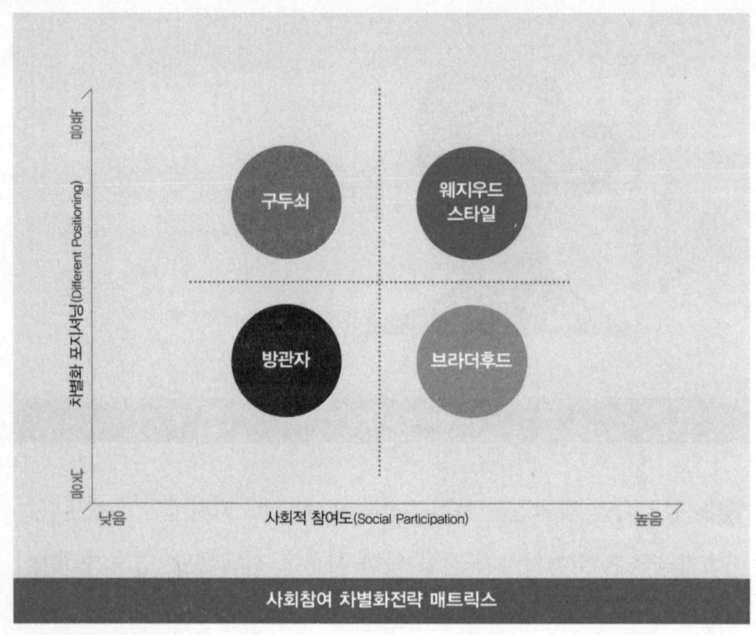

식화할 수 있다.

이 매트릭스는 사회혁신전략을 바라보는 기업의 태도를 네 개의 카테고리로 분류한다. 가로축은 사회적 참여도의 높고 낮음을 나타내며 사회적 참여도가 높을수록 사회와 원활히 소통하고 있다고 볼 수 있다. 세로축은 차별화 정도의 높고 낮음을 나타내며 차별화가 높을수록 브랜드의 개성을 잘 표현한다고 볼 수 있다.

❶ 방관자

사회적 참여도가 낮고 차별화전략을 거의 구사하지 않는 기업이다. 수동적인 기업전략을 취하며 어떻게 사회와 소통해야 하는지 잘 모른다. 전형적인 추격자기업에 나타나며 선도기업의 전략을 모방하는 경향이 강하다. 또한 독점기업이나 공기업, 일반 소비자와 접촉이 많지 않은 비투비(B2B) 기업이 이런 유형에 해당한다. 중소기업이나 소기업도 이런 형태를 보인다.

❷ 구두쇠

사회적 참여도가 낮으나 차별화전략 수행에 탁월하다. 브랜드 이미지 제고 위주의 사회공헌에 적극적이다. 사회공헌 지출을 최소화하면서 최대의 브랜드 이미지 제고 효과를 추구한다. 상대적으로 적은 사회공헌 지출로 탈세, 환경오염, 편법 증여와 같은 비윤리적인 경영 행태를 덮으려는 경향이 있다. 기업이 자발적으로 하기보다는 사회의 요구로 마지못해 하는 수동적인 성격이 강하다.

❸ 브라더후드

브라더후드(brotherhood)는 형제애란 뜻이다. 이 유형은 사회적 참여도는 높으나 차별화전략의 수준은 낮다. 기업의 경제적 이익을 추구하긴 하지만 사회적 공익에 초점을 맞추는 경향이 강하다. 사회적기업에서 많이 발견되는 유형이다. 사회문제를 찾아 비즈니스를 통해 해결하려는 적극성을 띤다. 자발적이고 적극적이긴 하나 차별화된 전략을 추구하지 못해 지속가능성이 약하다.

❹ 웨지우드 스타일

웨지우드는 18세기 영국의 도자기 사업가이자 공익운동가였던 조사이어 웨지우드(Josiah Wedgewood)를 뜻한다. 이 유형은 높은 사회적 참여도와 높은 차별화전략을 취하는 기업이다. 기업의 경제적 이익과 사회적 가치 실현의 균형을 추구한다. 사업의 비전과 전략적 실천을 통해 수익을 내며 이를 통해 사회적인 목적을 동시에 이룬다. 이러한 기업은 자연스럽게 소비자에게 존경을 받는다. 특히 이러한 과정은 수동적이고 않고 모든 것이 자발적이고 적극적으로 진행된다.

포지셔닝 전략

사회혁신 포지셔닝 구축은 제품군 사다리의 어느 한 위치에 브랜드를 자리 잡게 한다는 의미다. 포지셔닝은 브랜드를 사람의 머릿속 어딘가에 심으려고 하는 게 아니라 사람의 머릿속에 있는 기존의 제품군 사다리에서 상위를 차지하게 하거나 새로운 사다리를 만들어 상위를 차지하는 전략이다. 사회혁신 브랜딩에서 강력한 포지셔닝을 위해 독자적으로 혹은 다른 전략과 병행할 수 있는 전략은 다양하다.

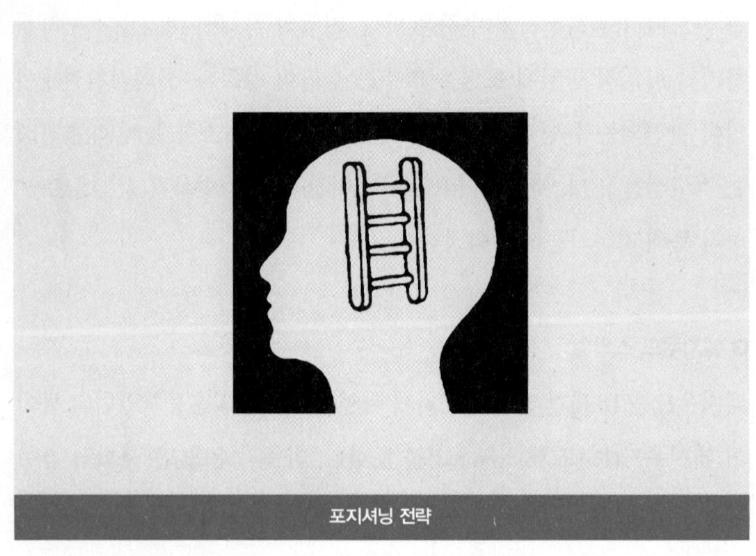

포지셔닝 전략

❶ 제품의 특징 및 속성 포지셔닝

가장 빈번히 사용되는 포지셔닝 전략이다. 브랜드 속성에 초점을 맞춰 경쟁 브랜드에 비해 차별되거나 더 나은 점 또는 둘 다에 해당하는 것을 소비자에게 인식시키는 전략이다. 유한양행에서 나온 '아름다운 주방세제 흑미배아'는 신라시대에 궁궐에서 팥 씻은 물을 설거지에 사용했다는 점에서 착안해 만든 제품으로, 천연 곡물성분을 사용해 피부자극이 없고 환경오염을 일으키지 않는 제품이라는 점을 집중해서 부각하고 있다.

❷ 제품 편익 포지셔닝

제품의 특징과 속성을 바탕으로 소비자가 얻게 될 편익을 제시하는 전략이다. '이 제품이 나에게 무엇을 제공해줄 수 있는가?'에 대한 답을 제시한다. 캠벨수프(Campbell Soup Co.)는 캠벨 제품 라벨을 모아오면 교육에 필요한 각종 기자재로 바꾸어주는 프로그램을 진행하고 있다. 이 캠페인에 참여하는 소비자는 자신들이 원하는 교육환경 개선을 염두에 두고 제품을 구매하는 성향이 강했다.

❸ 이미지 포지셔닝

소비자에게 기업이나 브랜드의 긍정적인 이미지를 심는 포지셔닝 전략이다. 공익캠페인이나 공익연계마케팅이 여기에 해당한다. 기업이 사회적 문제에 접근하여 해결점을 모색하면 소비자는 자연스레 그 기업에 관해 좋은 이미지를 갖게 될 확률이 높다. 게임업체인 넥슨(Nexon)은 넥슨 스쿨존을 만들어 넥슨이 제공하는 게임마다 이용하기에 적합한 연령대를 선별하고 고객이 직접 게임 일지를 작성함으로써 자신의 시간을 관리할 수 있게 함으로써 게임에 합리적인 시간을 쓰도록 장려하고 있다. 이로써 넥슨은 청소년의 정서를 피폐하게 만드는 부정적인 기업 이미지에서 벗어나 건전한 게임문화를 선도하는 기업으로 자리매김했다.

❹ 표적 청중 포지셔닝

시장 조사 결과를 바탕으로 시장 세분화가 이루어졌을 때 표적 청중을 대상으로 취하는 포지셔닝 전략이다. 사회혁신 브랜딩의 표적 청중은 단연 윤리적 소비자층이다. 환경, 인권, 기업윤리 등을 고려하는 사람들을 윤리적 소비자라 하는데 우리나라에서도 웰빙 붐에 따른 친환경 소비, 공정무역, 기업윤리에 관한 관심이 커지면서 이를 고려하며 구매하는 사람들이 늘고 있다. 윤리적 소비자층 이외에도 공익브랜딩을 목적으로 한 특정 연령이나 특정 지역을 고려한 표적 청중 세분화도 가능하다.

❺ 열망에 기초한 포지셔닝

지위나 명성, 자기계발, 변혁을 향한 열망을 표현하고자 하는 사람들을 위한 포지셔닝 전략이다. 브랜드가 지향하는 철학과 가치관을 적극적으로 지지하고 실질적인 행동에 참여하는 소비자를 표적으로 한다. 리복(Reebok)의 인권 캠페인, 에이본의 유방암 캠페인, 쉘의 환경 캠페인 등에 적극적인 지지자들이 바로 열망에 기초한 포지셔닝의 좋은 사례라고 볼 수 있다. 이러한 열망에 기초한 포지셔닝전략은 사고와 표현의 자유, 민주주의, 여성 해방을 비롯한 사회적 트렌드에 이용되고 있다.

선도적인 소통 프로그램을 개발하라
(Advanced Communication Program)

정수기로 유명한 '웅진코웨이'의 모기업인 웅진의 첫 사업은 '웅진씽크빅'이라는 브랜드로 잘 알려진 학습지 전문 출판업이었다. 학습지 시장에서 어느 정도 성장을 이룩한 웅진은 자신들의 핵심역량을 출판이 아닌 학습지 가정교사 서비스로 축적한 방문판매 노하우로 규정했다. 이렇게 해서 시작된 사업이 바로 정수기 임대업이었다. 기업이 가장 잘할 수 있고 경쟁력을 갖춘 부분에서 새로운 도전을 한다면 분명 새로운 시장이 열리게 되어 있다.

사회혁신 브랜딩도 기업이 가장 잘할 수 있는 핵심역량을 이용할 때 가능성이 열린다. 영국의 항공사 브리티시에어웨이(British Airways)는 비행기에 탑승하는 고객이 대부분 외국에서 사용한 소액의 돈을 환전하지 않는다는 사실에 착안하여 좌석에 비치된 봉투에 외국 동전과 지폐를 넣으면 이를 유니세프에 전달하는 '사랑의 동전 모으기 캠페인'을 시행했다. 언제 사용할지 모를 소액의 외국 돈을 즉석에서 기부하게 하는 캠페인은 오직 항공사만이 할 수 있는 전략이다. 유방암 캠페인으로 유명한 에이본은 미국 최대 화장품 방문 판매망을 활용하여 영업사원으로 하여금 유방암 캠페인의 공익 홍보활동을 겸하게 했다. 탄탄한 영업망과 매장을 공익을 위한 장으로 활용하는 사례는 선진기업에서 쉽게 찾아볼 수 있다.

사회혁신을 추구하는 코즈마케팅

사회혁신 비즈니스는 공익적 가치와 경제적 가치를 동시에 추구한다.

이러한 공유가치창출(CSV)은 마케팅으로도 표현될 수 있는데, 이를 코즈마케팅이라고 한다. 기업의 사회적 책임은 기업의 전반적인 가치사슬을 포괄하는 반면 코즈마케팅은 기업의 마케팅 활동에만 초점을 맞춘다. 다시 말해 코즈마케팅은 기업의 비즈니스에 정당성을 부여하여 공익적인 가치창출활동과 연계하는 전략이라고 할 수 있다. 코즈마케팅은 거래기반 프로그램, 메시지 프로모션 프로그램, 라이선싱 프로그램, 사회문제 중심 프로그램, 비즈니스 활동 프로그램, 목표 중심 프로

| 코즈마케팅 활동 유형 |

유형	특징	사례
거래기반 프로그램	전통적인 교환에 기초한 프로그램. 판매가 일어날 때마다 특정한 사회적 공익을 위해 기업이 판매액의 일부나 특정 물품 등으로 기부.	· 아메리칸익스프레스 　−자유의 여신상 복원사업 · 탐스슈즈 　−원포원(One for One)
메시지 프로모션 프로그램	공익을 홍보하고 일부 기부가 발생하지만, 판매 전체에 묶여 있지 않으며 금전적 기부가 아닐 수도 있음.	· 유한킴벌리 　−우리강산 푸르게 푸르게
라이선싱 프로그램	코즈마케팅 프로그램의 가장 주요한 형태 중 하나. 일반적으로 비영리단체가 브랜드나 로고를 제품에 사용하도록 하고, 기업은 제품 판매액의 일정 비율을 비영리단체에 기부.	· 수잔 지 코멘 유방암재단 (Susan G. Komen Breast Cancer Foundation) 　−유방암 계몽 걷기 대회 (Race For the Cure) · 프로덕트 레드 (Product Red)
사회문제 중심 프로그램	비영리단체의 파트너 기업이 특정한 사회문제 해결을 위해 활동. 보통 기부와 연결되지 않음.	· 리복과 엠네스티의 인권활동
비즈니스 활동 프로그램	공익활동을 기업경영에 결부시켜 인지도를 높이는 데 기여하지만 특정한 기부가 발생하지는 않음.	· 아이비엠(IBM) 　−스마트 그리드 (Smart Grid)
목표 중심 프로그램	특정 집단, 특히 기업의 핵심적 세부시장을 돕는 형태임. 기업과 주요 고객 간의 유대를 강화함.	· 펩시 　−리프레시 프로젝트 (Refresh Project)

코즈마케팅 연구자료 종합

그램 등 크게 6개의 유형으로 구분할 수 있다.

거래기반 프로그램 — 이마트 '지역단체 재원지원 프로그램'

이마트는 영세한 지역 상권을 붕괴시키고 지역에서 얻은 수익을 지역이 아닌 서울 본사로 송금하는 구조를 취하고 있어 지역 자본의 선순환을 어렵게 한다는 여론의 비판에 시달린다. 이마트는 비판적인 여론을 극복하기 위한 방안의 하나로 지역사회에 밀착된 '지역단체 재원지원 프로그램'을 시행하고 있다.

이마트 재원지원 프로그램이란 이마트가 지역사회 또는 단체의 공익사업에 재원을 지원하는 제도로, 이마트에 단체를 등록한 후 등록된 단체에 제품을 구매한 영수증을 등록하면 총구매금액의 0.5퍼센트를 분기별로 해당 단체에 지원금으로 기부하는 제도다. 학교, 종교단체, 시민단체, 사회복지단체 등이 지원 대상에 해당되며 마을 부녀회나 조기축구회도 지원을 받을 수 있다.

메시지 프로모션 프로그램 — 유한킴벌리 우리강산 푸르게 푸르게

유한킴벌리는 1980년대 들어서면서 소비자의 소득 및 생활수준이 향상되고 환경에 관심이 높아지는 변화를 감지하면서 새롭게 기업 이미지를 구축할 필요성을 느끼기 시작했다. 이를 위해 유한킴벌리는 외국의 공익캠페인 사례와 국내 제반 환경에 관한 조사를 시행했다. 소비자 조사결과에 따라 '한강 보호' '도시미화' '국토 녹화사업' 등의 프로젝트가 검토 대상에 올랐다. 우리나라 국토의 65퍼센트가 산림이지만 산림자원 관리가 부족하며 실제로 자연환경이 훼손되고 있다는 사실에 착안하여 유한킴벌리는 산림관리사업 기금조성을 위해 주력 상품인 크리넥스(Kleenex) 매출액의 1퍼센트를 산림청 산하 산림중앙위원회에 기탁하여 관리·운영하기로 결정한다. 이후 유한킴벌리는 1984년 숲을 가꾸어야 하는 이유를 알리고, 숲의 혜택을 우리 세대는 물론 다음 세대까지 누릴 수 있게 하는 국민참여 공익캠페인인 '우리강산 푸르게 푸르게'를 시작했다. 1983년 미국 아메리칸익스프레스 카드가 세계 최초로 코즈마케팅을 도입한 지 불과 1년 뒤의 일이다. 당시 우리나라는 지금과 비교가 안 되는 1인당 국민소득 2000달러 수준의 개발도상국이었다.

1984년 이래 지금까지 계속되고 있는 유한킴벌리의 메시지 프로모션은 산림녹화, 환경보호의 중요성을 알리는 국민 계몽활동과 더불어 산림자원 육성을 직접 실천해왔다. 기업이나 제품 홍보가 없는 순수 공익 차원에서 시작된 이 프로그램은 생태환경보존을 위한 기금을 조성하고, 나무심기, 숲 가꾸기, 환경교육, 생태환경 전문가 양성, 연구 조사, 해외 선진지역 연수 등 다양한 운동을 펼쳤다.

라이선싱 프로그램—유방암 계몽 걷기 대회(Race For the Cure)

미국의 '수잔 지 코멘 유방암재단'은 1990년 유방암 퇴치를 위한 걷기 대회 캠페인을 시작하면서 기존의 현금이나 현물 기부 같은 후원제도에서 진일보한, 특정 기업이나 브랜드가 캠페인을 후원하고 캠페인 엠블럼을 광고 및 마케팅에 사용하는 스폰서 제도를 코즈마케팅 사상 최초로 도입했다.

'수잔 지 코멘 재단'은 1990년부터 'For the Cure' 파트너에게 스폰서십에 관한 독점적인 권리를 제공한다. 'For the Cure' 로고를 마케팅과 홍보에 사용할 수 있는 파트너는 다음과 같이 한정되어 있다.

프로그램	내용
Millon Dollar Council Elite	· 연간 100만 달러 이상 기부를 한 기업 및 단체. · 'For the cure' 엠블럼을 각종 상품 및 프로그램에 사용할 수 있음. · 요플레(Yoplait), 뱅크 오브 아메리카(Bank of America), 포드 자동차 회사(Ford Motor) 등이 회원사로 있음.
Race For the Cure @ National Sponsors	· 연간 12만 달러 이상 기부를 한 기업 및 단체. · 'For the Cure'의 전국 주요 도시에서의 달리기 대회를 대상으로 마케팅 활동을 할 수 있음. · 콜드워터크릭(Coldwater Creek), 아메리칸 항공(American Airlines), 뉴밸런스애슬레틱슈(New Balance Athletic Shoe, Inc.) 등이 회원사로 있음.
Corporate Partners	· 다양한 공익 프로그램을 통해 얻은 수익을 'For the Cure'에 기부하는 회사들이 회원사로 있음. · 스리엠(3M), 델컴퓨터(Dell Computer), 에비앙(Evian) 이 회원사로 있음. · 스리엠(3M)의 경우 싱클린트 롤러에 'For the cure' 로고를 붙여서 1개당 28센트, 한 세트에 1달러를 'For the Cure'에 기부.

For the Cure(ww5.komen.org)

이 프로그램들을 통해 참가 기업들은 'For the Cure'의 공익적인 이미지를 기업 브랜드에 활용하고 'For the cure'는 사업 추진에 필요한 물적, 인적자원을 후원받게 받게 된다. 공익 스폰서십을 통한 기업과 민간단체의 좋은 협력모델이다.

이슈 중심 프로그램—리복의 인권활동

패기와 열정 그리고 의미 있는 브랜드 이미지로 젊은층의 인기를 끌고 있는 리복은 1988년인권단체인 국제사면위원회(Amnesty International)의 세계인권 선언 40주년 기념 캠페인에 적극 참여하면서 인류의 권리와 발전을 위해 일하는 기업이라는 이미지를 얻게 된다. 인권보호 캠페인을 후원하며 리복은 '인간에게는 표현의 자유와 집회의 자유가 있

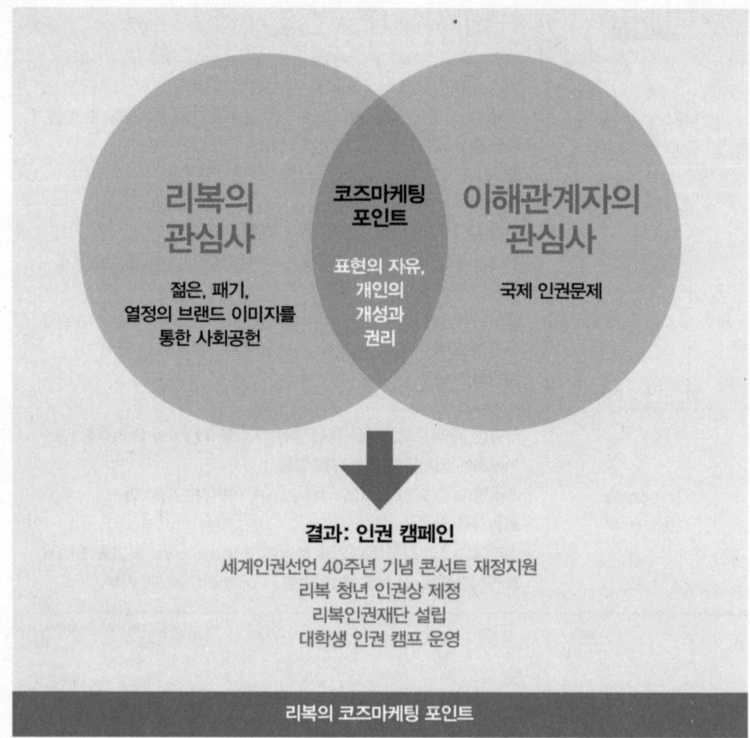

전병길 외, 《코즈마케팅》, 새로운제안(2010)

으며, 개인의 개성과 자아를 누릴 권리가 있다'는 내용을 광고에 인용했다. 인권보호라는 사회문제와 젊은이들이 원하는 세계는 의외로 공통점이 많았다.

이후 리복은 회사 내에 'Human Rights Department'라는 아주 독특한 인권 부서를 설립한다. 그리고 매년 청년 인권활동가들에게 '행동하는 청년상(Reebok Youth in Action Award)'을 수여하며, 리복인권재단(Reebok Human Rights Foundation)을 설립하여 인권 수호활동을 활발히 펼치고 있다. 2008년에는 국제사면위원회와 대학생을 대상으로 여름 동안 인권 관련 활동을 펼칠 수 있도록 지원하는 'The Reebok Human

Rights Summer Fellowship'프로그램을 운영했다. 이렇게 하여 인권보호는 리복만의 확실한 브랜드 이미지와 기업문화로 자리 잡았다. 리복은 고객층에 맞는 공익적 문제를 선택하여 이를 공익마케팅과 연계하여 브랜드 인지도를 향상시켰으며, 다른 경쟁 브랜드와는 뭔가 다른 브랜드라는 인식을 젊은이에게 심어주었다.

목표 중심 프로그램—펩시 리프레시 프로젝트

2010년 펩시는 슈퍼볼 광고를 하지 않기로 했다. 사람들은 펩시의 이런 행동에 의아해했다. 펩시는 슈퍼볼 대신 트위터와 페이스북 같은 소셜 미디어를 활용해 코즈마케팅인 펩시 리프레시 프로젝트(Pepsi Refresh Project)를 시작했다. 프로젝트는 거대하지만 내용은 간단하다. 더 좋은 세상을 만들기 위해 예술, 문화, 교육, 식품, 건강, 이웃에 관련된 아이디어를 소비자가 직접 제안하고 트위터, 페이스북, 유튜브 같은 자신의 소셜 네트워크에 이를 알려 사람들에게 평가받고 호응이 좋은 아이디어를 선정하여 실행할 수 있도록 펀드를 지원해주는 프로그램이다. 사람들은 6개의 주제에 맞는 아이디어를 올리면서 실행에 필요한 자금으로 5000~25만 달러까지 금액을 정할 수 있다. 이 프로젝트에는 '자녀가 정원을 꾸미는 데 도와달라'는 애교형 제안부터 '우리 단체에 후원하면 미국의 빈곤아동 문제가 해결된다'는 거시적인 제안까지 매달 1000개의 아이디어가 접수되었다. 고객이 투표로 사회공헌 사업을 직접 선정하기 때문에 지역사회가 절실히 요구하고 있는 문제, 기업의 사회 목적과 부합하는 분야에 집중해서 지원하는 하는 일이 가능해졌다. 2010년 펩시는 슈퍼볼에 광고를 낸 회사보다 이 프로젝트로 언론의 특별한 주목을 끌었다.

이야기로 말하라(Tell 'the Story')

미국 펜실베이니아 대학교 데보라 스몰 교수 등은 2007년 기부에 관한 인간 심리 및 행동 변화를 살펴보기 위해 두 그룹을 나누어 각기 다른 메시지를 제공하며 기부를 요청하는 실험을 했다.

A그룹(시각적 이미지 없이 글만 제공)

아프리카 말라위에선 현재 300만 명의 아이가 기아에 시달리고 있습니다. 잠비아 역시 300만 명이 굶주림에 허덕이고 있습니다. 에티오피아에선 1100만 명 이상에 대한 식량 조달이 시급한 실정입니다.

B그룹(글과 함께 아프리카 어린이 사진 제공)

여러분이 기부하신 돈은 말라위에 있는 일곱 살 소녀 로키아에게 전해집니다. 로키아는 극심한 굶주림에 시달리고 있습니다. 여러분의 재정적 지원으로 로키아의 삶은 더 나아질 수 있습니다.

실험 결과, B그룹의 평균 기부 금액이 A그룹보다 두 배 이상 많았다. 300만, 1100만이라는 숫자의 위력보다 사진으로 전달된 한 소녀의 삶이 훨씬 큰 호소력을 보인 셈이다. 이러한 실험으로 나타난 현상을 '인식 가능한 희생자 효과(identifiable victim effect)'라고 한다. 즉 인간은 숫자로 나열된 '통계적 생명'보다 우리 눈에 보이는 '인식 가능한 생명'을 구하는 쪽에 더 열중한다는 말이다. 왜 사람들은 논리적 숫자보다 어린이의 삶에 더 관심을 보였을까? 그것은 바로 소녀의 삶과 연관된 이야기의 힘 때문이다.

이야기의 '힘'

미래학자 롤프 옌센(Rolf Jensen)은 21세기는 꿈과 이야기와 감성에 의해 지배될 것이라고 했다. 이야기의 힘은 실로 대단하다. 이야기가 발효되면 맛깔스런 명품으로 나타나 마음을 홀린다. 한번 머릿속으로 들어오면 평생 가는 게 '이야기'다. 사람들은 강연이나 설교의 핵심 메시지는 기억하지 못해도 중간중간 들은 예화는 또렷이 기억한다. 이 모든 게 이야기가 지닌 위력 때문이다. 재미있거나 교훈이 되는 감성적인 이야기를 전달해주는 것을 '스토리텔링'이라고 한다. 스토리텔링(storytelling)은 'story'와 'tell'과 'ing'로 이뤄진 말로, 이야기가 있는 본문을 대중에게 들려줌으로써 지식이 아닌 경험을 전달하고 공유하고자 하는 의도를 담고 있다. 'story'가 이야기의 소재이고, 'tell'은 말하는 방식, 즉 어떻게 전달할 것인가에 초점을 두는 것이라면, 'ing'는 상호작용을 뜻한다.

원래 영어에서 이야기(story)는 뭔가를 쌓는다는 어원에서 출발한다. 그렇다면 '쌓는다'라는 서술어에 잘 어울리는 주어로 무엇이 있을까? 우선 '정보'와 '지식'이 있을 것이다. '추억'과 '경험'도 쌓아간다고 표현한다. 더 나아가면 '정(情)'이 있을 것이다. '사랑' '우정' 등도 이에 속한다고 볼 수 있다. 이야기는 이렇게 객관적인 것일 수도, 관계에 대한 것일 수도, 또는 감정에 관한 것일 수도 있다. 여기서 중요한 점은 바로 그것을 함께 공유한다는 사실과 소통하는 과정이라고 생각한다. 함께 공유하고 소통하는 것, 그것이 바로 말하기(telling)다.

지갑을 여는 이야기

열매나눔재단 김동호 이사장은 하루가 멀다 하고 겁 없는 도전을 하는 모금 전문가다. 기독교계에서 그는 이미 유명인사다. 북한, 인도, 아프리카 말라위를 돕기 위해 모금을 제안하면 그를 좋아하는 사람들은 지체 없이 지갑을 연다. 그가 이사장으로 있는 열매나눔재단은 탈북자를 위한 사회적기업을 만들었으며 유엔계발계획(UNDP)과 협력하여 아프리카 말라위 그물리아 지역에 유엔 밀레니엄 빌리지를 운영하고 있다. 아프리카 말라위 그물리라 마을개발 사업은 기부쇼핑 방식을 도입한 '희망기지' 선물 프로젝트로 진행되어 큰 관심을 모았다. 기부쇼핑은 비정부기구에서 많이 활용하고 있는데, 백신, 모기장, 염소 등 다양한 기부 상품을 기부자가 기부쇼핑 사이트에서 직접 구매하여 기부하는 방식이다. 기부자가 기부 상품을 선택할 수 있다는 점에서 적극적인 관심을 끌 수 있다는 점이 매력적이고, 특히 본인의 후원금이 어떻게

열매나눔재단 희망기지(www.hope.merryyear.org)

사용될지 알 수 있다는 장점도 있다.

기부자들은 상품을 구매하면서 상상하게 된다. 한 번도 가본 적 없고 한 번도 만난 적 없는 사람들의 모습을 머릿속에 그려보는 것이다. 그리고 '작은 도움'을 준 보람을 느낀다. 이렇게 스토리텔링은 관계와 경험의 공유를 거쳐, 정과 감성의 공유로까지 이어지게 된다. 소비자들이 원하는 것은 복잡한 정치논리나 거시적인 경제이론이 아니다. 나와 같은 사람이지만 삶의 무게에 짓눌려 힘들어하는 이들에게 그저 작은 웃음을 주고 싶을 뿐이다. 그것이 직접 기부든 아니면 소비를 통한 간접 기부든 말이다.

간결하고 호소력 있는 메시지는 이렇게 사람들의 마음을 움직인다. 스토리로 꾸며내는 일은 무엇을 이야기하느냐보다 어떻게 이야기하느냐가 더 중요하다. 이야기는 이야기하는 사람을 위한 것이 아니라 듣는 사람이 공감(empathy)하도록 상호작용해야 한다. 공감이 가면 입소문을 타고 다양한 매체를 통해 확대재생산된다. 이러한 이야기의 힘은 비정부기구나 자선기관에만 해당되는 사항이 아니다. 기업이 전하는 메시지에서도 동일하게 일어난다.

'비바글램' 제품 하나가 할 수 있는 일

세계적인 화장품 브랜드 맥(M.A.C)은 자사의 공익 상품인 비바글램을 구매하는 행위 그 자체가 에이즈 환자를 돕는 일이라는 사실을 숫자로 설명하여 사람들의 공감을 불러일으켰다.

- 미국 HIV 감염자 한 사람의 5끼 식사를 살 수 있다.
- 멕시코 HIV 양성 아동의 감염 치료약을 구입할 수 있다.

- 케냐 지역사회 모임에서 콘돔 1백 개를 나눠줄 수 있다.

- 르완다 HIV에 감염된 아기에게 11일치 분유를 사줄 수 있다.

- 남아프리카 태아에게 에이즈 바이러스가 감염되는 것을 예방하는 약을 산모 50 명에게 공급할 수 있다.

- 아이티 HIV 환자를 방문 관리하는 보건진료원 한 사람의 1.5주치 임금을 해결할 수 있다.—세계 공통

- 콘돔 575개를 구입할 수 있다.

- 소아 에이즈 치료제 87일 분량을 살 수 있다.

- 14명 분량의 HIV 검사 도구를 구입할 수 있다.

— 《엘르》(2009. 4)

제품과 서비스에 이야기를 입혀라

세계 유수의 기업은 물론 국내 중소기업에 이르기까지 앞 다투어 스토리텔링 기법을 도입하고 있다. 스토리텔링도 브랜드나 상품의 상황에 따라 접근방식이 조금은 달라진다. 먼저 제품의 특징을 스토리텔링하는 방식이 있다. 이 방식은 주로 제품의 기능에 이야기를 입힌다. 그리고 제품의 이미지를 부각하는 스토리텔링도 있다. 그리움, 애국심, 인류애, 연민 등 정(情)을 소재로 한 스토리텔링도 있다. 이야기로 소비자들에게 왜 그 제품을 구매해야 하는지 설득해야 한다. 거창하지 않은 작은 윤리적 소비가 세상을 변화시키는 실천의 힘이라고 말이다.

윤리적 소비는 거창한 일이 아닙니다.

지구건강에 해가 되지 않는 친환경제품을 구매하는 일부터

아동학대와 노동착취가 없는 공정무역 물품을 구입하고

윤리적 소비를 강조하는 아이쿱생협 광고

겨울철 농가소득을 돕는 친환경 우리 밀을 찾는 일까지 –

소비활동에서 작은 실천 하나하나가 나와 우리 이웃,

지구환경까지 생각하는 가치 있는 소비입니다.

소비만 잘 해도 지구환경을 지킬 수 있습니다.

소비만 잘 해도 더 많은 사람들이 웃는 세상이 됩니다.

— 《경향신문》(2007. 12. 24)에 실린 아이쿱생협의 광고

물건만 잘 만들면 되던 시대는 지나갔다. 이제는 스토리텔링으로 상품과 브랜드에 살아 있는 숨결을 불어넣어야 한다. 공익의 가치를 제품과 서비스에 잘 담고 있는 기업의 사례로 프리미엄 아이스크림 회사인 벤앤제리(Ben & Jerry's)를 눈여겨볼 필요가 있다. 벤앤제리는 1985년부터 매년 세전 이익의 7.5퍼센트를 출연하여 미국사회의 발전적 변화를 도모하고자 '벤앤제리기금'을 출범시켰다. 이 기금은 인종차별, 성차별, 빈곤문제, 동성연애자에 대한 차별, 환경오염 등 미국사회를 병들게 하는 근본원인을 제거하는 활동에 사용되고 있다. 1988년부터는 국방예산의 1퍼센트를 평화유지활동에 사용토록 하자는 '1% for Peace' 캠페인을 전개하기 시작했으며, 이 활동의 취지를 널리 알리기 위해 '피스 팝(Peace Pops)'이라는 아이스크림을 새롭게 출시하여 수익의 1퍼센트를 평화기금으로 적립하고 있다.

| 벤앤제리의 공익적 상품들 |

아이스크림 이름	공익적인 상품
Peace Pops	매출 1%가 평화운동에 쓰임.
Rainforest Crunch	열대림 보호에 쓰임.
Chocholate Fudge Brownie ice cream	뉴욕 시 그리이스톤 베이커리에서 나왔으며 지역 장애인들이 만들어 판매함.
Wavy Gravy TM	미국의 유명한 사회공헌가 이름을 따서 만든 상품으로 수익금이 아이들의 장학금으로 기부됨.
Phish Food	물고기를 보호하고 수자원 관련 단체들에 기부됨.
One Sweet Whirled	2001년도 상품으로 19개의 환경회사들과 함께 만든 상품 수익금은 지구온난화 방지를 위해 쓰임.
Doonesbury	〈둔즈베리(Doonesbury)〉라는 만화에서 이름을 따온 것으로 수익금은 환경기금으로 쓰임.

전병길 외, 《코즈마케팅》, 새로운제안(2010)

이외에도 벤앤제리는 출시하는 특정 제품에 공익적인 성격을 담아 브랜드의 이름을 짓고, 수익의 일정 금액을 해당 사업에 기부하는 사회혁신 브랜딩 사업에 적극 참여하고 있다. 수많은 사회혁신 비즈니스 속에서 이해관계자들이 기억하는 것은, 누가 무엇을 했느냐가 아니라 그 프로그램을 통해 실제로 일어나고 있는 사회변화에 연관된 '스토리'다. 다시 말해 사회혁신 비즈니스를 차별화하는 일은 누구도 하고 있지 않은 새로운 프로그램을 찾아내는 활동이 아니라, 진정성 있는 사업을 사람들이 기억할 수 있는 문제로 바꾸어 들려줌으로써 변화를 이끌어내는 그 기업만의 이야기로 만들어가는 활동을 의미한다.

기업이 정감(empathy) 있는 '브랜드 스토리'를 들려준다면, 소비자는 브랜드와 교감하며 '세상을 변화시키는 역사(history to change the world)'를 만들 것이며, 사람들에게 그 브랜드는 '사회적 유산(Social heritage)'으로 기억될 것이다.

평가(Evaluation)

우리는 매일 사물을 측정한다.

시간—시계와 달력

쇼핑—가격 비교, 제품 품질등급

날씨—기온, 강수량, 습도

교육—등급, 성적, 자격

스포츠—점수, 타격, 각종 기록

정치—투표, 여론조사

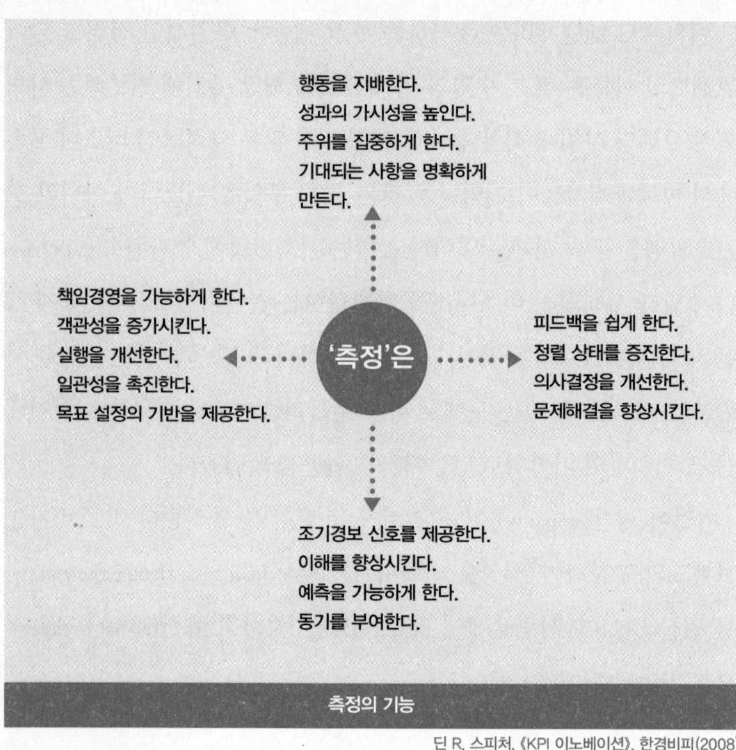

딘 R. 스피처, 《KPI 이노베이션》, 한경비피(2008)

이외에도 수많은 척도가 생활 속에 있다. 복잡한 세상에서 아무것도 측정하지 않는다면 어떻게 될까? 아마도 큰 혼란과 불편이 기다리고 있을 것이다. 기업경영에서 측정은 효과적인 경영을 위한 토대를 만들어낸다는 점에서 매우 중요하다. 딘 스피처는 《KPI 이노베이션》이라는 저서에서 측정의 기능 17개를 표의 내용과 같이 이야기했다.

사회혁신, 무엇을 측정하고 평가하나

사회혁신 비즈니스와 사회적 투자의 활성화를 위해서는 그 효과를 측정해야 한다. 겉과 속이 다른 기업과 진짜 좋은 기업을 구분하는 기준이 있다면 소비자는 신뢰하며 소비할 수 있고, 투자자들은 좋은 투자 관련 정보를 얻을 수 있을 것이다. 사회혁신 비즈니스의 목표는 사회적 가치의 실현과 경제적 가치 창출이므로 성과를 측정해야 하고, 그에 따른 재무적 효과도 고려해야 한다. 수치화된 양적 평가가 객관적이고 신빙성이 있지만, 분야에 따라서는 질적 평가가 필요할 때도 있다.

사회혁신과 관련된 측정에서 가장 많이 활용되는 부분은 코즈마케팅에서의 성과측정이다. 비즈니스에서 가장 대표적인 성과척도는 판매율과 시장점유율이다. 매출과 직결되는 척도일 뿐 아리라 시장의 실질적인 지배력을 반영하기 때문이다. 경쟁업체 사이에 자존심이 얽히다 보면 소수점 이하의 판매율과 시장점유율 확보에 모든 열정와 자원을 쏟아넣기도 한다. 신용카드 회사의 1차 타깃은 당연히 잠재적 신용 구매자와 카드 발급자다. 이들은 언제 어디서나 친절하고 편리한 특급 서비스를 원한다. 하지만 모든 신용카드 사용자들의 라이프 스타일로 시야를 옮기면 '삶의 가치관에 근거한 구매'라는 새로운 시장을 발견할 수 있다. 삶의 가치관은 정치, 경제, 사회, 문화, 가족, 지역, 종교 등과 연계된 생각을 망라한다. 그리고 국가에 대한 가치, 공동체에 대한 가치, 어려운 이웃에 대한 가치도 포함된다.

이외에도 코즈마케팅에서는 브랜드 이미지 제고, 인지도 상승, 구매 태도 등과 관련된 성과 지표들이 측정된다. 하지만 그 대상이 되는 사회문제를 통한 가치 창출은 측정 또는 평가의 기준이 명확치가 않다. 공익사업을 했는데 정작 그 대상이 되는 사업에 대한 평가와 어떤 가치가 창출되었는지를 알 수 있는 구체적인 무엇이 부족하다.

공익적 가치의 측정

기업들이 공익적 성격이 가미된 경영활동에 관심을 보이기 시작하면서 가치평가 지표들이 개발되었다. 대표인 것으로 환경경영을 중시하며 '탄소발자국(carbon footprint)'을 추적하는 방법이 있다. 하나의 제품은 원료 채취, 제조, 유통, 사용, 폐기의 과정을 거친다. 각각의 단계는 빠짐없이 온실가스 배출과 관련된다. 어떤 주체가 일상생활을 하는 과정이나 또는 영업을 하는 과정에서 배출되는 온실가스를 흔히 그 행위의 '탄소발자국(carbon footprint)'이라 부른다. 탄소발자국 제도는 식품이라든가 의류 등을 제조할 때 발생한 온실가스 배출량을 표시하는 제도를 말하는데, 배출양은 원재료 조달, 제조, 유통 및 판매, 사용, 폐기, 재활용에 이르는 5단계에서 산정된 수치를 합산한다. 각 상품별로 통일된 표기를 하는데 예를 들어 맥주 1병당 이산화탄소(CO_2) 배출량 150그램 같은 방식이다. 광고에서 흔히 볼 수 있는 "~를 절약하면 소나무 00그루 심는 효과가 있다"는 말이 탄소발자국을 잘 표현한 문구다. 오늘날 많은 기업이 환경경영과 사회적 책임 경영을 내세우며 탄소발자국 제도를 활용하고 있고 환경마케팅의 수단으로도 활용하고 있다.

사회적 가치 창출

사회적기업은 사회문제 해결에 초점을 두기 때문에 사회적 가치를 어떻게 창출할지 고민한다. 사회적 가치 창출(SVC)은 사회적 가치사슬 모형을 이용하여 기업이 생산할 사회적 가치로 표현된다. 여기서 제시된 사회적 가치는 다시 경제적 가치로 측정 가능한지에 따라 이해관계자의 회계를 통해 화폐가치로 환산되거나 각종 정성적, 정량적 지표 등의 질적 가치로 분석된다.

- **정량적 지표** 화폐가치로 환산이 어려운 사회적 가치를 정량적으로 측정한다.

  예 취약계층 추가 고용인원, 사회서비스 이용률, 지역 주택보급률, 정부 보조금

  의존도 등

- **정성적 지표** 정량적 측정이 어려운 사회적 가치를 측정한다.

  예 개인의 자존감 향상, 시장 공정성 확보, 사회적 연대감 등

사회적 가치의 최종 평가는 폭, 깊이, 변화의 3개 지표로 종합하여 측정한다.

- **폭**(breath) 얼마나 많은 사람에게 영향을 미치는가?

  예 공동체 개발보다는 국가적인 캠페인의 '폭'이 넓다.

- **깊이**(depth) 각 개인에게 미치는 영향이 얼마나 의미 있는 것인가?

  예 병 치료 서비스가 금연교육보다 개인에게 미치는 영향이 더 깊다.

- **변화**(change) 근본적인 처방인가? 증상 개선인가?

  예 최저임금 인상 프로그램이 보조금 지원 프로젝트보다 근본적인 변화를 가져

  온다.

또한 사회적기업들은 저마다의 방식을 활용하고 있는데 사회적투자수익률(SROI, Social Return on Investment) 원리가 대표적인 예다. 사회적투자수익률은 비용—편익분석 원리에 입각해 투자로 얻은 사회적 성과를 절대적 수치로 분석해 비율로 표현한 값이다. 특히 사회적투자수익률은 데이터 측정이나 보고를 위한 표준이라기보다는 수익률 분석을 위한 원리이며 평가의 결과에 대한 해석은 보는 경영자나 투자자, 이해관계자들의 판단기준에 따라 충분히 달라질 수 있다.

전략적 기업의 사회적 책임(CSR) 성과측정

사회적기업들이 사회적 가치를 중심으로 평가하는 반면 일반 기업은 사회적 책임 활동에 관한 경영 평가를 중점으로 한다. 이를 위해 기업의 사회참여활동 계획을 구체적으로 어떻게 실천하고 있는지 보고서를 통해 제시한다. 기업의 사회적 책임 보고서는 사회를 향한 기업의 약속이며 보고서 자체가 부적절하거나 무책임해지지 않도록 억제하는

| 전략적 기업의 사회적 책임(CSR) 성과측정 |

분야	지표	내역
성장성	신시장 개척	기업의 사회적 책임 활동을 통해 새로운 시장 발견
	신상품 개발	소외계층을 대상으로 한 새로운 상품의 개발
	새로운 고객	고객을 높이 배려하여 기존 시장에서 새로운 고객 발굴
	혁신	차원 높은 사회적, 환경적 기대를 충족하기 위한 혁신
	평판의 제고	기업 이미지를 개선하여 고객의 호응도 제고
수익성	운용 효율성	각종 기업 활동에서 비용 절감
	노동 효율성	종업원의 이직률 저감 및 사기의 진작
	가격 프리미엄	생산성 향상과 이미지 제고를 통한 상품 고급화
위험관리	규제 위험 감축	공공규정, 산업표준, 사회욕구의 충족으로 위험 감축
	대중적 지지	새로운 시장 개척, 신상품 도입에 대한 반감 감소
	공급사슬 안정	공급사슬상의 각 업체와 안정적 관계 유지
	소비자 거부 방지	작은 실수에 대한 소비자의 양해
경영의 질	경영자 양성	직원의 기업의 사회적 책임 참여 유도로 리더십 배양
	적응성 제고	이해당사자와 적극적 소통으로 여건 변화에 쉽게 적응
	전략적 시각	기업의 사회적 책임 내재화를 통한 전략의 효과성 증대

S. Bonni 외,《valuing Social Responsibility Programs》, McKinsey on Finance, (2009, Summer)

효과가 있다. 맥킨지는 'CSR 기업이 확인해야 할 성과지표'의 가이드라인을 제시하고 있다. 기업의 사회적 책임 시행 이전과 이후 이 분야별 지표를 비교하면 그 효과를 비교적 객관적으로 측정할 수 있다.

맥킨지의 성과측정지표는 주로 일반기업의 사회참여에 초점을 두고 만든 지표다. 출발할 당시부터 사회적 목적으로 시작한 기업의 경우나 소규모의 사회적기업에 활용하기에는 한계가 있다. 이러한 지표개발은 주로 세계적인 기업 위주로 이루어진다. 최근에는 기업의 상황에 맞는 지표를 개발하여 실천하는 사례가 늘고 있다. 네슬레는 기존 기업의 사회적 책임 평가에서 한 단계 더 나아가 핵심성과지표(KPI)를 직접 개발해 공유가치창출(CSV) 활동 성과를 측정하고 있다. 예를 들면 네슬레의 커피 원두를 생산하는 프로그램인 '에콜래버레이션(Ecollaboration)'은 2013년까지 '열대우림동맹 인증 농가로부터 80퍼센트의 원두를 수급', '캡슐 커피 머신에 사용하는 캡슐의 75퍼센트 수준까지 재활용 가능한 시스템 구축', '캡슐 커피 머신으로 내리는 커피 한 잔당 탄소배출량을 20퍼센트까지 감축' 등 세 가지 목표를 내세웠다. 또 과테말라를 비롯한 남미의 커피농가에 농업기술과 친환경 농장 경영 기법, 금융 서비스를 적극 지원해 농가 소득 증대와 일자리 창출 같은 사회적 성과를 만들어냈다. 이러한 성과는 양질의 커피 원두 공급, 제품 생산 원재료 비용 절감 등의 경제적 이익을 가져왔다.

사회혁신 브랜드가치 평가

브랜드의 중요성이 부각되면서 다양한 브랜드 측정방법이 개발되었다. 가장 널리 알려진 측정방법은 브랜드 컨설팅 전문업제인 인터브랜드(Interbrand)의 '브랜드가치 평가'다. 인터브랜드는 브랜드가치 평가를 접근할 때 브랜드가치가 경제적 자산의 가치와 마찬가지로 미래에 발생하는 이익의 현재 가치와 같다는 가정에서 출발한다. 인터브랜드의 브랜드가치 평가 과정은 크게 3단계로 구성된다.

- 재무분석—경제적 이익 측정
- 시장분석—브랜드 역할 측정
- 브랜드분석—브랜드강도 점수 측정

재무분석은 전체 매출액 가운데 브랜드에 의해 발생하지 않은 매출액은 제외하고, 순수하게 브랜드에 의해 발생한 매출액을 기준으로 브랜드가치를 평가한다. 시장분석은 순수하게 브랜드가 기여한 이익의 비율을 결정하여 브랜드 이익를 구하는 과정으로, 인터브랜드는 이 비율을 '브랜드역할'이라 부른다. 즉 기업의 이익은 유형자산, 브랜드자산, 기타 무형자산에 의해서 창출되며, 따라서 브랜드에 의해 발생한 순이익을 산출하기 위해 유형자산, 기타 무형자산에 의해 발생한 경제적 이익을 제외한다. 이를 위해 인터브랜드는 경제적 이익에 '브랜드역할' 지수를 적용하는데, 이 지수는 국가 및 대상에 따라 달라지고, 가격이나 제품 등 다양한 요인에 의해 영향을 받는다.

브랜드 분석에서는 현금 흐름을 예측하기 위해서 미래에 발생할 브랜드의 위험을 고려한 할인율을 브랜드 강도의 지수에 의해 결정한다. 브랜드 강도지수는 아래 표에 제시된 바와 같은 기준에 의해서 브랜드의 파워를 지수화한다.

❶ 리더십(25/100) — 시장에 미치는 영향력과 시장지배력

❷ 안정성(15/100) — 시장에서 장기간 생존할 수 있는 능력

❸ 시장(10/100) — 브랜드가 거래되는 시장환경

❹ 국제화(25/100) — 지리적/문화적 경계를 넘어선 브랜드 파워

❺ 트렌드(10/100) — 시대의 흐름에 따른 적합성

❻ 지원(10/100) — 마케팅과 커뮤니케이션 활동의 일관성

❼ 법적보호(protection)(5/100) — 브랜드 소유권의 법적보호 문제

브랜드강도의 측정은 브랜드 포지셔닝, 시장, 경쟁, 과거 성과, 브랜드 위험과 그 밖의 사항들을 고려하여 7가지 차원의 가중치에 따라 점수로 나타난다. 인터브랜드는 이 가중치에 따른 점수로 할인율을 결정한다. 이렇게 해서 얻어진 브랜드강도 지수는 미래의 현금 흐름을 현재 가치로 바꾸어 주는데 결정적인 역할을 하는 할인율을 결정한다. 이를 통해서 최종적으로 브랜드의 현재 가치를 구하게 된다.

이러한 인터브랜드의 가치평가 방법은 '사회혁신 브랜드'에도 응용할 수 있다. 사회혁신 브랜드 평가는 재무분석과 브랜드 리더십 분석으로 나눌 수 있다. 재무분석은 일반 브랜드 평가처럼 브랜드에 의해 발생한 매출액을 기준으로 브랜드가치를 평가하고 시장분석과 브랜드분석은 사회적 가치를 추가하여 통합적으로 가치를 평가하여 '브랜드 리더십'을 분석할 수 있다. '브랜드 리더십 분석' 항목은 대략 다음과 같다.

❶ 임팩트(영향력) — 시장과 사회에 미치는 영향력과 시장지배력

❷ 지속가능성 — 브랜드가 장기간 생존할 수 있는 능력

❸ 시장 — 브랜드가 거래되는 시장환경

❹ 사회적 평판 — 소비자를 비롯한 이해관계자들의 평판

❺사회 트렌드—사회 흐름에 따른 적합성

❻일관성—방향성이 명확한 통합 마케팅 커뮤니케이션

❼법적보호—브랜드 소유권의 법적보호 문제

이러한 항목들을 바탕으로 평가 대상의 브랜드들을 다양한 카테고리로 만들어 브랜드의 사회혁신 지수를 평가할 수 있다. 다양한 카테고리는 일반기업, 사회적기업, 그리고 공공기업 등으로 기업군으로 나누어 평가할 수도 있고, 산업군으로 나누어 평가할 수도 있다. 그리고 국내 사업장만을 위주로 하고 있는 곳과 해외 사업장을 포함하고 있는 기업들로 나누어서 평가할 수도 있다. 카테고리를 분류해서 평가하는 것에 따라 조사 항목의 가중치가 상황에 맞게 조정될 수도 있다. 세계적인

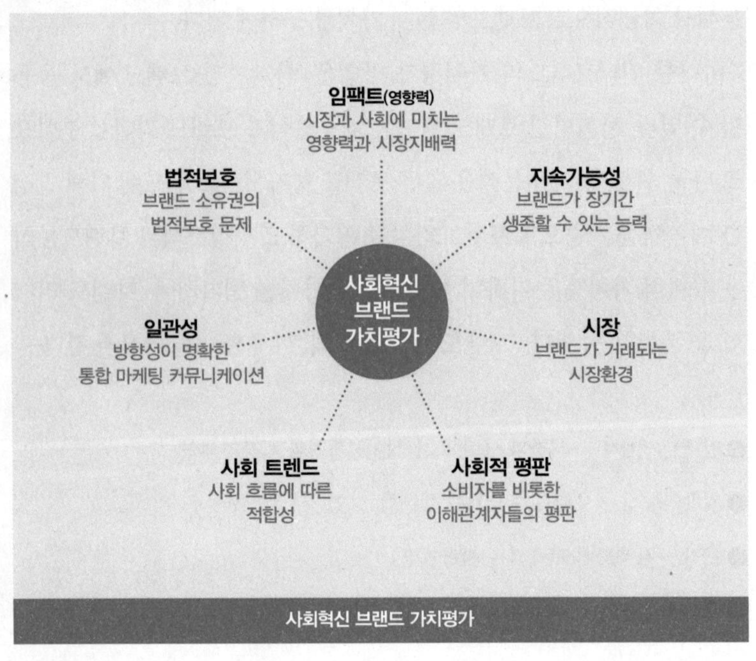

사회혁신 브랜드 가치평가

거대 기업과 사회적기업을 같은 선상에 두고 평가하는 것 자체가 의미가 없기 때문이다. 각 기업이 연관되어 있는 상황은 다르지만, 사회혁신에 관해 공통적으로 평가하는 사항은 사회적 영향력(Social Impact), 사회 트렌드(Social Trend), 지속가능성(Sustainability), 사회적 평판(Social Reputaion)이다.

사회혁신 브랜드가치 평가는 말로만 하는 사회혁신, 전시성 사회혁신을 지양하고 기업과 사회가 상생하고 긍정적인 방향으로 가기 위한 윤활유로서 기능한다. 현재 많은 기업이 사회공헌사업에 예산을 사용하고 있고 사회적 가치 실현을 위해 뜻있는 이들이 사회적기업에 헌신하지만, 긍정적인 방향을 제시해주며 올바로 평가해주는 제대로 된 지표가 부족한 것이 현실의 아쉬움이다.

6

디자인으로
바라본 세상

계영배(戒盈杯) 디자인에 숨은 의미

소설가 최인호는 '한국 역사에 존경받는 학자나 정치가는 많은데 왜 존경받는 상인은 없을까?' 하는 궁금증을 갖고 있었다. 한국 역사에 실재했고 존경받을 만한 '상인'의 모델을 찾던 중, 그는 구한말의 사학자 문일평이 쓴 짧은 평전 속에서 상인 임상옥을 발견한다. 최인호는 실존 인물 임상옥의 모습에 작가로서 상상력을 더해 소설책 《상도》를 집필한다. 《상도》는 무엇보다 사람을 배려하는 상인정신을 보여줌으로써 물질만능주의 속에서 점점 삶의 정도(正道)를 이탈해가는 현대인들에게 어떠한 삶의 방식이 올바른 것인지 진실된 방향을 제시해준다.

財上平如水 人中直似衡 (재상평여수 인중직사형)

재물은 평등하기가 물과 같고 사람은 바르기가 저울과 같다.

'물과 같은 재물을 독점하려 한다면 반드시 그 재물에 의해 망하고, 저울과 같이 바르고 정직하지 못하면 언젠가는 파멸을 맞는다'는 의미를 지닌 이 한 문장은 거상 임상옥의 인생 좌우명이자 경제철학이었다. 임상옥은 이 말을 늘 마음에 새기며 '계영배(戒盈杯)'로 자신의 지나친 욕심을 단속했다고 한다. 계영배는 '가득 참을 경계하는 잔'이란 뜻을 가진 술잔이다. 계영배는 70퍼센트까지만 채워야 한다. 그 선을 넘으면 신기하게도 잔에 담긴 술이 모두 사라져버린다. 그래서 계영배는 과음을 경계하기 위한 '절주배'라고도 불린다.

계영배는 소비의 시대를 살아가는 우리에게 많은 시사점을 준다. 물질만능의 근원에는 인간의 탐욕이 짙게 어려 있다. 오늘날 인간은 보다 '럭셔리한' 삶을 위해 생산과 소비를 멈추지 못한다. 국민소득이 올라가고 경제적인 부가 축적되어도 이에 만족하지 않는다. 부와 재물을 추구하려는 욕망은 끝이 없다. 자본주의 위기도 다 이러한 탐욕에서 시작되었다. 자본주의 경제 시스템은 인간의 욕망을 제어하지 못하고 방조해왔다. 산업자본주의를 너머 금융자본주의가 절정에 이르면서 인간의 폭발적인 탐욕도 계속 팽창해가고 있다. 인간의 욕망이란 어차피 끝이 없고 결코 다 채울 수 없다. 그러니 어느 시점에 욕망을 자제해야 한다. 천재적인 수완으로 조선 역사상 전무후무한 거상으로 이름을 남긴 임상옥조차 계영배를 곁에 두고 인간의 과욕을 경계했으니, 우리는 어떻게 해야 할지 이미 답이 보이지 않는가?

계영배의 신비함은 사실 액체의 압력과 대기압, 중력의 상관관계라는 과학적 원리와 이를 구현하는 디자인의 힘에 있다. 계영배를 자세히 살펴보면 잔 밑에 구멍이 하나 뚫려 있다. 잔 내부를 보면 가운데 둥근 기둥이 있고 그 기둥 밑에 또 하나의 구멍이 있다. 계영배의 비밀은 바로 이 둥근 기둥이다. 기둥 안에 빨대를 말굽 모양으로 구부려 놓은 듯한 관이 숨어 있어서, 술을 가득 부으면 기둥 속 관을 따라 술이 아래로

흘러서 빠진다. 구부러진 관을 이용하여 액체를 높은 곳에서 낮은 곳으로 흐르게 하는 '사이펀(siphon)의 원리' 때문이다.

사이펀의 원리를 절제의 미학으로 승화시킨 계영배의 탄생 과정도 우리에게 시사하는 바가 크다. 조선시대 후기에 실학자 하백원과 도공(陶工) 우명옥이란 사람은 비슷한 시기에 계영배를 발명했다고 한다. 호남지역을 대표하는 실학자 중 한 사람인 하백원은 계영배를 비롯하여 양수기 역할을 하는 자승차, 자명종 등을 만들었다. 도공 우명옥은 조선시대 왕실과 관청에 납품하는 도자기를 생산하는 사옹원 기술자로 명성을 얻은 뒤 방탕한 생활로 인생의 단맛 쓴맛을 다 경험하고서 스승에게 돌아와 절제의 잔 '계영배'를 만들게 된다.

하백원과 우명원 두 사람이 그저 우연한 기회에 계영배를 만든 게 아니다. 무절제에 관한 현실적인 문제인식, 이를 풀어내려는 진지한 생각, 절제를 생활 속에서 지키려는 철학, 이 모든 것을 기술로 승화시켜 계영배를 일부러 디자인한 것이다. 디자인은 단순히 제품의 형태를 만들거나 우리 눈에 쉽게 각인되는 로고를 그려내는 작업을 의미하지 않는다. 디자인은 그보다 훨씬 범위가 넓은 개념이다. 디자인적 사고를 할수 있을 때 현실 속의 문제를 해결할 길도 열린다. 하백원과 우명원은 '계영배'를 디자인하기 위해 아마도 실사구시적인 다음과 같은 질문을 스스로에게 던졌을 것 같다.

"어떻게 하면 술 마시는 것을 절제할 수 있을까?"

"절주의 의미를 담은 술잔을 만들 수는 없을까?"

"절주를 창의적인 방법으로 표현할 수는 없을까?"

"잔을 작게 만들까? 눈금을 표시할까? 아니면 일정 부분 차면 흘러버리게 할까?"

사회혁신을 이끄는 '디자인적 사고'

디자인은 단순히 시각적 즐거움을 주는 데 그치지 않고 다양한 분야에 적용되고 있다. 사실 우리는 늘 디자인적인 사고를 하고 있다. 일상에서 구입하고 사용하는 물건을 두고 우리는 그것이 왜 좋은지, 왜 좋지 않은지를 분석한다. 상품의 형태, 색감, 느낌, 기능 등을 종합적으로 평가하며 말이다. 한편 디자인은 현실에서 부닥치는 문제의 답을 찾는 과정에도 관여한다. 크게는 환경을 지키고 보호하는 일부터 작게는 고장난 수도꼭지를 고치는 일까지, 현재 직면한 중요한 문제를 디자인적 사고로 융합해 해결책을 찾을 수 있다. 계영배에 절제의 미학을 담으려는 장인의 문제의식이 결국 '디자인적 사고'를 거쳐 완성된 것처럼 말이다. 이렇듯 디자인적 사고는 단지 예쁘게, 멋지게 표현하는 작업이 아니라 일상의 사물을 개선하거나 사회문제를 해결함으로써 기분 좋은 감정을 산출해내는 활동이다.

　디자인적 사고를 좀 더 구체적으로 표현하자면, 사람들의 생활을 좀 더 효율적이고 혁신적으로 변할 수 있도록 제품의 형태를 개선하는 일은 물론 경영과 서비스 개혁을 가능하게 하는 창조적인 힘이다. 실례로 연구자들은 매장의 효율적인 계산 시스템을 만들기 위해 계산대 앞에 서 있는 고객의 습관까지 관찰하고 분석한다. 이들이 좀 더 빨리 움직일 수 있게 하면서도 구매를 극대화하려면 어떻게 해야 하는지 다양한 방법으로 연구하기도 한다. 이를 위해 사람들의 동선을 관찰하고, 판매대에 어떤 물건을 놓으면 더 많이 팔리는지를 살핀다. 이처럼 기술과 감성이 융합하는 창조적 혁신 시대에 '디자인적 사고'의 중요성은 더욱 커지고 있다.

　우리 주변의 자잘한 문제에서 지구촌 환경 및 빈곤문제에 이르기까지 '사회혁신'의 손길을 기다리는 수많은 과제가 있다. 이러한 사회혁신에도 '디자인적 사고'를 기반으로 문제를 해결하려는 다양한 프로그램이 나타나고 있다. 미국 뉴욕의 비주얼아트 대학(School of Visual Arts)에서는 사회혁신 디자인(Design for Social Innovation) 석사 프로그램을 개설했다. 이 과정에서는 학생들로 하여금 사회와 환경을 발전시킬 수 있는 디자인을 하도록 유도하고 있다. 또한 디자인으로 유명한 미국 파슨스 스쿨(Parsons School)은 디자인적 사고를 활용하여 전 세계의 음식 분배와 관련된 프로젝트를 진행 중이다. 미국 뉴욕의 메릴랜드 미술대학(MICA, Maryland Institute College of Art)의 소셜 디자인 프로그램을 운영했던 마이크 웨이커트(Mike Weikert) 교수는 "디자이너로서 우리는 좋은 무기를 가지고 있고, 영향력도 있는데, 우리에게는 어떤 책임이 있는 것인가? 우리가 사회에 돌려줄 수 있는 것은 무엇인가?"라는 질문을 던진 바 있다.

이처럼 디자인적 사고를 가르치는 사회혁신 프로그램이 급속히 생겨나고 있고, 디자인 기업과 각종 비정부기구들도 사회문제를 해결하는 데 디자인적 사고를 적극 도입하고 있다. 디자인 회사 아이디오(IDEO)와 디자인 컨설팅 그룹 컨티뉴(Continuum) 같은 곳은 아예 디자인적 사고를 통한 사회혁신을 사업 영역의 하나로 간주하고 있다. 과거의 사회혁신이 '자선'의 마음을 통한 나눔이 주를 이루었다면, 앞으로는 디자인적 사고를 통해 체계적이며 지속가능한 수요자 중심으로 사회문제를 해결하는 방향으로 진행될 것이다.

지금 이 시대는 거시적인 차원에서 세상을 바라보는 눈을 가지면서도, 미시적인 접근방법으로 세상을 아름답게 바꾸는 혁신적인 디자인적 시각이 필요하다. 이를 통해 세상은 한층 더 성숙해질 것이며 협력과 공존의 가치를 창조해낼 것이다. 사회혁신을 이루는 새로운 패러다임을 이끄는 것은 최고의 스펙이 아니라 아름다운 영혼이다.

苟日新, 日日新, 又日新 (구일신, 일일신, 우일신)
하루를 새롭게 하려면 마땅히 매일 새로워야 하고 새로워졌어도 또다시 새롭기 위해 애써야 한다.

《예기(禮記)》대학(大學)편에 나오는 말처럼 끊임없이 변화와 혁신을 추구하며 아름다운 세상을 디자인해보자. 그러한 사람야말로 사회혁신 비즈니스를 통해 사회적경제 생태계를 이루는 꿈을 꾸는 진정한 사회혁신가의 모습일 것이다.

단행본

김근배, 2008, 《컨셉 크리에이터》, 책든사자.

김민주, 2007, 《글로벌 기업의 지속가능경영》, 교보문고.

김민주, 2006, 《마케팅 상상력》, 리더스북.

김용섭, 2008, 《소비자가 진화한다》, 김영사.

김정태 외, 2012, 《인간중심의 기술 적정기술과의 만남》, 에이지21.

데이비드 보겔, 2006, 《기업은 왜 사회적 책임에 주목하는가》, 거름.

데이비드 아커, 2003, 《데이비드 아커의 브랜드경영》, 비즈니스북스.

데이비드 오길비, 2008, 《나는 광고로 세상을 움직였다》, 다산북스.

로저 마틴, 2010, 《디자인씽킹》, 웅진윙스.

마이클 포터, 2008, 《마이클 포터의 경쟁전략》, 21세기북스.

마크 엡스타인, 2009, 《지속가능경영의 성공적 실행》, 네모스탠다드컨설팅.

앤드류 사비츠 외, 2008, 《지속가능경영의 3대 축》, 거름.

매튜 힐리, 2009, 《무엇이 브랜딩인가》, 고려문화사.

무하마드 유누스, 2008, 《가난 없는 세상을 위하여》, 물푸레.

___________, 2011, 《사회적기업 만들기》, 물푸레.

박기철, 2009, 《생태주의 브랜드경영》, 커뮤니케이션북스.

박용삼, 2008, 《기업성장의 숨겨진 공식》, 생능출판사.

번트 슈미트, 2002, 《체험마케팅》, 세종서적.

브래들리 구긴스 외, 2008, 《세계 최고기업들의 기업 시민활동》, FK미디어.

아니타 로딕, 2001, 《영적인 비즈니스》, 김영사.

알렉스 스테픈, 2009, 《월드체인징》, 바다출판사.

야마모토 시게루, 2011, 《사회적기업 창업교과서》, 생각비행.

에릭 퀄만, 2009, 《소셜노믹스》, 에이콘.

임승희, 2010, 《우리나라 공익연계 마케팅에 관한 연구》, 집문당.

윌리엄 로젠, 2011, 《역사를 만든 위대한 아이디어》, 21세기북스.

윤경구, 2009, 《아커 켈러 캐퍼러 브랜드 워크숍》, 유나이티드북스.

전병길 외, 2009, 《새로운 자본주의에 도전하라》, 꿈꾸는터.

________, 2010, 《코즈마케팅》, 새로운제안.

제레미 구체, 2010, 《트렌드헌터》, 리더스북.

제프 멀건, 2011, 《사회혁신이란 무엇이며 왜 필요하며 어떻게 추진하는가》, 시대의창.

존 마코니, 2003, 《기업 이미지를 팔아라》, 다리미디어.

존 엘킹턴, 2008, 《세상을 바꾼 비이성적인 사람들의 힘》, 에이지21.

케빈 로버츠, 2005, 《러브마크》, 서돌.

케빈레인 켈러, 2007, 《브랜드 매니지먼트》, 비즈니스북스.

켄 블랜차드 외, 2006, 《비전으로 가슴을 뛰게 하라》, 21세기북스.

토머스 프리드만, 2000, 《렉서스와 올리브 나무》, 창해.

폴 템포랄, 2006, 《브랜드 전략론》, 석정.

피터 드러커, 2003, 《비영리단체의 경영》, 한경비피.

필립 코틀러, 2010, 《마켓 3.0》, 타임비즈.

________, 2007, 《CSR 마케팅》, 리더스북.

한슨 바이스, 2008, 《나쁜 기업》, 프로메테우스.

해미쉬 프랭글, 2006, 《공익마케팅》, 미래의 창.

헤르몬 지몬, 2008, 《히든챔피언》, 흐름출판.

헤이즐 핸더슨, 2008, 《그린 이코노미》, 이후.

홍성준, 2007, 《마케팅》, 새로운제안.

C. K. 프라할라드, 20006, 《저소득층 시장을 공략하라》, 럭스미디어.

KBS 일요스페셜팀, 2004, 《대한민국 희망보고서 유한킴벌리》, 거름.

UN개발계획, 2011, 《넥스트마켓》, 에이시21.

논문

김국 외, 2007, "SCM 구축을 통한 대 · 중소기업 상생협력에 관한 연구", 산업공학 제20권
　　제2호, 대한산업공학회.

김인태, 2006, "공익연계마케팅 전략방안에 관한 연구", 서울시립대 석사논문.

김현령, 2003, "기업 이미지 형성에 있어서 고전적 조건화 효과에 관한 연구", 성균관대 석사
　　논문.

나준희 외, 2009, "기업과 소비자의 관계의 질이 공익연계 마케팅의 평가에 미치는 영향", 상
　　품학연구 제27권 제4호, 한국상품학회.

남기화·여정성, 2007, "기업의 사회적 책임에 대한 기업과 소비자의 상호 지향성에 관한 연구", 소비자학연구 제18권 3호, 한국소비자학회.

박용민, 2004, "서비스 기업의 공익마케팅이 기업이미지에 미치는 영향에 관한 연구", 계명대 석사논문.

박종철 외, 2007, "기업의 수익이 사회적 책임활동에 대한 소비자의 공정성지각 및 기업평가에 미치는 영향", 통합학술대회 2007, 한국경영학회.

성호준, 2010, "공익연계 마케팅이 브랜드로열티 및 지각된 품질에 미치는 영향", 충남대 석사논문.

신강균, 2003, "기업의 사회적 책임 활동 효과에 관한 연구", 광고학연구 제14권 5호, 한국광고학회.

오만덕 외, 2009, "공익연계 마케팅의 평가에서 공익제시유형의 효과", 상품학연구 제27권 제3호, 한국상품학회.

유나, 2008, "프리미엄 브랜드 확장 시 공익연계 마케팅이 확장결과에 미치는 영향", 한국외대 석사논문.

임석준, 2005, "소비자 정치와 기업의 사회적 책임", 한국정치학회보 제39집 2호, 한국정치학회.

정기한 외, 2007, "기업의 사회적 책임, 이미지, 신뢰, 몰입, 고객충성도 간의 관계에 관한 연구", 통합학술대회 2007, 한국경영학회.

황미진, 2009, "공익연계마케팅에서 브랜드-공익적합도와 브랜드친밀도가 마케팅효과에 미치는 영향", 서울대 석사논문.

Michael Porter, Dec 2006, "Strategy & Society", Harvard Business Review.

Michael Porter, Jan 2011, "Creatign Shared Value", Harvard Business Review.

Theodore Levitt, Feb 1960, "Marketing Myopia", Harvard Business Review.

보고서 ───────────────────────────────────

김재문, 2009, 〈착한 마케팅' 명암과 성공 조건〉, LG경제연구원.

유재훈, 2012, 〈코즈마케팅 - 공익과 실익의 접점을 찾으려면〉, LG경제연구원.

이갑수 외, 2011, 〈기업사회공헌의 본질〉, 삼성경제연구소.

________, 2012, 〈협력으로 승화하는 기업의 사회공헌〉, 삼성경제연구소.

전국경제인연합회, 2009, 〈기업 사회공헌 활동에 대한 인식〉

조희재, 2009, 〈[SERI 경영노트 33호] 존경받는 기업의 조건〉, 삼성경제연구소.

〈2006 Cone Millennial Cause Study〉, Cone, 2006.

〈2007 Cone Cause Evolution & Enviromental Survey〉, Cone, 2007.

〈2008 Business In Social Media Study〉, Cone, 2008.

〈2009 사회적기업 연구심포지엄 자료집〉, 사회적기업 연구포럼, 2009.

Kristian Darigan, 2004, 〈Cause Branding〉, Cone.

〈Past, Present, Future. the 25th Anniversary of cause marketing〉, Cone, 2008.

〈Shaping the New Rules of Competition〉, McKinsey&Company, 2007.

누리집

국가통계포털 http://kosis.kr

굿네이버스 http://www.goodneighbors.kr

다문화어린이도서관 '모두' http://www.modoobook.org

도너스캠프 http://www.donorscamp.org/

도브 리얼뷰티 캠페인 http://www.forrealbeauty.co.kr/

라임위시 http://www.limewish.com

사회공헌정보센터 http://www.crckorea.kr

사회복지공동모금회 http://www.chest.or.kr

세상 http://www.se-sang.com/web/standard.cmd

아름다운 가게 http://www.beautifulstore.org

위키피디아-조사이어 웨지우드 http://en.wikipedia.org/wiki/Josiah_Wedgwood

American Express http://www.americanexpress,com

Avon foundation for women http://www.avonfoundation.org/breast-cancer-crusade/

Ben&Jerry Mission statement http://www.benjerry.com/activism/mission-statement/

Brandchannel http://www.brandchannel.com

Campaign for real beauty http://www.campaignforrealbeauty.com

Cause Marketing Forum http://www.causemarketingforum.com

Children's Safe Drinking Water http://www.csdw.org

Cone Communication http://www.coneinc.com

CSR Europe http://www.csreurope.org

Global Exchange http://www.globalexchange.org

Interbrand http://www.interbrand.com

Join(RED) http://www.joinred.com

OneSight http://www.ongsight.org

P&G http://www.pg.com

Pepsi Refresh Project http://www.refresheverything.com

Reebok Human Rights http://www.reebok.com/Static/global/initiatives/rights/home.html

Reputation Institute http://www.reputationinstitute.com

Ronal Mcdonald House Charity http://rmhc.org/

Save Lids to Save Live http://www.yoplait.com/slsl/

Starbucks http://www.starbucks.com/responsibility

Susan G. Kome For the cure http://www.komen.org

Take charge of education http://www.target.com

TED http://www.ted.com

The Body Shop http://www.thebodyshop.com

The Social CMO http://www.thesocialcmo.com/

Tom's of Maine http://www.tomsofmaine.com

Tom's Shoes http://www.toms.com

UNICEF http://www.unicef.org

UNICEF USA http://www.unicefusa.org/hidden/pampers-usfund.html

VIVA GLAM http://www.maccosmetics.com/giving_back/vivaglam.tmpl

Welsh Marketing Associates http://welshmktg.com

World Community Grid http://www.worldcommunitygrid.org